Peter Vogl

Hollywood Justice

Selbstjustiz im amerikanischen Film 1915 – 2015

Widmung

Dieses Buch ist meinen Eltern gewidmet, insbesondere meinem Vater. Sein beispielhaftes Verständnis und seine Unterstützung haben es mir ermöglicht, immer meinen Leidenschaften nachgehen zu können. Ich habe die enorme Freiheit, mich mit Medien und unzähligen populärkulturellen Werken zu beschäftigen, stets genossen und geschätzt.

Dieses Buch ist ein Produkt dieser Freiheit.

Anmerkung:

Um einen besseren Lesefluss zu gewährleisten, verzichtet dieses Buch auf eine »gegenderte« Schreibweise. Die männliche Form (wie »der Vigilant«, »die Schüler«, etc.) beinhaltet auch Frauen.

Peter Vogl

Hollywood Justice

Selbstjustiz im amerikanischen Film 1915 – 2015

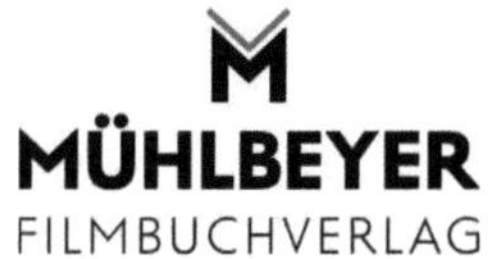

Bibliografische Information der Deutschen Nationalbibliothek:
Die Deutsche Nationalbibliothek verzeichnet diese Publikation in der Deutschen Nationalbibliografie; detaillierte bibliografische Daten sind im Internet über http://dnb.d-nb.de abrufbar.

Inh. Harald Mühlbeyer
Frankenstraße 21a
67227 Frankenthal
www.muehlbeyer-verlag.de

Lektorat, Gestaltung: Harald Mühlbeyer
Umschlagbild: © Edison Wormhole; Fotographie: Philipp Mayer
Umschlaggestaltung: Steven Löttgers, Harald Mühlbeyer

ISBN: 978-3-945378-29-8
Druck: Bookwire GmbH, Frankfurt/Main
Printed in Germany

Inhalt

Vorwort von John Shelton Lawrence....7
1. Einleitung....12
2. Definitionen von Vigilantismus....22
3. Vigilantismus in der amerikanischen Geschichte....27
4. Fiktionale Vigilanten vor 1970....35
  4.1. Frühe Beispiele für Vigilantnarrative....36
    4.1.1. Nick of the Woods....36
    4.1.2. Andere beliebte nicht-filmische Vigilanten vor 1970....40
    4.1.3. THE BIRTH OF A NATION (1915)....41
    4.1.4. THE ACE OF HEARTS (1921)....43
    4.1.5. THE VIRGINIAN (1929)....44
  4.2. Vigilanten und *Law and order*-Filme in der großen Depression....47
    4.2.1. THE SECRET SIX (1931)....50
    4.2.2. THE BEAST OF THE CITY (1932)....51
    4.2.3. THIS DAY AND AGE (1933)....52
    4.2.4. GABRIEL OVER THE WHITE HOUSE (1933)....55
  4.3. G-Men und Lynchmobs in der Ära des Hays Codes und des New Deal....59
    4.3.1. »G« MEN (1935)....62
    4.3.2. LET 'EM HAVE IT (1935)....63
    4.3.3. WESTWARD HO (1935)....64
    4.3.4. SHOW THEM NO MERCY! (1935)....64
    4.3.5. I AM THE LAW (1938)....65
    4.3.6. Drei Negativbeispiele für Vigilanten....66
    4.3.7. THE BIG HEAT (1953)....67
    4.3.8. THE BRAVADOS (1958)....68
    4.3.9. CAPE FEAR (1962)....68
5. Die Geburt des modernen Vigilantenfilms in den 1970ern....71
  5.1. JOE (1970)....73
  5.2. BILLY JACK (1971)....76
  5.3. DIRTY HARRY (1971)....80
  5.4. WALKING TALL (1973)....88
  5.5. DEATH WISH (1974)....92
  5.6. TAXI DRIVER (1976)....101
6. Vigilanten in Exploitationfilmen und B-Filmen der 1980er....104
  6.1. THE EXTERMINATOR (1980)....104

6.2. DEATH WISH II (1982)......105
6.3. FIGHTING BACK (1982)......107
6.4. THE STAR CHAMBER (1983)......108
6.5. VIGILANTE (1983)......109
6.6. DEATH WISH 3 (1985)......111
6.7. COBRA (1986)......115
6.8. Andere Beispiele für Vigilantenfilme in den 1980ern......117
7. Vigilanten der 1990er......121
7.1. Steven Seagal......121
7.2. TEENAGE MUTANT NINJA TURTLES (1990)......124
7.3. FALLING DOWN (1993)......125
7.4. EYE FOR AN EYE (1996)......126
7.5. A TIME TO KILL (1996)......127
8. Klassenzimmer-Vigilanten (»school gone to hell«)......128
8.1. CLASS OF 1984 (1982)......130
8.2. LEAN ON ME (1989)......131
8.3. CLASS OF 1999 (1990)......132
8.4. THE SUBSTITUTE (1996)......132
8.5. ONE EIGHT SEVEN (1997)......134
8.6. Andere Beispiele für Klassenzimmer-Vigilanten......135
9. Batman – Gotham Citys Vigilant und Retter......137
9.1. BATMAN BEGINS (2005)......146
9.2. THE DARK KNIGHT (2008)......151
9.3. THE DARK KNIGHT RISES (2012)......154
10. Vigilanten in den 2000ern und bis heute......156
10.1. THE BOONDOCK SAINTS (2000)......157
10.2. THE BRAVE ONE (2007)......159
10.3. DEATH SENTENCE (2007)......161
10.4. LAW ABIDING CITIZEN (2009)......162
10.5. WATCHMEN (2009)......164
10.6. CARTEL LAND (2015)......167
10.7. Andere Beispiele für Vigilantenfilme in den 2000ern und danach......170
11. Videospielvigilanten......176
12. »The gist of it«: Resümee......182
Anhang......184
Originaltext des Vorworts......202

Vorwort von John Shelton Lawrence

(Anm.: Dies ist eine Übersetzung. Der originale, englische Text findet sich ab Seite 202)

Peter Vogl war mir unbekannt, bis er mir eine Nachricht über seine Chronik von Hollywoods Vigilantenfilmen schickte. Er lud mich ein, mich an der Publikation mit einem Vorwort zu beteiligen. Ich freute mich über seine Anfrage, fand allerdings eine Aussage in seiner Einladung unglaublich. Er behauptete, dass noch niemand über die Geschichte von Hollywoods Leinwand-Vigilanten ein Buch geschrieben hätte. Diese Behauptung, die Einzigartigkeit dieses Buches betreffend, weckte große Neugierde in mir.

Falls solch eine Geschichte existierte, dachte ich, dass ich sie kennen sollte – ich kannte aber keine. Seit etwa 40 Jahren untersuchen mein Kollege Robert Jewett und ich intensiv zahlreiche fiktive Vigilanten der Literatur und des Kinos. Durch unsere Zusammenarbeit entstanden *The American Monomyth* (1977) und *The Myth of the American Superhero* (2002). In all diesen Jahren haben wir wohl tausende von Büchern und Artikel aufgearbeitet, viele davon behandelten das Westerngenre, urbane Vigilanten oder Meisterdarsteller und Auteure wie Clint Eastwood, Charles Bronson und Sylvester Stallone. Nach einer Überprüfung der Kataloge für die *film study*-Sammlungen der University of California-Berkeley und der University of Southern Carolina bestätigte sich Peter Vogls kühne Behauptung.

Angesichts einer solch großen Menge an ideologisch zusammenhängenden Filmen stellt sich die Frage, warum kein Wissenschaftler jemals deren Chronologie aufgezeichnet hat oder versucht hat, eine repräsentative Auflistung der signifikantesten Arten zu erschaffen. Ich kann es mir nur so erklären, dass niemand zuvor die Phantasie oder die Hartnäckigkeit besaß, bei den Anfängen zu suchen und in einer einzelnen Studie eine große Liste zu diesem Thema zu erstellen.

Durch das Zusammenfügen und Vergleichen von so vielen Filmen konnte Vogl verschiedene Arten von Filmen definieren und auf die sozialen Faktoren hinweisen, die ihren Inhalt und ihre Popularität beeinflussten. Infolgedessen geht er in seinem Buch über die bekannten

Cowboy- und Stadtvigilanten hinaus und identifiziert Gruppen aus der Großen Depression, der Hays-Code-Ära des New Deal, Klassenzimmer-Vigilanten, Teenager-Vigilanten, weibliche Vigilanten und sogar von Gott inspirierte Vigilanten.

Ich las *Hollywood Justice* langsam, und das überrascht mich nicht, da ich durch das Buch sehr viel gelernt habe. Und ich gebe zu, dass die verlockende YouTube-Seite ein regelmäßiger Begleiter am Computerbildschirm wurde, während ich die Manuskriptseiten las. THE ACE OF HEARTS (1921) kannte ich zum Beispiel nicht, entdeckte aber, dass jemand den kompletten 81-minütigen Film von Goldwyn Pictures hochgeladen hatte. Schließlich fand ich heraus, dass fast jeder Film, der in diesem Buch erwähnt wird, in der Form von Trailern oder wichtigen Ausschnitten auf YouTube präsent ist. Unterdurchschnittliche B-Filme und Exploitationfilme sind ebenfalls abrufbar, mit nachgemachten Drehbüchern, hölzernen Schauspielern und schlecht beleuchteten Aufnahmen; viele der Videos haben ein verschwommenes Bild, weil sie von alten Videokassetten aufgenommen wurden. Filme, bei denen die Rechteinhaber auf das Copyright verzichteten, sind oft zur Gänze vorhanden. Diese Ausschnitte können den Text visuell veranschaulichen und bieten eine ausgezeichnete Ergänzung zu Vogls sorgfältiger Transkription der Filmdialoge.

Die enorme Popularität dieser Filme zeigte sich auch in einer weiteren Entdeckung: Wikipedia, IMDb und Turner Classic Movies haben sorgfältig Informationen zu Literaturquellen, der Produktion und den Schauspielern gesammelt sowie darüber, wie die Filme von Leuten aufgenommen wurden. Das Ausmaß an Informationen zeigt, dass viele Amerikaner – und vielleicht anonyme Mitarbeiter aus anderen Ländern – offensichtlich an diesen Filmen interessiert sind und die Erinnerung an sie am Leben halten wollen. Diese Tatsache wirft interessante Fragen auf, die über den Rahmen dieses Buches hinausgehen. Wie viele Menschen finden diese Filme inspirierend? Wie viele wollen sie als popkulturelle Beispiele für Pathologie darstellen? Beeinflusst die ständige Präsenz von fiktiven vigilantischen Helden den Widerwillen der Amerikaner, restriktivere Waffenbesitzrechte zu akzeptieren? Wie viele amerikanische Massenmörder haben ihre destruktiven Phantasien angeheizt, indem sie diese Geschichten konsumierten sowie die zahlreichen Ego-Shooter-Spiele, in denen Selbstjustiz simuliert wird? Inwieweit gibt es für diese Filme ein weltweites Publikum, welches oft Zugang zu Streaming-Diensten oder

DVDs hat? Fragen wie diese legen Forschungsagenden für weitere Bücher nahe, die vielleicht von *Hollywood Justice* inspiriert werden.

Zusätzlich dazu, dass ich meinen ersten 100-Jahre-Überblick zu Vigilantenfilmen erhielt, erfuhr ich, welch geringe Rolle die Historie in Hollywood-Filmen spielt. Das Buch weist darauf hin, dass Hollywoods Vigilantenfilme merkwürdigerweise selten dokumentarische Absichten in ihren dramatischen Handlungen haben. In den Siedlergemeinschaften Amerikas, die keine Sheriffs, Gerichte und Gefängnisse hatten, konnten Viehdiebe, Räuber und Mörder gedeihen, solange aufrichtige Leute sich nicht wehrten. Vogl erwähnt die South Carolina Regulators der 1760er und San Franciscos »Committee of Vigilance«, das Mitte des 19. Jahrhunderts existierte. Deren Handlungen waren bereits inhärent dramatisch. Trotzdem hat es Hollywood, mit ein paar Ausnahmen wie THE MAN WHO SHOT LIBERTY VALANCE (1962), THE MISSOURI BREAKS (1976) und YOUNG GUNS (1988), lange Zeit vorgezogen, seine eigene Geschichte für Vigilanten zu erschaffen.

Darüber hinaus erarbeitet Vogl eine wichtige Unterscheidung zwischen rächenden Vigilanten und »populistischen« Vigilanten. Rache-Vigilanten sind schon seit Senecas *Thyestes* und Shakespeares *Hamlet* Teil der westlichen Kultur. Populistische Vigilanten scheinen eine amerikanische Erfindung zu sein; obwohl sie Vergeltung verüben, um Übeltäter zu bestrafen, handeln sie immer wieder selbstlos auf eine Art und Weise, die die Allgemeinheit vor Gefahren rettet. Die amerikanischen Superhelden-Figuren, die ihre Identität verbergen, um die Prinzipien von Recht und Gerechtigkeit inmitten scheiternder und oft korrupter Institutionen aufrechtzuerhalten, sind gewiss Teil dieser populistischen Tradition. Vogl hat durchaus Recht, wenn er diese fiktiven Helden mit Amerikas Entstehungsgeschichte, bei der man sich gegen unrechtmäßige Autorität auflehnte, philosophisch in Verbindung bringt, und er zitiert passend dazu die Unabhängigkeitserkärung: »Wann auch immer eine Form von Regierung auf diese Ziele zerstörerisch wirkt, ist es das Recht des Volkes, sie zu ändern oder abzuschaffen, und eine neue Regierung einzusetzen.« Thomas Jefferson, der dieses Dokument verfasste, schrieb 1787 positiv über die Rebellion von Shays gegen die Regierung von Massachusetts[1]: »Welches Land soll seine Freiheiten bewahren können, wenn deren

[1] »Shays' Rebellion« war ein bewaffneter Aufstand von etwa 4000 Rebellen, der sich gegen den Bundesstaat Massachusetts richtete, und dessen als ungerecht empfundene Politik und hohe Steuern. [Anm. P. V.]

Machthaber nicht von Zeit zu Zeit gewarnt werden, dass das Volk seinen Widerstandsgeist aufrechterhält? Lasst sie zu den Waffen greifen. Die Lösung ist, sie mit Fakten eines Besseren zu belehren, ihnen Amnestie zu gewähren und Frieden zu schaffen. Was bedeuten ein paar verlorene Leben in einem oder zwei Jahrhunderten? Der Baum der Freiheit muss von Zeit zu Zeit mit dem Blut von Patrioten und Tyrannen begossen werden. Es ist sein natürlicher Dünger.«[2] Obwohl Jefferson diesen Text zeitlich vor der Verfassung der Vereinigten Staaten und vor seiner Präsidentschaft schrieb – Dinge, die seine Meinung zu staatlicher Macht veränderten – werden seine Worte immer noch gerne von paramilitärischen Gruppierungen zitiert, die die Drohung durch ihren schwer bewaffneten Vigilantismus als Garantie gegen jegliche neue Tyrannei sehen.

Eine weitere charakteristische Kategorie, die Vogl definiert, ist jene der »Anti-Vigilant«-Filme. Er stellt fest, dass unter den 80 Filmen, die er sorgfältig untersucht hat, nur elf als »Anti-Selbstjustiz«-Filme bezeichnet werden können, insofern, als dass sie Rache und populistischen Vigilantismus in Frage stellen. Diese Unverhältnismäßigkeit deutet darauf hin, dass das Streben nach Selbstjustiz beim amerikanischen Publikum viel mehr Anklang findet als Geschichten, die uns zeigen, warum dieser Impuls gebändigt werden sollte.

Im Zusammenhang mit den seltenen Anti-Selbstjustiz-Filmen steht Vogls ausführliche Betrachtung der Batman-Filme. Aus gutem Grund weicht er hier von seinem Stil der knappen Zusammenfassungen ab und führt einige Nuancen innerhalb des gesamten Genres ein. Genauso, wie man eine Art von dialektischer Opposition zwischen den Pro- und Anti-Filmen sehen kann, zeigt die Batman-Reihe eine intensive Infragestellung der Beweggründe und Auswirkungen vigilantischer Handlungen. Vogl schreibt: »Das Spannungsfeld zwischen Gesetzmäßigkeit und Notwendigkeit wurde schon oft in früheren Vigilantnarrativen untersucht, aber wohl selten auf solch interessante und umfassende Art.« (S. 152) In der Entstehungsgeschichte Batmans in der alten *Detective Comics*-Ausgabe wird Bruce Wayne als kindliches Opfer gezeigt, dessen Eltern vor ihm in

[2] Thomas Jefferson, November 13, 1787, privater Brief aus Paris an William S. Smith. (http://www.loc.gov/exhibits/jefferson/jefffed.html#105, zuletzt aufgerufen am 26.10.2015) Siehe dazu Horwitz, Josh: Thomas Jefferson and ›The Blood of Tyrants‹. Huffington Post. 17.10.2009. (http://www.huffingtonpost.com/josh-horwitz/thomas-jefferson-and-the_b_273800.html, zuletzt aufgerufen am 26.10.2015)

den Straßen von Gotham ermordet wurden. Der letzte Bildtext erzählt uns: »So ist er geboren, dieser bizarre Rächer der Dunkelheit, dieser Rächer des Bösen. Der Batman.«[3] Als Erwachsener ist Wayne/Batman immer noch wütend über die Ermordung seiner Eltern, und in einigen Interpretationen des Stoffes ist er ein halb-deprimierter »Dunkler Ritter«. Vogl zeigt uns, dass Wayne sich über die Gefahren für die öffentliche Sicherheit bewusst ist, die seinen Handlungen anhaften, doch er muss sie mit seinem Potential abwägen, als maskierter Superheld Unglück zu verhindern und Verbrecher ihrer gerechten Strafe zuzuführen.

Ich hoffe, dass Vogls Kreativität in der Untersuchung amerikanischer Filme zu Werken mit größerem Rahmen führt, sowohl von ihm als auch von anderen, die das Fundament bewundern, das er geschaffen hat. Er hat einmal mehr bewiesen, dass wir Amerikaner etwas lernen können von Menschen aus anderen Ländern, die wissen wollen, wer wir sind und was unsere kulturellen Schöpfungen für ein großes internationales Publikum bedeuten.

John Shelton Lawrence, Ph.D.

Berkeley, Kalifornien, 23. Oktober 2015

---

[3] Zitat aus: Misiroglu, Gina: The Superhero Book. The Ultimate Encyclopedia of Comic-Book Icons and Hollywood Heroes. Visible Ink Press. 2004. Seite 57.

1. Einleitung

»Es liegt nun einmal in meiner Natur, ich will lieber eine Ungerechtigkeit begehen,als Unordnung ertragen.«

Johann Wolfgang von Goethe:
Belagerung von Mainz[4]

Es ist allgemein anerkannt, dass uns Populärkultur etwas über den Zeitgeist, sowie über gesellschaftliche Befindlichkeiten und Normen sagen kann. Actionfilme, Thriller, Krimis, etc. spiegeln außerdem nicht einfach nur den Status quo wieder, sondern beeinflussen die Ansichten der Menschen in Bezug auf Gesetze, Rechtsinstitutionen und Gerechtigkeit. Die meisten Menschen kommen in ihrer Lebenszeit wenig bis gar nicht direkt mit dem Gesetz in Kontakt, und beziehen den Großteil ihres Wissens darüber aus Filmen und Fernsehsendungen. Viele Politiker erkennen die Macht der Populärkultur, so auch die Administration von George W. Bush. Kurz nach den Anschlägen vom 11. September 2001 traf sich Karl Rove, der damals *senior advisor* von Präsident Bush war, mit Führungskräften der Hollywood-Filmindustrie, um zu besprechen, wie man der amerikanischen Öffentlichkeit die geeignete Botschaft über den *war on terrorism* kommunizieren könne.[5] Da die Themen Selbstjustiz und Vigilantismus in extrem vielen US-amerikanischen Kulturprodukten vorkommen, verdienen sie eine genauere, wissenschaftliche Betrachtung.

Wenn ich in Gesprächen mein Buchprojekt erwähnt habe, sind beim Stichwort »Selbstjustizfilme« meist zwei Filme von meinem Gegenüber genannt worden: »Ah, so wie DEATH WISH (EIN MANN SIEHT ROT, Michael Winner, 1974) und DIRTY HARRY (Don Siegel, 1971).« DIRTY HARRY hat, wie wir noch sehen werden, den *vigilante cop* zwar nicht erfunden, ihm aber zu einer beeindruckenden Renaissance und Popularität verholfen. DEATH WISH zählt nicht umsonst, sowohl in den USA als auch außerhalb, als der prototypische Selbstjustizfilm. Wenn es auch vorher bereits etliche *vigilante movies* gegeben hat, hat sich damals mit

[4] Trunz, Erich (Hrsg.): Johann Wolfgang von Goethe. Werke Kommentare und Register. Hamburger Ausgabe in 14 Bänden. Band 10: Autobiographische Schriften II. Verlag C.H. Beck. 2002. Seite 391.

[5] Ip, John: The Dark Knight's War on Terrorism. In: Ohio State Journal of Criminal Law, Vol.9:1. 2011. Seite 210.

dem Erfolg des Films, in dem ein gutsituierter, sanftmütiger Architekt nach der Attacke auf seine Frau und seine Tochter wahllos Straßenräuber erschießt, das Vigilantnarrativ in Hollywood endgültig durchgesetzt.

Selbstjustiz, umgangssprachlich als »das Gesetz in die eigene Hand nehmen« bezeichnet, zieht sich durch die gesamte amerikanische Filmgeschichte. Der Begriff *vigilantism*, dessen Definitionsversuche ich im nächsten Kapitel ausführe, bedeutet nach gängigen Definitionen so viel wie eine systemstützende oder systemerhaltende, konservative Form von Selbstjustiz. Den Begriff »Vigilantismus« findet man extrem selten in deutschsprachiger Literatur, und auch im Sprachgebrauch scheint er so gut wie nicht zu existieren. Auch wenn er im Deutschen (wenn überhaupt) vor allem in historischen Kontexten gebraucht wird, oder im Zusammenhang mit real existierenden Gruppierungen wie Milizen oder Bürgerwehren, werde ich ihn für dieses Buch verwenden, da der weitaus geläufigere deutsche Begriff »Selbstjustiz« eben kein Äquivalent darstellt.

Filme, die das Rachemotiv zum Inhalt haben, sind zahlreich und bekannt. Das Rachenarrativ wurde innerhalb der Filmwissenschaft auch entsprechend behandelt. Das, was ich in diesem Buch als Vigilantnarrativ bezeichnen werde, ist im Gegensatz dazu sowohl im öffentlichen Bewusstsein als auch im wissenschaftlichen Diskurs kaum vertreten. Das ist auch deshalb überraschend, weil man – je nachdem wie man Vigilantismus definiert – dahingehend argumentieren kann, dass Vigilanten öfter in Filmen auftreten als Rächer. Protagonisten können beide Rollen in einem Film erfüllen. Aber es passiert viel häufiger, dass jemand das Gesetz selbst in die Hand nimmt und illegal handelt, als dass er explizit als Rächer auftritt. So gut wie jeder Rächer ist ein Vigilant, da er das Gewaltmonopol der Staates missachtet, und nur in seltenen Fällen seine Rachehandlungen von höherer Stelle legitimiert sind (Ein Soldat ist beispielweise von seiner Regierung legitimiert, und ein Polizist vom Staat). Aber nicht jeder Vigilant ist ein Rächer, weil viele von ihnen uneigennützig handeln. Ich behaupte, dass es in US-amerikanischen Filmen mehr Vigilanten als Rächer gibt. Das was ich in diesem Buch als einen »klassischen Vigilanten« bezeichne, ist eine Figur, die nicht primär als Rächer in Erscheinung tritt, sondern um das Allgemeinwohl seiner Stadt, seines Landes oder seiner *community* besorgt ist. Ein klassischer Vigilant ist also ein »rechtschaffener« Vigilant, dessen Vigilantismus auf rationalen Überlegungen gründet. Ein Rächer dagegen will nur sein persönliches Unrechtsgefühl tilgen, und seine Selbstjustiz ist (fast) ausschließlich emotional bedingt und gesteuert. »Klassischer« Vigilantismus ist nach meiner Definition in erster Linie uneigennützig und wird im Dienste der Gesellschaft angewandt. Mein Ziel für dieses Buch war, fast alle filmischen Beispiele für »klassischen Vigilantismus« zusammenzuführen. Hätte ich alle Beispiele für Vigilanten in Filmen aufgeführt – also alle Figuren, die Selbstjustiz anwenden – wäre das Buch wohl sieben Mal so umfangreich geworden.

Kurz zusammenfassend: Zur gewaltsamen Rache zählen Handlungen, mit denen vom Rächer ein empfundenes Unrecht mit Gewalt ausgeglichen werden soll. Als Akte der Selbstjustiz zählen all jene Aktionen, die nicht auf institutionellem Weg (Polizei, Gerichte, etc.) vollzogen werden und die Gerechtigkeit im Sinne der dazu nicht legitimierten Person, die Selbstjustiz anwendet, wiederherstellen sollen. Vigilantismus ist demnach eine Form von Selbstjustiz, die nicht im Affekt und im Dienste der Allgemeinheit angewandt wird (genauere Definitionsversuche folgen im nächsten Kapitel).

Nicht nur historisch gesehen ist Vigilantismus eine amerikanische Institution. Der Vigilant – also jemand, der Vigilantismus anwendet – ist eine der populärsten und gängigsten Figuren amerikanischer Fiktion. Es ist meistens sowohl dramaturgisch als auch handlungstechnisch interessanter, wenn sich Figuren nicht an die Gesetze halten und Aktionen setzen, die außerhalb des geltenden Rechts stehen. Deshalb sind klassische Bösewichte auch oft interessanter als die Helden einer Geschichte, weil sie sich nicht nur über gesellschaftliche Normen, sondern auch über Gesetzesnormen hinwegsetzen. Der Protagonist mag das auch tun, aber er tut es in der Regel aus edleren, rechtschaffeneren Motiven. In der öffentlichen Wahrnehmung und selbst bei Filmfans werden Vigilantenfilme und Rachefilme meist verwechselt oder gleichgesetzt, da sich Rachenarrative und Vigilantnarrative strukturell, stilistisch und auch inhaltlich oft ähnlich sind. Den wesentlichen Unterscheid werde ich noch verdeutlichen. »Vigilantenfilm« ist ein im Deutschen eigentlich nicht existierender Begriff, den ich für dieses Buch verwenden werde. Je öfter ich ihn geschrieben habe, desto natürlicher klang er für mich, auch wenn er etwas unschöner klingt als das im englischsprachigen Raum gängige Begriffspaar »vigilante film/movie«. Als Vigilantenfilm bezeichne ich jene

Filme, die sich entweder mit Vigilantismus auseinandersetzen und/oder eine Hauptfigur aufweisen, die als Vigilant auftritt, was die Handlung auch wesentlich beeinflusst.

Der Vigilant ist mythologisch aufgeladene und immer wiederkehrende uramerikanische Figur, die auf historische Ereignisse zurückzuführen ist (mehr dazu in Kapitel 3). Trotzdem kann sie meiner Ansicht nach nicht als Archetyp bezeichnet werden, da die Vigilantenfiguren zu verschieden sind. Vigilanten gibt es in verschiedensten Ausprägungen, vom Rächer bis zum selbstlosen Wohltäter, und vom Antihelden bis zum »Saubermann« und Pfadfinder-Typen. Aus einem ähnlichen Grund sind Vigilantenfilme für mich kein eigenes Genre, auch wenn sie in der englischsprachigen Wikipedia als solches bezeichnet werden[6] und dort sogar als Subgenre des Exploitationfilms aufgeführt sind.[7] Es gibt keine immanenten Gemeinsamkeiten in den Handlungen oder der Grundstimmung, zudem unterscheiden sie sich stilistisch teils enorm. Es handelt sich beim fiktiven Vigilantismus, wie ich in diesem Buch darlegen will, eindeutig um ein Narrativ, das in den verschiedensten Formen im amerikanischen Mainstream- und B-Film vorkommt. Vigilantismus ist in sämtlichen Filmgenres zu finden, vom Drama bis zum Exploitationreißer, von anerkannten Filmen wie TAXI DRIVER (Martin Scorsese, 1976) bis zu B-Actionware wie THE EXTERMINATOR (James Glickenhaus, 1980). Vigilantismus ist auch deshalb eine interessante Form von Selbstjustiz, da mit dessen Anwendung stets ein oder mehrere Missstände aufgezeigt werden, und ihm somit ein systemkritisches Element innewohnt.

Da diese Begriffe noch öfter fallen werden, hier noch kurz einfache Definitionen zu »B-Film«, »Exploitationfilm« und »Mainstream-Film« (Filmprofis können diesen Absatz überspringen). »B-Filme« werden üblicherweise so genannt, weil sie über ein geringes Budget verfügen, und/oder (meist »und«) auf Grund deren Inhalte (reißerische Thematik, kruder Stil, niedriger Anspruch, etc.). »Exploitationfilme« (*to exploit*: ausnutzen) sind meist so etwas wie eine härtere, deftigere Art von B-Filmen. Sie haben ein oder mehrere reißerische Elemente (Frauen in heruntergekommenen Gefängnissen, ethnische Spannungen, Nazi-Kon-

[6] http://en.wikipedia.org/wiki/Vigilante_film (zuletzt aufgerufen am 15.10.2014)

[7] http://en.wikipedia.org/wiki/Exploitation_film#Minor_sub-genres (zuletzt aufgerufen am 15.10.2014)

zentrationslager, Vergewaltigung, etc.), die meist mit einem erhöhten Maß an Gewaltdarstellung einhergehen. Manchmal sind auch sexuelle Inhalte der Fokus, oder ein aktueller Trend wird kommerziell ausgenutzt. Der Begriff »Mainstream« ist schwammig, aber ich fasse ihn weit und meine mit Mainstream-Filme all jene, die über ein moderates bis hohes Produktionsbudget aufweisen und in einer breiteren Kinoveröffentlichung verwertet wurden. Es gibt bei diesen drei Begriffen natürlich keine strengen Grenzen, und sehr oft verwenden Filmstudios aus finanziellem Interesse in Mainstreamproduktionen Elemente und Themen, die sich in B-Filmen und Exploitationfilmen bewährt haben.

Doch nun wieder zurück zum Vigilanten: Basierend auf der monomythischer Heldenreise, die Joseph Campbell in *The Hero With a Thousand Faces* (*Der Heros in tausend Gestalten*) beschrieben hat, haben Robert Jewett und John Shelton Lawrence einen amerikanischen Monomythos beschrieben. Der amerikanische »Superheld« ist im Gegensatz zu Helden anderer Kulturen ein Außenseiter und Vigilant. Er vollzieht auch am Ende der Geschichte nicht die Heirat als offiziellen Akt des Eintritts in die Gesellschaft, sondern bleibt ein Außenseiter dieser Gesellschaft, die er beschützt.

> The tales of the American monomyth depicting threatened communities typically express frustration with the limitations of constitutional government and with its allied ideals of reconciliation and compromise. These stories show that, when confronted with genuine evil, democratic institutions and the due process of law always fail. In the face of such a threat, democracy can be saved only by someone with courage and strength enough to transcend legal order so that the source of evil can be destroyed. Hence the superhero, who couples transcendent moral perfection with an extraordinary capability for effective acts, spends much of his time in hiding, because he cannot be an identified voice in the corrupt democratic process.[8]

Für Jewett und Lawrence ist das typische amerikanische Narrativ des Superheld-Vigilanten ein betont antidemokratisches, und sie machen

[8] Jewett, Robert und Lawrence, John Shelton: Captain America and the Crusade Against Evil. The Dilemma of Zealous Nationalism. Wm. B. Eerdmans Publishing Co. 2003. Seite 29.

durch und durch faschistische Ansätze in der amerikanischen Populärkultur aus, die sie »pop fascism« nennen:

> 1. super power held in the hands of one person can achieve more justice than the workings of democratic institutions.
> 2. democratic systems of law and order, or constitutional restraint, are fatally flawed when confronted with genuine evil.
> 3. the community will never suffer from the depredations of such a leader, whose servanthood is allegedly selfless.
> 4. the world as a whole requires the services of American superheroism that destroys evildoers through selfless crusades.[9]

Die gute und »notwendige« Gewalt und den Faschismus des Vigilanten kann man als die logische Weiterführung der Theorien von »American exceptionalism« und Manifest destiny (»offensichtliche Bestimmung«) sehen. »American exceptionalism« ist (verkürzt formuliert) die Theorie, dass die USA anders/besser sind als andere westliche Staaten und auf Grund ihrer geschichtlichen Entwicklung und Werten wie Freiheit, Republikanismus und Individualismus eine Sonderstellung in der Welt einnehmen würden. Der Begriff wurde auch als Überlegenheit des amerikanischen Volkes interpretiert und wurde/wird von Kritikern als ein weiterer populärer Mythos der Amerikaner gesehen. »Manifest destiny« greift teilweise auf »American exceptionalism« zurück und war und ist der Glaube vieler Amerikaner an die speziellen Tugenden ihres Volkes und ihrer Aufgabe, den Wilden Westen zu erobern und nach ihren Vorstellungen zu erneuern. In der Praxis führte die Vorstellung oft zur Vertreibung oder Ermordung der Ureinwohner. Präsident Andrew Jackson, der auch den *Indian Removal Act* zum Gesetz erhob, war ein Anhänger der Idee von »manifest destiny«. Bereits aus diesen beiden Theorien lässt sich sehr einfach die Vorstellung ableiten, dass es die historische Bestimmung von guten Amerikanern sei, die Gesellschaft von Wilden zu befreien, damit sie gedeihen kann.

Die Figur des Vigilanten und Vigilantnarrative sind dem amerikanischen Publikum wohlbekannt. In der beliebten Satire-Nachrichtensendung *The Daily Show* kommentierte der Moderator Jon Stewart Aussagen des ehemaligen Vizepräsidenten der Vereinigen Staaten Dick Cheney bezüglich CIA-Foltertaktiken:

---

[9] Ebd., Seite 42f.

> Is Dick Cheney a righteous warrior... or a psychopath? [Gelächter] It's one thing to feel remorseless vengeance against those who have wronged us – which is why we've always been a nation that has followed the vigilante's code. [Gibt vor, sich vertan zu haben] I'm sorry, rule of law. Rule of law. [Gelächter] But what if hypothetically, this treatment was perpetrated on someone who had been detained wrongly? Surely that would soften Cheney's Bronson-like torture boner. [Gelächter][10]

Die offensichtliche Faszination der amerikanischen Bevölkerung mit Vigilantismus rührt daher, dass es eine uramerikanische Tradition ist – und wie schon erwähnt nicht nur in der Populärkultur, sondern auch in der Geschichte. Nachdem ich mich also mit den Definitionen befasse, spreche ich über den historischen Vigilantismus, um danach populäre Vigilantenfilme zu besprechen. In erster Linie will ich aufzeigen, dass sich Vigilantnarrative durch die gesamte US-amerikanische Filmgeschichte ziehen. Sie sind besonders zu jenen Zeiten beliebt, in denen eine *law and order*-Mentalität bzw. eine rechtskonservative Stimmung herrscht. Vigilantenfilme erlebten ihre Blütezeiten in und nach der großen Depression in den 1930ern, nach der Hippie-Bewegung in der neokonservativen Zeit der 1970er, und in den Jahren nach 9/11.

Da der Vigilant ein typisch amerikanischer Filmcharakter ist – Jewett und Lawrence würden wahrscheinlich sogar sagen »*der* typische amerikanische Filmcharakter« – tritt er zu einem stark überwiegenden Teil in US-Filmen auf. Da dieses Buch Vigilantismus als amerikanische Tradition – vor allem Filmtradition – bespricht und untersucht, werden ausschließlich US-Produktionen behandelt. Es gibt aber natürlich Beispiele aus anderen Ländern, wie Frankreich, England und insbesondere Italien. Die meisten dieser Filme ahmen jedoch ohnehin nur die US-Vorbilder nach und bringen inhaltlich wenig bis nichts Neues auf den Tisch. HARRY BROWN (Daniel Barber, 2009), eine britische Produktion mit Michael Caine in der Hauptrolle, ist ein gutes Beispiel für einen klassischen Vigilantenfilm, der zu dem neuen Schwung an Vigilantenfilmen in den 2000er-Jahren gehört. Ebenfalls aus England stammt der Vigilantthriller OUTLAW (Nick Love, 2007). In Australien erscheint 2014 JOHN DOE: VIGILANTE (Kelly Dolen). In und um die 1970er werden in Italien einige Vigilantenfilme produziert, wie die beiden Enzo-G.-Castellari-Filme IL CITTADINO SI RIBELLA (EIN MANN SCHLÄGT ZURÜCK, 1974) und IL

[10] *The Daily Show with Jon Stewart*, Folge vom 15.12.2014.

GRANDE RACKET (RACKET, 1976). Der »französische Dirty Harry« erscheint mit UN CONDÉ (EIN BULLE SIEHT ROT, Yves Boisset) bereits 1970.

Mit großer Überraschung habe ich bei der Recherche für dieses Buch festgestellt, dass das Selbstjustizthema filmwissenschaftlich noch nicht in größerem Stil behandelt wurde. Ich konnte keine filmwissenschaftlichen Bücher, Doktorarbeiten, Magisterarbeiten, Artikel oder sonstige Texte finden. Nur eine amerikanische Abschlussarbeit für den Master of Arts aus dem Jahr 2014, die einige Vigilantenfilme vor dem Hintergrund der jeweiligen historischen und politischen Ereignisse in den USA beleuchtet, konnte ich im Internet entdecken. Im wissenschaftlichen Bereich haben sich einige Kulturwissenschaftler, Kriminologen, Medienpsychologen, Historiker, Philosophen, Politwissenschaftler und Rechtswissenschaftler mit dem Thema befasst, aber keine Filmwissenschaftler. Im Filmbereich werden den Selbstjustizfilmen in ein paar Sachbüchern Unterkapitel gewidmet, doch angemessen aufgearbeitet hat das Thema noch niemand. Ich spreche von »angemessener« Aufarbeitung, weil Selbstjustizfilme oder deren Popularität keine vereinzelten Ereignisse der Hollywoodgeschichte sind. DIRTY HARRY und DEATH WISH waren keine Einzelfälle, und Vigilantenfilme kein bloßer Trend der 1970er. Das Selbstjustizthema zieht sich durch die gesamte amerikanische Mediengeschichte, doch vor allem die gesamte Hollywood-Filmgeschichte ist gespickt mit Filmen, die in irgendeiner Form Selbstjustiz oder Vigilantismus zum Inhalt haben. Eine Internetrecherche hat ohne Probleme etliche US-amerikanische Produktionen zum Vorschein gebracht, die Vigilantismus beinhalten. Die Nicht-Existenz einer umfassenden filmwissenschaftlichen analytischen Aufarbeitung der Vigilantenfilme bzw. des amerikanischen Vigilantenmythos, sowohl im englischsprachigen als auch im deutschen Sprachraum, ist verblüffend und beschämend. Historiker, Philosophen und Kulturwissenschaftler wie Richard Slotkin, Robert Jewett, John Shelton Lawrence und John G. Cawelti haben den Vigilanten als dominanten amerikanischen Mythos erkannt und wissenschaftlich behandelt. Die Filmwissenschaft täte gut daran, hier nachzuziehen.

In meinem Buch bespreche und analysiere ich Handlungen und Dialoge der Filme, also tatsächliche und nachweisbare Inhalte, die jedermann überprüfen kann, der Zugang zu einer Kopie des Films hat.

Ich wende keinerlei formalistische Analysen an. Ich verzichte sowohl weitestgehend auf Interpretationen der Werke, weil diese fast immer zu persönlich gefärbt sind, als auch auf Mutmaßungen betreffend Intention der Filmemacher und Publikumsrezeption, die sich in der Regel nicht beweisen lassen. Sollte es sich bei bestimmten Sätzen um persönliche Einschätzungen handeln, die ich nicht beweisen kann, habe ich mich bemüht, diese sprachlich eindeutig als solche auszuweisen. Ich halte außerdem nichts davon, Filme oder gar eine ganze Reihe an Filmen in ein theoretisches Korsett zu zwängen. Würde ich mir einen theoretischen Ansatz heraussuchen, und die Filme aus diesem einen Blickwinkel betrachten, bedeutet das für mich nichts anderes als dass ich einen bestimmten Filter anwenden würde. Zum Beispiel könnte ich in einer Art Beweisführung versuchen darzulegen, dass man Michael Winner (Regisseur von DEATH WISH) oder Clint Eastwood (Hauptdarsteller und Produzent von DIRTY HARRY) bis zu einem gewissen Grad als Auteure – nach der Auteur-Theorie – bezeichnen kann. Wenn ich nach Laura Mulveys »male gaze« im Vigilantenfilm suchen würde, würde ich bestimmt viele Beispiele finden. Ich halte von solchen einseitigen Betrachtungsweisen nichts, denn sie sind immer nur eine Wahrheit von vielen, und selbst diese »Wahrheiten« sind fragwürdig und angreifbar. Müsste ich mich für eine filmtheoretische Methode der Filmanalyse entscheiden, wäre ich wohl am ehesten bei der Genre-Theorie »zu Hause«, da ja mein Ziel ist, die zentralen Eigenschaften und Gemeinsamkeiten einer (sehr großen) Gruppe von Filmen herauszuarbeiten.

Ich stelle also wichtige – im Sinne von populäre und/oder einflussreiche – Beispiele für Vigilantenfilme durch die gesamte amerikanische Filmgeschichte hindurch vor, bespreche und analysiere sie, und arbeite ihre narrativen und motivischen Gemeinsamkeiten heraus. In meinem Versuch, dem populärkulturellen und populistischen Phänomen des filmischen Vigilantismus möglichst gerecht zu werden, habe ich einige ergiebige Inhalte und Positionen aus den Bereichen Kulturwissenschaften, American Studies, Philosophie, Geschichte, Filmgeschichte, sowie Kriminologie und Rechtswissenschaften zusammenzutragen. Ich schicke mich nicht an, das Phänomen des filmischen Vigilantismus kulturwissenschaftlich erklären zu wollen (mir scheint, dies wäre eine monumentale Aufgabe). Es geht mir in erster Linie darum, die Existenz von filmischem

Vigilantismus aufzuzeigen, sowie die Beharrlichkeit des Vigilantnarrativs in der amerikanischen Filmgeschichte.

Eine historische Aufarbeitung von filmischem Vigilantismus hat noch niemand unternommen, und in diesem Buch habe ich versucht, genau das möglichst gewissenhaft zu tun. Dabei hat es durch die vielen Filmbeispiele einen enzyklopädischen Charakter erhalten. Hätte ich einige Filme herausgestrichen, hätte die wissenschaftliche Aussagekraft insgesamt wohl wenig darunter gelitten – so aber sieht man die Vielfalt an Vigilanten und Vigilantnarrativen, was ich als positiv erachte. Und wer weiß, vielleicht tritt das, was John Shelton Lawrence in seinem schönen Vorwort gesagt hat, wirklich ein, und irgendjemand liefert, inspiriert von diesem Buch, neue wissenschaftliche Erkenntnisse zum Thema Vigilantismus im Film ab. »Mapping the history« hat Prof. Lawrence in einem Gespräch die Leistung genannt, die seiner Meinung nach dieses Buch hauptsächlich vollbringt. Nun bleibt abzuwarten, ob jemand neue Inhalte auf diese Landkarte hinzufügen wird.

2. Definitionen von Vigilantismus

Vigilantismus hat viele Namen, wie »popular justice«, »street justice«, »frontier justice«, etc. Von »extralegal justice/means« liest man häufig in Literatur und Filmbeschreibungen. Die Anwendung von Lynchjustiz ist ebenfalls ein Akt von Vigilantismus. Es gibt keine anerkannte, verbreitete Definition. Wörterbücher liefern unterschiedliche Ergebnisse, und auch die Wissenschaft hat sich bislang noch nicht auf eine Definition geeinigt. Einigkeit herrscht allerdings darüber, dass Notwehr – welche natürlich gesetzlich erlaubt ist – nicht als vigilantistischer Akt gilt. In diesem Kapitel versuche ich mich selbst kurz an einer Definition, und fasse dann die wichtigsten wissenschaftlichen Definitionsversuche zusammen.

Auch wenn Vigilanten größtenteils Anhänger von *law and order* sind, können sie nicht uneingeschränkt als die Verfechter dieser Mentalität gelten. Die Aufrechterhaltung oder Wiederinstandsetzung von sozialer Ordnung mag ihr Ziel und höchstes Anliegen sein, aber ihr Handeln ist illegal und sie verstoßen gegen ein oder mehrere Gesetze. Müsste ich eine Definition für filmischen Vigilantismus abliefern, würde sie in etwa so lauten:

Ein oder mehrere nicht dazu autorisierte Personen gehen gewaltsam gegen kriminelle Elemente der Gesellschaft vor. Sie handeln primär uneigennützig, im Dienste der Gesellschaft, und nach eigenem Ermessen.

Für den Autor und Wissenschaftler William E. Burrows müssen »klassische Vigilanten« folgende fünf Voraussetzungen erfüllen:

1. Sie sind Mitglieder eines organisierten Komitees.
2. Sie sind etablierte Mitglieder der *community*.
3. Sie handeln mit einem bestimmten Ziel und nur für einen begrenzten Zeitraum.
4. Sie sehen sich selbst als letzte Option, weil die etablierten Gesetzesvollzugssysteme gescheitert sind.
5. Sie behaupten, für die Verbesserung oder Aufrechterhaltung des existierenden Systems zu arbeiten.[11]

[11] Vgl. Burrows, William E.: Vigilante! Houghton Mifflin Harcourt. 1976. Seite 13f.

Im Film sind klassische Vigilanten überwiegend Einzelgänger und nicht Mitglieder einer Organisation oder eines Komitees. Wie man noch öfter in diesem Buch sehen wird, sind sie fast immer etablierte Mitglieder der Gesellschaft, die entweder der Oberschicht oder der oberen Mittelschicht angehören. Sie sehen ihr Handeln im Regelfall als *Ultima Ratio*, das im Dienste eines übergeordneten Wohls (»*greater good*«) für die Gesellschaft geschieht, und sind »gewöhnliche«, gesetzestreue Bürger, die durch äußere Umstände zur Anwendung von Selbstjustiz bzw. Vigilantismus getrieben werden. Das Ziel der meisten Filmvigilanten ist Verbrechensbekämpfung, somit hören sie am Ende des Films nicht auf, Vigilanten zu sein.

Im Buch *Internationales Handbuch der Gewaltenforschung* bezeichnet Politikwissenschaftler David Kowalewski Vigilantismus als »Aktivitäten zur Unterdrückung von abweichenden Verhalten (Devianz) anderer Bürger seitens Privatpersonen oder auch seitens Beamter außerhalb ihrer Dienstzeit. Der Begriff »Devianz« steht für Überzeugungen und Verhaltensweisen von Bürgern, die in signifikanter Weise von den etablierten sozialen Normen einer Gemeinschaft abweichen. »Etablierte gesellschaftliche Normen« sind diejenigen erwarteten Verhaltensmuster und Überzeugungen, zu denen sich die herrschenden Eliten einer Gemeinschaft bekennen. Deviantes Verhalten, gegen das Vigilanten vorgehen, umfasst drei Formen: Kriminelle Devianz (z.B. Drogenhandel in der Nachbarschaft), kulturelle Devianz (z.B. Hippiekommunen) und politische Devianz (z.B. Arbeitskämpfe)«[12] Kowalewski sieht auch das deutliche Paradox, dass der Anwendung von Vigilantismus innewohnt: »Paradoxerweise handeln [Vigilanten] deviant, um Devianz zu bekämpfen.«[13]

Politische Devianz ist für meine Filmbeispiele fast irrelevant, da sie nicht wirklich in Vigilantenfilmen vorkommt. Kriminelle Devianz ist klarerweise die gängigste Form von Devianz im Vigilantenfilm, sie tritt in all den von mir in diesem Buch behandelten Filmen in Erscheinung. Aber auch kulturelle Devianz lässt sich ausmachen: Neben den Hippies in JOE (JOE – RACHE FÜR AMERIKA, John G. Avildsen, 1970), die in dem Film mit der älteren, bürgerlichen Generation kontrastiert werden, trifft man im Vigilantenfilm auf alle möglichen Devianten, die durch einen

---

[12] Kowalewski, David: Vigilantismus. In: Heitmeyer, Wilhelm/Hagan, John (Hrsg.): Internationales Handbuch der Gewaltforschung. Westdeutscher Verlag. 2002. Seite 426.

[13] Ebd., 426f.

alternativen Lebensstil, ihre Kleidung, Drogenkonsum, etc. auffallen. 10 TO MIDNIGHT (EIN MANN WIE DYNAMIT, J. Lee Thompson, 1983) endet damit, dass der von Charles Bronson gespielte Detective einen sexuell devianten Serienkiller, der seine abnormen Perversionen ausgelebt hat, in einem Akt der Selbstjustiz kaltblütig erschießt.

Der Kriminologie-Dozent Les Johnston nennt sechs spezifische Charakteristiken, die alle notwendig seien, damit man von Vigilantismus sprechen könne[14]:

1. »Planning, premeditation, and organization«

Zumindest minimales Planen oder Vorbereitung ist Voraussetzung.

2. »Private voluntary agency«

3. »Autonomous citizenship«

Vigilantismus ist ein freiwilliges Handeln ohne Befugnis oder Unterstützung des Staates.

4. »The use or threatened use of force«

5. «Reaction to crime and social deviance«

»Vigilantism arises when some established order is perceived to be under threat from the transgression (or potential transgression) of institutionalized norms. Vigilantism is, in other words, a reaction to real or perceived deviance.«

6. «Personal and collective security«

»[the] aim is to offer people the assurance that an established system of order will prevail.«

Es herrscht Uneinigkeit darüber, ob Vigilantismus eine soziale Bewegung oder eine Reaktion auf etwas ist. Im Film ist er fast immer Zweiteres – Vigilanten sind wie schon erwähnt fast immer Solo-Akteure – und nur in Ausnahmefällen wie THE BIRTH OF A NATION (DIE GEBURT EINER NATION, D.W. Griffith, 1915) oder VIGILANTE (STREETFIGHTERS, William Lustig, 1982) kann man von einer Bewegung mit mehreren Mitgliedern sprechen.

Die Politikwissenschaftler H. Jon Rosenbaum und Peter C. Sederberg bezeichnen Vigilantismus als »establishment violence«, die sich gegen irgendeine Form von Subversion richtet[15]: »When individuals or groups

[14] Johnston, Les: What is Vigilantism? In: The British Journal of Criminology Volume 36, Issue 2. 1996. Seite 222-231.

[15] Rosenbaum, H. Jon und Sederberg, Peter C.: Vigilantism: An Analysis of Establishment Violence. In: Rosenbaum/Sederberg (Hrsg.): Vigilante Politics.

identifying with the established order defend that order by resorting to means that violate (…) formal boundaries, they can be usefully classified as vigilantes.« Sie betrachten Vigilantgewalt als Gegenstück zu revolutionärer Gewalt: »Violence aimed at the redistribution of values may be identified as either ›revolutionary‹ or ›reactionary‹, while violence directed at value maintenance may be termed ›vigilante.‹«[16] Weiters unterscheiden sie mehrere Arten von Vigilantismus, wobei »crime-control vigilantism« jene ist, die am häufigsten mit Vigilanten in Verbindung gebracht wird und auch im Film immer wieder vorkommt: »perpetrators escape justice due to governmental inefficiency, corruption, or the leniency of the system of due process.«[17] *Due process*, ein Begriff, der noch öfters in diesem Buch vorkommen wird, ist in den USA ein verfassungsmäßiger rechtsstaatlicher Grundsatz, der so viel wie »ordentliches/faires Gerichtsverfahren« bedeutet.

Die Ausführungen von Rosenbaum und Sederberg liefern einen wertvollen Beitrag zu dem Thema, trotzdem erscheinen mir zwei Punkte in ihrer Argumentation als äußerst problematisch:

Zunächst kann Vigilantismus sehr wohl auch reaktionär sein, ich würde sogar behaupten, dass eine reaktionäre Grundhaltung und die Reaktion an sich typische Merkmale von Vigilanten – auch von jenen in Filmen – sind. Was Vigilanten mit Reaktionären verbindet, ist der Widerstand gegen gesellschaftliche Veränderung, sowie die Einnahme von antidemokratischen Positionen.

Zweitens sprechen sie von einer Form von Vigilantismus, die von »offizieller Seite« stammt, und entweder von der Regierung, dem Militär oder der Polizei ausgeübt wird. Dass es sich bei Vigilanten aber gerade um private Akteure handelt, die Gewalt anwenden, ist für mich ein wesentliches Unterscheidungsmerkmal. Das deckt sich auch mit der öffentlichen Auffassung darüber, was ein Vigilant ist, und um ein Filmbeispiel heranzuziehen: Selbst der berühmte *vigilante cop* Harry Callahan tritt im Finale des Films DIRTY HARRY nicht als Polizist, sondern als Privatbürger auf.

Der Geschichtsprofessor Richard Maxwell Brown schreibt über die historische, amerikanische Vigilanttradition, in der Vigilanten »organized,

---

University of Pennsylvania Press. 1976. Seite 4.

[16] Ebd., Seite 5.

[17] Ebd., Seite 10.

extralegal movements« waren, »the members of which take the law into their own hands.«[18] Modernere Beispiele für reale Vigilanten sind »associations in which citizens have joined together for self-protection under conditions of disorder.« Diese zweite, breite Definition trifft auf sämtliche amerikanische Bürgerwehren und ähnliche Bewegungen zu, welche normalerweise nicht gegen Gesetze verstoßen, aber sowohl von der Öffentlichkeit, den Medien und der Polizei als Vigilanten bezeichnet werden und sich auch selbst so nennen.[19]

Frederick Hawley, ein Professor für Strafrecht mit einem Doktortitel in Kriminologie, bezeichnet den Vigilanten als ein Mitglied einer Organisation oder Bewegung, die »alternative Methoden der sozialen Kontrolle« anwendet, üblicherweise in der Hoffnung, Stabilität in einem Umfeld zu etablieren, das sie als chaotisch oder gesetzlos betrachtet. Vigilanten ersetzen so den vom Staat gewährten wirkungslosen, fehlenden oder unbefriedigenden Zustand der Strafrechtspflege. »Most vigilantism in American history has conservative roots, and supports and reifies existing local social and economic arrangements. Historically, vigilantes have often been businessmen, large ranchers, and representative of rising young local elites. In general, on the context of the American narrative, they are not outsiders.«[20]

Im nächsten Kapitel, das den Wahrheitsgehalt dieser Aussage bestätigen wird, gehe ich näher auf den historischen Vigilantismus in Amerika ein.

[18] Brown, Richard Maxwell: Strain of Violence. Historical Studies of American Violence and Vigilantism. Oxford University Press, Inc. 1975. Seite 95f.

[19] Ebd., Seite 58.

[20] Hawley, Frederick: Vigilantes. In: Chambliss, William J.: Police and Law Enforcement. SAGE Publications, Inc. Los Angeles. 2011. Seite 239.

3. Vigilantismus in der amerikanischen Geschichte

Tom Doniphon: »I know those law books mean a lot to you, but not out here. Out here, a man settles his own problems.«

Doniphon (John Wayne) will im Western THE MAN WHO SHOT LIBERTY VALANCE den Anwalt Ransom Stoddard überreden, einen Revolver zu tragen.

»The metaphors of vigilante justice so deeply permeate American culture that George W. Bush, a Texan president, resorted to them when responding to the quite new threat of Osama bin Laden. ›Round up the posse, and let's go get 'em,‹ he said after the horror of 9/11.«

Judith W. Kay, Professorin für Religion und Ethik[21]

Am 22. Dezember 1984 wird der 37-jährige Bernhard Goetz in einer New Yorker U-Bahn von vier schwarzen Jugendlichen bedrängt, die ihn angeblich ausrauben wollen. Er steht auf, richtet seine Kaliber .38-Pistole auf sie und schießt fünf Mal, wobei er alle vier trifft. Zwei von ihnen schießt Goetz bei ihrer Flucht in den Rücken und gibt in einem Geständnis an, zu einem der vier jugendlichen Männer gesagt zu haben: »You seem to be doing alright, here's another.« Goetz wird später in allen Anklagepunkten freigesprochen, mit Ausnahme des illegalen Waffenbesitzes, für den er acht Monate im Gefängnis verbringt. Einige amerikanische Medien brachten Goetz mit dem Film DEATH WISH in Verbindung, in dem Charles Bronson als Paul Kersey zwei Räuber in einer U-Bahn erschießt. Goetz wurde zum umstrittenen Volkshelden und als »subway vigilante« berühmt, auch wenn er eigentlich kein Vigilant war. Les Johnston stimmt mir zu: »Despite the media's inclination to categorize it as such, [an] act of spontaneous self defence can hardly be considered one of vigilantism.«[22] Der einflussreiche rechte Moderator und Politiker Patrick Buchanan schreibt in der konservativen Boulevardzeitung *The New York*

[21] Kay, Judith W.: Murdering Myths. The Story Behind the Death Penalty. Rowman & Littlefield Publishers. 2005. Seite 37.

[22] Johnston, Les: What is Vigilantism? Seite 222.

Post: »far from being a manifestation of ›insanity‹ or ›madness‹, the universal rejoicing in New York over the gunman's success is a sign of moral health.«[23] In einem 1985 erschienenen Feature im *New Internationalist* mit dem Titel *The Rambo Spirit* analysiert der Autor:

> For many Americans Goetz' action was a brief release from the intense frustration, sense of powerlessness and fear they have come to feel in relation to urban crime. People experienced a momentary, cathartic hope that justice could be swift and that determined individuals could bring order where governmental authority had so totally failed. ›Taking the law into one's own hands' is a very American tradition. In reality, there are two different traditions that get rolled into one: the lone avenger, and the self-protective community. The roots of this vigilante spirit run deep – historically, culturally and psychologically. They are part of the American worldview. In situations where Americans feel frightened, confused and threatened by a breakdown of their social order and way of life, the vigilante impulse often takes hold.[24]

In einem Versuch, der Frage nach den Ursprüngen des amerikanischen »vigilante spirit« näher zu kommen, zeichnet dieses Kapitel einen kurzen Abriss vom historischen Vigilantismus-Phänomen in den USA.

Einige der positivsten Ereignisse der amerikanischen Geschichte sind eng mit Gewalt verbunden, wie die Unabhängigkeit (revolutionäre Gewalt), die Befreiung der Sklaven und der Erhalt der Union (Bürgerkrieg), die Besetzung von Land (Indianerkriege), die Aufrechterhaltung von Recht und Ordnung (Polizeigewalt) und die Stabilisierung der Frontier-Gesellschaft (Vigilantgewalt).[25]

Die Popularität von Vigilantismus ist zu einem großen Teil auf das Recht auf Revolution zurückzuführen, dass das amerikanische Volk für sich beanspruchte, sowie dem in Revolutionszeiten entstandenen Konzept der *popular sovereignty*, das so viel wie »Volksherrschaft« (oder milder: »Volkssouveränität«) bedeutet – also dass das Volk die einzig legitime Basis für eine Regierung sei, und es jederzeit dazu berechtigt sei, sie zu reformieren, abzuändern oder aufzuheben. Frontier-Gesellschaften diente

[23] Kazis, Richard: The Rambo Spirit. In: New Internationalist, Issue 154. 1985. (Abgerufen am 20.11.2014 auf: http://newint.org/features/1985/12/05/rambo)

[24] Ebd.

[25] Brown: Strain of Violence. Seite 36.

das später zur Rationalisierung von außerrechtlicher Gewalt gegen allerlei Elemente, die als Feinde des Gemeinwohls angesehen wurden.[26]

Der englische Philosoph John Locke wird von Amerikanern manchmal erwähnt. wenn es darum geht, Vigilantismus intellektuell und ideologisch zu rechtfertigen. Locke wird als der geistige Vater des politischen Liberalismus und Vordenker der Gewaltenteilung angesehen und schrieb viel zum Thema der Volkssouveränität und dem Widerstandsrecht der Bevölkerung. Locke meinte, dass wenn die Regierung ihre Verpflichtungen gegenüber den Bürgern nicht erfüllen kann, es das Recht der Leute sei, gegen sie zu rebellieren.[27] Lockes Ausführungen wurden, obwohl sie sehr vorsichtig formuliert waren, als ein Recht auf Revolution interpretiert, das für Amerikaner bis heute heilig ist. Nicht umsonst wird dem amerikanischen Volk Misstrauen gegenüber den Regierenden nachgesagt, und schon im Originaltext der Unabhängigkeitserkärung steht: »whenever any Form of Government becomes destructive of these ends, it is the Right of the People to alter or to abolish it, and to institute new Government«[28] Dietrich Schwanitz schreibt in seinem Buch *Bildung – Alles, was man wissen muß*: »In Europa war gewissermaßen der Staat vor der bürgerlichen Gesellschaft da und mußte von ihr erobert werden. In Amerika gab es zuerst nur eine Gesellschaft von Auswanderern, die sich dann einen Staat schaffen und das Gesetz gegen die Gesetzlosen durchsetzen mußten. (…) Er [der Amerikaner, Anm.] empfindet die Beamten als Angestellte, die für ihn da sind. Deshalb hat er auch das Gefühl, daß er sie hinausschmeißen kann, wenn sie nicht funktionieren. Sein Bezug zum Staat ist von Mißtrauen durchsetzt. Lieber als dem Staat vertraut er sich selbst. Diese Haltung begründet auch den Anspruch eines jeden Amerikaners, eine Waffe zu tragen.«[29]

Gouverneure, Senatoren, Richter, Anwälte, prominente Autoren und sogar einige Präsidenten waren im 19. und frühen 20. Jahrhundert Befürworter von Vigilantbewegungen.[30] Andrew Jackson (der siebente

[26] Ebd., Seite 39, 60 und 116. Siehe auch: Culberson, William C.: Vigilantism. Political History of Private Power in America. Praeger Publishers. 1990. Seite 2 und 6.

[27] Locke, John: The Second Treatise of Government and a Letter Concerning Toleration. Dover Publications. 2002. Seite iii.

[28] http://www.archives.gov/exhibits/charters/declaration_transcript.html (zuletzt aufgerufen am 2.10.2014)

[29] Schwanitz, Dietrich: Bildung. Alles, was man wissen muß. Goldmann Verlag. 2002. Seite 573.

[30] Brown: Strain of Violence. Seite 126. Siehe auch: Culberson: Vigilantism. Seite 19.

Präsident der Vereinigten Staaten, von 1829–1837) und Theodore Roosevelt (der 26. Präsident der Vereinigten Staaten, von 1901–1909) waren nicht nur das, sie waren sogar Mitglieder dieser großen Bewegungen.[31] Es ließe sich argumentieren, dass auch die Präsidenten in jüngerer Zeit Anhänger einer Vigilantideologie waren, wie Lyndon B. Johnson und der eingangs in dem Zitat erwähnte George W. Bush, die beide ihr Land in unpopuläre Kriege führten. Der Historiker Richard Maxwell Brown, dessen Standardwerk *Strain of Violence: Historical Studies of American Violence and Vigilantism* die Grundlage für dieses Kapitel bildet, sieht die Watergate-Affäre um Präsident Nixon, bei der für das »öffentliche Wohl« Gesetze gebrochen wurden, als einen Rückgriff auf die amerikanische Vigilant-Gesinnung.

Laut Brown basiert Vigilantismus auf drei Rationalisierungen:

1. Selbsterhaltung (self-preservation): Wenn offizielle Institutionen die Bürger nicht beschützen können, müssen diese töten, um nicht selbst getötet zu werden.
2. Recht auf Revolution (right of revolution): Es ist, auch auf Grund der Geschichte, nachvollziehbar, warum den Amerikanern dieses Recht so wichtig ist. Wenn eine oder mehrere Reformen nicht ausreichen, ist eine Revolution legitim und notwendig.
3. Der wirtschaftliche Gedanke (economic rationale): Die Entwicklung und Aufrechterhaltung eines effektiven Strafrechtssystems war oft zu teuer für die Frontier-Städte[32]. Sie konnten auf Vigilanten zurückgreifen, deren Einsatz effizient und kostenfrei war.[33]

Zu Revolutionszeiten (1760–1785) war die Idee von *popular sovereignty* beliebt, und Gewalt und Mord seitens Privatbürgern wurden im Dienste des öffentlichen Wohls eingesetzt. Bereits 1767 wurde in den USA organisierte Lynchjustiz betrieben.[34] In der Zeit vor dem Bürgerkrieg war

---

[31] Dray, Philip: At the Hands of Persons Unknown. The Lynching of Black America. Modern Library. 2003. Seite 20. Siehe auch: Brown: Strain of Violence, Seite 126 und Blau, Theodore H.: Psychological Services for Law Enforcement. John Wiley & Sons, Inc. 1994. Seite 7.

[32] Brown: Strain of Violence. Seite 112.

[33] Ebd., Seite 115. Siehe auch: Brown, Richard Maxwell: The American Vigilante Tradition. In: Graham, Hugh Davis/ Gurr, Ted Robert: Violence in America. (Washington, D. C. Staff Report to the National Commission on the Causes and Prevention of Violence, 1969) Seite 140.

[34] Brown: Strain of Violence. Seite 21.

Vigilantismus die Antwort auf ein typisch amerikanisches Problem: Das Fehlen von Recht und Ordnung in den neu besiedelten Frontierregionen. Hunderte Vigilantbewegungen formierten sich und repräsentierten die Werte und Vorlieben der Elite.[35] In den meisten Fällen kann man von konstruktiver Gewalt seitens dieser Bewegungen sprechen, aber es kam auch oft zu Chaos und Anarchie.[36]

Die jahrhundertealte Tradition von Vigilantismus begann im Hinterland von South Carolina im Jahr 1767 mit einer Gruppierung, die sich »Regulators« nannten. Die Mitglieder der South Carolina Regulators waren respektable Bürger und mittelmäßig bis sehr wohlhabend, was im Regelfall auch auf die anderen historischen Vigilantbewegungen zutrifft. Ein zerstörerischer Krieg mit Cherokee-Indianern[37] produzierte etliche Obdachlose und Waisen, die sich oft Gruppierungen von *outlaws* anschlossen.[38] Da es keine örtlichen Richter und Sheriffs gab, kämpften die Regulators gegen grassierende Gewalt und Verbrechen. Die Gegner der Regulators reichten von faulen und sittenwidrigen Individuen, die beispielsweise ausgepeitscht und zu Zwangsarbeit eingesetzt wurden, bis zu gefährlichen *outlaws*, die von ihnen ermordet – meist an einem Strick aufgehängt – wurden.[39] Die South Carolina Regulators haben das Hinterland erfolgreich von Verbrechen befreit, waren also einerseits eine sehr konstruktive Bewegung. Andererseits waren sie auch brutal und rachsüchtig, und sie setzten ihre gewaltsamen Bestrafungen oft willkürlich ein. Aus diesen Gründen formierte sich eine Gegenbewegung, die sich »Moderators« nannte, und es kam zum Krieg zwischen den beiden Fraktionen.

Die Regulators dienten als Vorbild für etliche ähnliche Gruppierungen, die bald überall im Land auftauchten und sich ebenfalls so nannten. Insgesamt sind 326 Vigilantbewegungen bekannt, die tatsächliche Zahl könnte sich auf etwa 500 belaufen. Ab 1767 bis ca. 1900 war Vigilantaktivität ein beinahe konstanter Faktor des amerikanischen Alltags – nicht nur im Westen, sondern auch im Osten des Landes, weit weg von den *frontiers*. Vigilanten konnten vielerorts Ordnung und Stabilität

---

[35] Ebd., Seite 22.

[36] Ebd., Seite 23.

[37] Ebd., Seite 58.

[38] Ebd., Seite 72.

[39] Ebd., Seite 59.

gewährleisten[40], allerdings sind sie auch für geschätzte 6000 Tote verantwortlich.[41] Im Regelfall waren Vigilantbewegungen von kurzer Dauer und lösten sich innerhalb von Wochen oder wenigen Monaten wieder auf.[42] Sie wurden üblicherweise von Vertretern der *frontier community* angeführt, die am meisten Interesse an der Erhaltung des Status quo hatten, also meist von einer Elite aus führenden Geschäftsmännern, Siedlern und allerlei Professionellen.[43] Auch das *vigilance committee* von San Francisco wurde von führenden Geschäftsmännern der Stadt geleitet. Die Gegner wurden ausgepeitscht, vertrieben oder umgebracht. Das diente auch als Abschreckung und war eine deutliche Warnung an kriminelle Elemente.[44]

Frontier-Städte konnten sich oft keine offiziellen Gesetzeshüter leisten, und es gab keine oder nur unzulängliche Gefängnisse, aus denen die Angeklagten oft fliehen konnten. Zudem funktionierten die Gerichte häufig nicht so, wie sie sollten. Die Schuldigen benutzten Einschüchterung, Korruption sowie etliche Schlupflöcher, um einer Verurteilung zu entgehen. Oft saßen Freunde der Angeklagten in der Jury oder kümmerten sich um falsche Zeugenaussagen. Die Bewohner der *frontiers* brachten die übliche Beschwerde vor, dass das Rechtssystem die Angeklagten gegenüber der Gesellschaft bevorzugt[45], eine Meinung, die sich bis heute relativ konstant in der amerikanischen Öffentlichkeit hält und auch in vielen Vigilantenfilmen anzutreffen ist.

Die Regulators, die genau wussten, dass ihr Handeln illegal war, bemühten sich, zumindest ein gewisses Maß an Legitimität zu erreichen. Es gab fast immer eine Satzung oder ein Manifest, dem sich die Mitglieder verschrieben. Sie hatten außerdem eine einfache Hierarchie mit »Offiziellen«, trugen keine Masken und operierten bei Tageslicht.[46] Angeklagte hatten im Regelfall eine Rechtsberatung oder einen Anwalt.[47] Im späten 19. Jahrhundert verschwand der Begriff »Regulator« immer mehr aus dem Sprachgebrauch.[48] In Filmen kommt er im Gegensatz zu »Vigilante«

[40] Ebd., Seite 96.

[41] Ebd., Seite 110.

[42] Ebd., Seite 97.

[43] Ebd., Seite 93.

[44] Ebd., Seite 97.

[45] Ebd., Seite 113.

[46] Culberson: Vigilantism. Seite 11. Siehe auch: Brown: Strain of Violence. Seite 103.

[47] Brown, Seite 109.

so gut wie nie vor, nur in den Western THE MISSOURI BREAKS (DUELL AM MISSOURI, Arthur Penn, 1976) und YOUNG GUNS (Christopher Cain, 1988) spielt er eine wichtigere Rolle. Im zuerst genannten Film spielt Marlon Brando einen fiktiven Regulator, der Pferdediebe aus dem Hinterhalt tötet, im zweiten kommen historische Figuren der Lincoln County Regulators vor.

Vigilantismus wurde aber nicht nur angewandt, wenn die ordentlichen Justizsysteme nicht vorhanden oder ineffektiv waren, sondern auch parallel zu einer offiziellen Rechtsprechung, die zufriedenstellend funktionierte. Zum einen konnte man so Kosten für Steuerzahler sparen (*economic rationale*), außerdem konnte der wichtige Einsatz für die Wiederherstellung von sozialer Ordnung durch Vigilanten eindrucksvoller zum Ausdruck gebracht werden, wie etwa durch das Aufhängen eines *outlaws*.[49] Mit dem Fortschreiten des Zivilisationsprozesses und der immer erfolgreicheren offiziellen Durchsetzung von Recht und Ordnung wurden Vigilantbewegungen immer seltener, aber Lynchmorde gab es in den USA bis weit in die 1930er Jahre.[50]

Brown unterscheidet zwischen »klassischem Vigilantismus«, der vor 1900 gegen Viehdiebe, *outlaws* und Mitglieder der ländlichen Unterschicht eingesetzt wurde, und »Neo-Vigilantismus«, der sich ab 1900 gegen Katholiken, Juden, Schwarze und Arbeiterführer richtete. In den 1960ern und 1970ern wurden einige Bevölkerungsgruppen anfällig für Vigilantismus, auch wenn sie üblicherweise nicht gegen Gesetze verstießen: Schwarze Bürgerrechtsbewegungen, weiße Bürgerwehren wie das hauptsächlich aus Italoamerikanern bestehende *North Ward Citizens Committee*, und Bewohner innerstädtischer Nachbarschaften, die von Kriminalität heimgesucht wurden.[51] Zu den berühmtesten Gruppierungen von Neo-Vigilanten gehören die in New York City gegründeten Guardian Angels, die eine modernere, inoffizielle »criminial justice group« waren und sind.

Nachdem nun die historische Vigilanttradition beleuchtet wurde, beschäftige ich mich für den Rest des Buches mit dem fiktiven Vigilantis-

48 Ebd., Seite 58.

49 Brown: Strain of Violence. Seite 123.

50 Finkelman, Paul: Introduction zum Buch Chadbourn, James Harmon: Lynching and the Law The Lawbook Exchange, Ltd. 2009. Seite vii und xi. Siehe auch: http://law2.umkc.edu/faculty/projects/ftrials/shipp/lynchingsstate.html (zuletzt aufgerufen am 15.12.2014)

51 Brown, Seite 129f.

mus. Es wird nicht überraschen, dass das wahrscheinlich früheste erfolgreiche Beispiel dafür (Kapitel 4.1.1.) aus einer Zeit stammt, in der dieser noch einen festen Platz im amerikanischen Alltag hatte.

4. Fiktionale Vigilanten vor 1970

»In the twentieth century, movies became the most important of the mass media for the creation of public myths (...) through which Americans defined themselves as a national culture.«

Richard Slotkin[52]

In so gut wie allen Filmsachbüchern und wissenschaftlichen Texten, in denen über Vigilantismus im Film geschrieben wird – meist nur in einem Kapitel oder in einer längeren Erwähnung – werden ausschließlich Filme der 1970er und manchmal noch die der 1980er behandelt, allen voran DIRTY HARRY (1971) und DEATH WISH (1974). Diese und andere Vigilantenfilme der 1970er, wie TAXI DRIVER, JOE und WALKING TALL (DER GROSSE AUS DEM DUNKELN, Phil Karlson, 1973) sowie deren kommerzieller Erfolg, haben die Filmwirtschaft nachhaltig beeinflusst. Doch es wird fast immer ignoriert, dass es lange vor den 1970ern Vigilantnarrative im Hollywoodkino gab. Bereits 1915 kommen in THE BIRTH OF A NATION, einem der ersten Langfilme überhaupt, heldenhafte Vigilanten vor. Der Western THE VIRGINIAN (DER MANN AUS VIRGINIA, Victor Fleming) von 1929 hat Gary Cooper zu einem Star gemacht, und er ist eines des frühesten filmischen Plädoyers für Privatjustiz. Präsident Hoover sagt 1931 dem amerikanischen Volk, es solle die Polizei respektieren und unterstützen, anstatt Gangster zu glorifizieren. In den 1930ern wird eine Reihe von *law and order*-Filmen produziert, mit Protagonisten, die an oder über der Grenze zum Vigilantismus agieren. Mit Franklin D. Roosevelt und dem »New Deal« findet 1934 ein Sympathieumschwung in der amerikanischen Öffentlichkeit statt. Berühmte Gangsterdarsteller wie Edward G. Robinson (LITTLE CAESAR, DER KLEINE CAESAR, Mervyn LeRoy, 1931) und James Cagney – der Staatsfeind Nr. 1 höchstpersönlich (THE PUBLIC ENEMY, DER ÖFFENTLICHE FEIND, William A. Wellman, 1931) – wechselten auf die andere Seite des Gesetzes, in Filmen wie »G« MEN (DER FBI-AGENT, William Keighley, 1935) und I AM THE LAW (IM NAMEN DES GESETZES, Alexander Hall, 1938). Die Regierungsagenten

[52] Lichtenfeld, Eric: Action Speaks Louder. Violence, Spectacle, and the American Action Movie. Revised & Expanded Edition. Wesleyan University Press. 2007. Seite x (Foreword).

und Polizisten in diesen und ähnlichen Filmen legten meist ähnliche Taktiken wie die Gangster an den Tag, und dasselbe Level an Brutalität. In BULLETS OR BALLOTS (WEM GEHÖRT DIE STADT?, William Keighley, 1936) ist Edward G. Robinson ein Undercoveragent und kann somit im selben Film ein redlicher Held und ein Gangster sein.[53] Doch wie auch das Buch mediengeschichtlich vor dem Film kam, finden sich Vigilanten zunächst vereinzelt in literarischer Form.

4.1. Frühe Beispiele für Vigilantnarrative

»The vigilante hero is a powerful archetype – one of the most powerful in all of American culture. (...) [He] is a pop culture super-icon.«

Gary Hoppenstand[54]

4.1.1. Nick of the Woods

1837 erscheint *Nick of the Woods*, ein sehr erfolgreicher und in seiner Darstellung von Indianern einflussreicher Roman des amerikanischen Autors Robert Montgomery Bird. Er handelt vom friedliebenden Quaker Nathan Slaughter, der – *nomen est omen* – nach der Ermordung seiner Frau, Mutter und Kinder durch Indianer als »Nick[55] of the Woods«, eine mysteriöse, als Monster verkleidete Figur, Rache an allen Indianern nimmt. Slaughter genießt seine Funktion als »gerechter Henker«.[56] Wie Paul Kersey in DEATH WISH macht Nathan Slaughter eine Transformation durch – vom Pazifisten zum brutalen Vigilanten. Der sehr erfolgreiche Roman war auch als Antwort auf die ebenfalls beliebten *Leatherstocking Tales* (*Lederstrumpf*, 1823–1841) gedacht, einer Reihe von Büchern des amerikanischen Autors James Fenimore Cooper, in der Indianer als »edle Wilde« dargestellt werden. Im krassen Gegensatz zu Coopers Ansatz sind

[53] Young, William H. und Young, Nancy K.: The 1930s (Aus der Reihe: American Popular Culture Through History). Greenwood Press. 2002. Seite 190.

[54] Hoppenstand, Gary: Justified Bloodshed: Robert Montgomery Bird's Nick of the Woods and the Origins of the Vigilante Hero in American Literature and Culture. In: Journal of American Culture Volume 15, Issue 2. 1992. Seite 51 und 60.

[55] »Old Nick« ist eine umgangssprachliche Bezeichnung für den Teufel.

[56] Hoppenstand: Justified Bloodshed. Seite 56.

die Indianer in Birds Roman brutale »Untermenschen«, und die Gewalt der Weißen an ihnen wird als gerechtfertigt dargestellt. Der »indian hater« wurde durch dieses Buch zu einem Stereotyp in Westerngeschichten.

Der Roman ist in mehrerer Hinsicht interessant: Zunächst ist er ist das vielleicht erste Beispiel eines fiktionalen Vigilant-Helden. Gary Hoppenstand, ein Professor für American Studies, der sich mit Vigilantenfilmen und auch mit *Nick of the Woods* beschäftigt hat, sagt: »Bird's novel can be seen as one of the first tales of heroic vigilantism in American literature.«[57] »Bird created a vigilante hero archetype.«[58] Hoppenstand liefert zwei Definitionen für einen Vigilanten, eine positive und eine negative. Die positive Definition ist jene, die wir auch in Filmen finden können:

> [A] heroic individual who forgoes the bureaucratic mechanisms of the legal system in order to achieve »Justice.« He (or she) often is disillusioned with the ineffectiveness of socially proscribed enforcement methods, or with the efficacy of the criminal, and thus he takes the law into his own hands, becoming judge, jury and executioner all in one. The vigilante defies the law so that he can uphold the basic ideals of that law. This paradox is not thought of as being contradictory by the vigilante, and in fact the paradox presents itself to the vigilante hero as the only viable means to protect the interests of civilized society.[59]

»The vigilante may not obey the letter of society's law, but he honors its ideological value and defends it to the death.«[60] Für Hoppenstand ist der Vigilant eine tragische Figur, »created out of violence to do violence«[61], zudem ist er ein autarker Einzelgänger und schroffer Individualist (»*rugged individualism*«).[62] Die zweite, negative Definition eines Vigilanten bezeichnet jene Individuen, die sich – jenseits des heroischen Vigilantentums – in Lynchmobs zusammenrotten.

Nick of the Woods liefert zudem die wahrscheinlich erste fiktionale Darstellung eines Menschen, der ein Doppelleben führt und dabei als kostümierter Vigilant auftritt. Nathan Slaughter wird von den anderen

57 Ebd., Seite 51.
58 Ebd., Seite 53.
59 Ebd., Seite 51.
60 Ebd., Seite 59.
61 Ebd., Seite 58.
62 Ebd., Seite 59.

Pionieren der Geschichte, die von seiner zweiten Identität nichts wissen, für seinen Pazifismus verspottet. Der *Nick of the Woods* tötet und skalpiert Indianer[63] und personifiziert somit eine »Gleiches mit Gleichem vergelten«-Mentalität. Ebenfalls interessant ist die Darstellung der Gegner des Protagonisten als *sub-human*/»Untermensch«. In etlichen Vigilantenfilmen wird den Gegnern der Menschen-Status aberkannt, und sie werden als »animals« bezeichnet. Das Töten der *bad guys* soll somit gerechtfertigt werden. Bei einem Poster des ersten DEATH WISH-Films wurde dieser Gedanke sogar als Werbung für den Film benutzt, es fragt den Betrachter: »If you loved your wife and daughter as much as Paul Kersey did… and one was raped and the other kicked to death by ›human animals‹… then would you too demand vigilante justice?«[64] Hoppenstand schreibt außerdem: »Nathan functions as an elaborate symbol of societal violence justifiably unleashed, as a literal embodiment of Biblical Old Testament ›an eye for an eye‹ justice. Nathan not only is emblematic of an Old West political ideology, he is representative of a New World paradigm as well, a paradigm that suggests that violence can ensure the community's welfare.«[65] Für Hoppenstand ist dies ein nationaler Mythos. Richard Slotkin hat ebenfalls von einem populären und dominanten Mythos der amerikanischen Kultur gesprochen, als er seine These der »Regeneration durch Gewalt« formulierte. Laut dieser bringt Gewalt nicht nur dem sie Ausübenden Regeneration, sondern auch der Gesellschaftsordnung, und ist somit notwendig und gut. Für Slotkin drückt der Rückgriff auf Gewalt in der amerikanischen Phantasie eine fundamentale Unzufriedenheit mit der Demokratie als Instrument des Fortschritts aus, in der »a gun in the hands of the right man« bevorzugt wird.[66]

In seiner Analyse zu dem Buch, die er *Justified Bloodshed. Robert Montgomery Bird's Nick of the Woods and the Origins of the Vigilante Hero in American Literature and Culture* nennt, schreibt Hoppenstand zur krass negativen Darstellung der amerikanischen Ureinwohner: »the function of this [outrageously negative] stereotype is to help establish a moral environment in which the hero of the story enacts an epiphanous

[63] Weinstock, Jeffrey Andrew: The Ashgate Encyclopedia of Literary and Cinematic Monsters. Ashgate Publishing. 2014. Seite 437.

[64] http://lifebetweenframes.blogspot.co.at/2014/05/40-years-of-vigilante-vendetta.html (zuletzt aufgerufen am 22.12.2014)

[65] Hoppenstand: Justified Bloodshed. Seite 53.

[66] Slotkin, Richard: Gunfighter Nation. The Myth of the Frontier in Twentieth-Century America University of Oklahoma Press. 1998. Seite 396.

retribution.«[67] Diese Taktik lässt sich sehr einfach in etlichen Vigilantenfilmen beobachten. »Bird's use of the negative Indian stereotype is not so much an attack against the Indian as it is an attack against what the Indian stereotype represents as a formulaic device: barbarism, social chaos, and precocious brutality against women and children.« Hoppenstand spricht auch über etwas, das ich als für das Vigilantnarrativ zentral erachte: Dem Kampf zwischen Gut und Böse, *zwischen den Schöpfern der Zivilisation und den Zerstörern der Zivilisation*.[68] Der Kampf findet zwischen jenen, die über kulturelles Kapital besitzen, und den Unzivilisierten und Unkultivierten statt. Daher macht es auch Sinn, wenn Vigilanten im Film fast immer aus der gesellschaftlichen Oberschicht und Mittelschicht stammen. Während sie Gebäudedesigns planen, Klavier spielen und Vernissagen besuchen, verübt der »Abschaum« den nächsten Raub, die nächste Vergewaltigung oder eine sonstige Schandtat. Vigilanten sind innerhalb ihrer Geschichten nicht nur Vertreter der gesellschaftlichen, sondern auch der moralischen und manchmal auch rassischen Elite. Die »Wilden« sind Indianer, von Drogen aufgeputschte Ghetto-Jugendliche, oder – wie in THE BIRTH OF A NATION (siehe übernächstes Unterkapitel) – Schwarze.

[67] Hoppenstand: Justified Bloodshed. Seite 51.

[68] Ebd., Seite 59.

4.1.2. Andere beliebte nicht-filmische Vigilanten vor 1970

Hoppenstand schreibt: »Bird's vigilante hero (…) has prospered in nineteenth-century American literature, in Western and detective fiction dime novels from before the turn-of-the-century, to the pulp magazines and radio programs of the Depression era and in the Hollywood action/adventure movies of recent years.«[69] Im 20. Jahrhundert finden sich Vigilanten vereinzelt in Büchern, auch schon bevor der Film ein ernstzunehmendes narratives Medium wurde.

1905 erscheint der Roman *The Four Just Men*, ein Detektivthriller des Briten Edgar Wallace. Vier junge und immens reiche Vigilanten – einer von ihnen ist ein Prinz – töten Menschen, die dem Justizsystem entkommen konnten. Bis 1928 erscheinen fünf weitere Romane und ein Film mit den *Just Men* als Hauptfiguren, es folgen ein weiterer Film (1939) und eine TV-Serie.

Ebenfalls aus einem britischen Verlagshaus stammen Privatdetektiv Bulldog Drummond und seine aus der Oberschicht stammenden Vigilanten-Freunde[70], die in der von 1920 bis 1954 anhaltenden Romanreihe, wenn nötig, ebenfalls über die Grenzen des Gesetzes hinausgingen.

The Lone Ranger ist eine der bekanntesten und beliebtesten Figuren in der Geschichte der amerikanischen Populärkultur, ein Vigilant mit einem strengen moralischen Code, der erstmals 1933 in einer Radioserie erscheint, die 2956 Folgen andauerte. Ebenfalls veröffentlicht wurden ein *Serial* (Kino-Kurzfilm-Reihe), eine TV-Serie, sowie mehrere Filme und Comics. Die letzte Inkarnation des Lone Ranger ist ein von den Walt Disney Studios produzierter Film von 2013.

Der erste Band der *pulp novels The Executioner*, eine Buchreihe, in der noch immer Bände veröffentlicht werden[71], erscheint 1969 – noch vor dem Schwung an Vigilantenfilmen in den 1970ern. Darin kämpft ein Vietnamveteran gegen organisiertes Verbrechen und Terrorismus. Eine Verfilmung befindet sich angeblich in der Vorproduktionsphase.[72]

---

[69] Ebd., Seite 60.

[70] Hardy, Phil: Drummond, Bulldog (Eintrag) In: Hardy (Hrsg.): The BFI Companion to Crime. Cassell. 1997. Seite 117.

[71] Stand: Dezember 2015.

[72] http://deadline.com/2014/08/warner-bros-mack-bolan-bradley-cooper-todd-phillips-821368/ (zuletzt aufgerufen am 5.11.2014) Siehe auch: http://www.joblo.com/movie-news/todd-phillips-may-direct-bradley-cooper-as-

4.1.3. THE BIRTH OF A NATION (1915)

»The monomythic scheme of a restoration of paradise by selfless violence had fully crystallized by 1915.«

John Shelton Lawrence und Robert Jewett über THE BIRTH OF A NATION[73]

THE BIRTH OF A NATION ist einer der ersten Langfilme der Geschichte. Heute ist der Film für zweierlei Dinge bekannt: Für seine filmtechnischen Errungenschaften und Innovationen, und für seinen haarsträubenden Rassismus. Die Handlung: Nach dem Sezessionskrieg, der Befreiung der Sklaven und der Ermordung des gemäßigten Abraham Lincoln beherrschen der radikale Austin Stoneman und sein Protegé, der Mulatte Silas Lynch, den amerikanischen Süden. Eine »negro militia« übernimmt gewaltsam das Land, »While helpess Whites look on.« »The town given over to crazed negroes brought in by Lynch and Stoneman to overawe the whites.«[74] Der fanatische Stoneman kündigt an: »We shall crush the white South under the heel of the black South.« Lynch will die weiße Tochter von Stoneman heiraten: »See! My people fill the streets. With them I will build a Black Empire and you as a Queen shall sit by my side.« Die Retter in der Not sind der neu gegründete und maskierte Ku Klux Klan, »the organization that saved the South from the anarchy of black rule, but not without the shedding of more blood than at Gettysburg«. Deren erster Einsatz: »terrorize a negro disturber and barn burner«, aber so gewaltfrei bleibt es freilich nicht. Als der »renegade negro« Gus die Schwester des Gründers des Klans verfolgt und bedrängt, stürzt diese sich in den Freitod, in einer Szene, die eine drohende Vergewaltigung suggeriert. Gus wird vom Klan getötet und vor das Haus von Silas Lynch gelegt. Als die schwarze Miliz eine Waldhütte belagert, in der sich Weiße verstecken, eilt der KKK zur Hilfe, und rettet einen Vater vor dem Schicksal, den Kopf seiner eigenen Tochter mit einem Revolverkolben einschlagen zu müssen. Der Klan rettet auch Stonemans Tochter vor der Zwangsheirat mit Lynch. Wie so oft im Vigilantnarrativ findet man auch

mack-bolan-the-executioner-300 (zuletzt aufgerufen am 5.11.2014)

[73] In ihrer Analyse des amerikanischen (Super)helden in: The Myth of the American Superhero. Wm. B. Eerdmans Publishing Co. 2002. Seite 29.

[74] THE BIRTH OF A NATION ist ein Stummfilm, somit sind alle Zitate direkt aus den Zwischentiteln übernommen.

in diesem sehr frühen Beispiel einen Kampf zwischen den Zivilisierten und den unzivilisierten »Wilden«. Als die Schwarzen das State House of Representatives (Repräsentantenhaus) übernehmen, wird der Alltag dort zur Farce: Sie essen, trinken Alkohol, und einer von ihnen zieht die Schuhe aus und legt sie auf sein Pult. Der echte Vigilant vertritt das Interesse (s)einer Mehrheit. Das ist in diesem Film auch so, was gegen Ende des Films deutlich wird, als der Klan zu einer riesigen Armee gewachsen ist. Deren revolutionärer Vigilantismus ist in dieser Geschichte absolut notwendig. In diesem Beispiel handelt es sich jedoch nicht um systemstabilisierende Selbstjustiz, da das alte System ja überrumpelt wurde. Man kann in diesem Fall von einer revolutionären, systemwiederherstellenden Selbstjustiz sprechen.

Am Ende des Films werden die Schwarzen wieder entmachtet, Norden und Süden sind nach viel Blutverlust und Tod in Frieden vereint, eine Nation wurde geboren, und die vormals zerstrittenen weißen Hauptfiguren können heiraten. Vigilantgewalt hat nicht nur den Protagonisten Regeneration und Glück verschafft, sondern einer ganzen Nation.

Ein weiteres Motiv von THE BIRTH OF A NATION, *Nick of the Woods* und vielen anderen Westerngeschichten ist das der »rassischen Reinheit«, bzw. die drohende Zerströrung derer.[75] Meist braucht es Vigilanten, um sie zu schützen. In THE BIRTH OF A NATION wird dieses Motiv bei der angekündigten Zwangsheirat, der drohenden Einnahme der Waldhütte und dem Freitod der bedrängten Frau deutlich. In *Nick of the Woods* haben es Indianer auf eine weiße Frau abgesehen, und Nathan Slaughter muss einschreiten. Laut Hoppenstand ist die drohende Entführung und Vergewaltigung von weißen Frauen durch Indianer eine narrative Konvention des Frontier-Romans. Das wahrscheinlich berühmteste Beispiel findet sich in John Fords Western THE SEARCHERS (DER SCHWARZE FALKE, John Ford, 1956), in dem die rassische Reinheit ein (nie ausgesprochenes) zentrales Handlungselement darstellt. Nachdem Ethan Edwards' (John Wayne) Nichte von Indianern entführt und zu ihresgleichen gemacht wurde, ist sie für ihn mehr Tier als Mensch, und er überlegt, sie zu töten, anstatt sie wie ursprünglich geplant zu retten.

[75] Gaines, Jane M.: Birthing Nations. In: Hjort, Mette und Mackenzie, Scott (Hrsg.): Cinema and Nation. Routledge. 2000. Seite 305. Siehe auch: Marubbio, M. Elise: Killing the Indian Maiden. Images of Native American Women in Film. The University Press of Kentucky. 2006. Seite 42.

Vergewaltigung bleibt ebenfalls ein wiederkehrendes Handlungselement in Vigilantgeschichten, und in den 1970ern bildet sich sogar ein eigenes Genre, das »rape-revenge« genannt wird.

4.1.4. The Ace of Hearts (1921)

In diesem Stummfilm von Wallace Worsley mit Lon Chaney entscheidet eine scheinbar ausschließlich aus Mitgliedern der *upper class* bestehende Geheimgesellschaft durch intensive Recherche, welche Menschen den Tod verdient haben. Die »Brüderschaft«, die auch eine besonders fanatisch für die »Sache« eintretende Frau als Mitglied hat, entscheidet mit einem Kartendeck, wer den »Mann, der zu lange gelebt hat«, töten muss. Wer das Herz Ass zieht, bekommt den Auftrag.

Ihr neues Ziel ist ein den Berichten von Mitgliedern zufolge besonders verabscheuungswürdiger Mann, und Forrest ist überglücklich, dass er von der Spielkarte auserwählt wurde. Lilith ist die Sache so wichtig, dass sie bereit ist, Forrest zu heiraten, um ihm Mut und Kraft für seinen Auftrag zu geben. Am nächsten Morgen aber zweifeln beide an dem Vorhaben: „Hatred seems so wrong - now that we have love." Als Forrest in dem Restaurant, in dem er den Mann mit einer eigens angefertigten Bombe umbringen soll, ein junges Liebespaar sieht, kann er seinen Auftrag nicht durchziehen. Die Brüderschaft ist darüber natürlich entsetzt: „Love is destruction. Take the woman who has corrupted you and go", wird ihm gesagt und angekündigt, dass er dem Tode geweiht sei. Farallone (Chaney), der so wie Forrest auch in Lilith verliebt ist, hat dieser versprochen, dass er für Forrests Sicherheit sorgen wird, sollte dieser den Auftrag nicht durchziehen können. Er erkennt: „I myself am no longer sure that the world can be regenerated by destruction. Construction is what the world needs. Love is what the world needs." Die Brüderschaft zeigt sich von diesen Worten unbeeindruckt, und das Kartendeck wird wieder zu Rate gezogen, um zu bestimmen, wer den Verräter Forrest umbringen soll. Farallone sprengt mit der Bombe sich und die Brüderschaft in die Luft, somit können Forrest und Lilith gemeinsam fliehen.

Die Idee, dass eine Geheimgesellschaft über die Ermordung besonders schwerer und vom Justizsystem nicht bestrafter Verbrecher entscheidet, wurde in ein paar späteren Filmen wieder aufgegriffen. Das bekannteste

Beispiel dürfte THE STAR CHAMBER (EIN RICHTER SIEHT ROT, Peter Hyams, 1983) sein, auf den ich in Kapitel 6 noch zu sprechen komme. Vigilanten, die aus der gesellschaftlichen Oberschicht kommen, werden wir noch in etlichen späteren Filmen sehen.

4.1.5. THE VIRGINIAN (1929)

Judge Henry: »The courts, or rather the juries, into whose hands we have put the law, are not dealing the law. [...] And so when your ordinary citizen ... sees that he has placed justice in a dead hand, he must take justice back into his own hands where it was once at the beginning of all things. Call this primitive, if you will. But so far from being a defiance of the law, it is an assertion of it.«[76]

The Virginian (Owen Wister, 1902)

Steve: »This country's getting too civilized, too solemn.«

THE VIRGINIAN (Victor Fleming, 1929)

1902 erscheint mit einer Widmung an Theodore Roosevelt *The Virginian*, der als der erste echte Westernroman angesehen werden kann und eines der einflussreichsten Bücher seiner Zeit war.[77] Das Buch wurde an tausenden amerikanischen Schulen gelesen[78], bis heute sechs Mal verfilmt (1914, 1923, 1929, 1946, 2000 und 2014)[79], und diente als Vorlage für die gleichnamige TV-Serie (1962–1971, 249 Folgen).

Die Verfilmung von 1929 von Victor Fleming, dem späteren Regisseur von THE WIZARD OF OZ (DER ZAUBERER VON OZ, 1939) und GONE WITH THE WIND (VOM WINDE VERWEHT, 1939), ist einer der ersten Tonfilme. Die Handlung des Buches wie auch des Films: Irgendwann in den späten 1870ern oder frühen 1880ern treiben in Wyoming Viehdiebe ihr Unwesen und machen ehrlichen Farmern wie Judge Henry das Leben schwer. Der Virginian, ein gutmütiger Cowboy und Vorarbeiter bei Judge Henry, der

[76] Wister, Owen: The Virginian. Roberts Rinehart Publishers. 2002. Seite 356.

[77] Jewett, Robert und Lawrence, John Shelton: The American Monomyth. Anchor Press/Doubleday. 1977. Seite 184.

[78] Jewett, Robert und Lawrence: Captain America. Seite 31.

[79] Stand: Dezember 2015.

nie namentlich genannt wird, umwirbt die neue Schullehrerin Molly. Als er entdeckt, dass sein Freund Steve für den Gauner Trampas Kühe stiehlt, lässt er ihn aufhängen. Molly hat für Lynchjustiz kein Verständnis und droht damit, ihn nie wieder sehen zu wollen. Am Ende kommt es zum *walkdown*[80] mit Trampas, den der Virginian für sich gewinnen kann. Molly zeigt schließlich Verständnis für sein Handeln und fällt in seine Arme. Wie auch in THE BIRTH OF A NATION sind Heirat und der »Eintritt ins Paradies«, wie Jewett und Lawrence es nennen, erst möglich, nachdem der *vigilante task* erfüllt und das Böse besiegt wurde.[81] Der *walkdown* zwischen dem Virginian und Trampas im Buch war übrigens der erste in der amerikanischen Literatur.[82]

Die liberalen Sensibilitäten von Molly Wood, die aus dem an der oberen Ostküste gelegenen New England kommt, sind durch die Selbstjustiz des *Virginian* verletzt, wie in diesem Dialog zwischen ihr und Mrs. Taylor deutlich wird:

> Molly: »Did he do it? «
> Mrs. Taylor: »Somebody had to do it! He was in charge and it had to be done! That's our kind of law!«
> Molly: »Don't you realize that was downright murder!«
> Mrs. Taylor: »Now there ain't no use talking about it, dearie. Crimes is ranked different in different countries. And out here, stealing's the meanest, the lowest thing a man can do!«
> Molly: »But that doesn't justify killing! And Steve, his friend...«
> Mrs. Taylor: »It ain't a question of friends or enemies, it's a question of right and wrong! Why if we didn't hold a rope and a six-shooter over them outlaws, you couldn't teach a school at all! Our lives wouldn't be worth nothing!«
> Molly: »Do you think I'll teach my children to believe in that? You think I'll teach a new generation to approve of murder?«
> Mrs. Taylor: »Where you come from they have policemen and courts and jails to enforce the law. Here, we got nothing. So when we have to we do things our own way!«

Die beiden sind sich einig, dass die Lehrerin im »wilden Westen« fehl am Platz ist. Mrs. Taylor: »This is a new country we're building up here, and there ain't no room in it for weaklings. Men or women! Go on back

[80] »walkdown« bezeichnet ein Mann-gegen-Mann-Pistolenduell im Wilden Westen.

[81] Jewett und Lawrence: The American Monomyth. Seite 184.

[82] Herzberg, Max J.: Reader's Encyclopedia of American Literature. Thomas Y. Crowell Co. New York. 1962. Seite 1183.

East!« Im Buch gibt es außerdem eine Szene, in der Judge Henry der entsetzten Molly die Moral der notwendigen Selbstjustiz erklären will. Er besteht darauf, dass es einen moralischen Unterschied zwischen dem Lynchen von Schwarzen im Süden und dem Hängen von Kuhdieben in einem »privateren Rahmen« gibt. Letzteres sei der Beweis dafür, dass Wyoming auf dem Weg ist, zivilisiert zu werden. THE VIRGINIAN erörtert Selbstjustiz als wichtige gesellschaftliche Institution und kann als Plädoyer für Vigilantismus in notwendigen Situationen betrachtet werden.

Das Bild des *frontier*-Vigilanten, der eine scheinbar hilflose Zivilisation beschützt, basiert auf realen, historischen Bedingungen im amerikanischen Westen, die ich im vorigen Kapitel darzustellen versucht habe. Gewalt war ein ständiger Begleiter, und es gab keine nationale Polizeimacht. Die Bürger hatten leichten Zugang zu *six-shooter*-Pistolen, zudem konnten sie im Sezessionskrieg Erfahrungen mit Gewalt sammeln.[83]

Der Konflikt, der in den Büchern und Filmen immer personifiziert wird, zwischen dem alten, »wilden« Westen und dem zivilisierten modernen Westen, ist ein wiederkehrendes Narrativ in Westerngeschichten. Das berühmteste Beispiel hierfür ist vielleicht John Fords THE MAN WHO SHOT LIBERTY VALANCE (DER MANN, DER LIBERTY VALANCE ERSCHOSS, 1962), bei dem der alte Westen vom Revolverhelden Tom Doniphon (John Wayne) und dem wilden *outlaw* Liberty Valance (Lee Marvin) repräsentiert wird, und der neue Westen, inklusive Schulbildung und geordnetem Rechtsstaat, vom Anwalt Ransom Stoddard (James Stewart). Ob Indianer oder *outlaw*, die *undesirables* der »modernen« Gesellschaft werden, wenn notwendig, mit *vigilante justice* beseitigt.

[83] Lawrence und Jewett: The Myth of the American Superhero. Seite 30.

4.2. Vigilanten und *Law and order*-Filme in der großen Depression

»In the dark days of depression, the motion picture has been a great refuge for humanity.«

Will H. Hays, Vorsitzender der Motion Pictures Producers and Distributors Association, in einer Radiosendung im Jahr 1934.[84]

Die Unterhaltungsindustrie stellt in den USA einen größeren kulturellen und politischen Faktor dar als anderswo auf der Welt. Joan Irene Miller schreibt in ihrer erkenntnisreichen Dissertation *Mr. New Deal Goes to the Movies – The New Deal and Hollywood, 1933–1938*, die für dieses Kapitel sehr hilfreich war:

> Much of what gives American culture its cohesiveness and cements American society is a base of shared memories, traditions, and experiences. The Great Depression, a crisis of infinite dimensions which affected every American, was one of these. The New Deal, Roosevelt's plan to combat the Depression, also touched every American life. Additionally in the 1930s, part of what bound American society together was that so many Americans shared the experience of going to the movies.[85]

Zu Zeiten der Depression, als Geld in amerikanischen Haushalten knapp war, kaufte zumindest die Hälfte der Bevölkerung jede Woche ein Kinoticket.[86] Die Wichtigkeit und der enorme Einfluss der Populärkultur auf die amerikanische Gesellschaft sowie deren Popularität in weiten Teilen der restlichen Welt sollte Anlass genug für die Wissenschaft sein, diese Werke genauer zu besprechen und zu analysieren.

Noch bevor dieser Übergang im Film stattgefunden hat, tauschten die Vigilanten der Radiosendungen und den damals beliebten *dime novels* die Westernstadt gegen die moderne Großstadt aus. Der beliebteste von ihnen war *The Shadow*, ein reicher Playboy, der – noch vor Batman – als getarnter Vigilant auftrat. Andere *vigilante lawmen* zur Zeit der Großen

---

[84] Doherty, Thomas: Pre-Code Hollywood. Sex, Immortality, and Insurrection in American Cinema 1930–1934. Columbia University Press. 1999. Seite 46.

[85] Miller, Joan Irene: Mr. New Deal Goes to the Movies. The New Deal and Hollywood, 1933–1938. University of Connecticut (Doctoral Dissertation). 1999. Seite 3.

[86] Ebd., Seite 1.

Depression waren z.B. *The Spider*, *Captain Satan* oder *The Phantom Detective*.[87]

Nach den »Roaring Twenties« und dem Erfolg des Gangsterfilms kommt es in den 1930ern zur Produktion einiger *law and order*-Filme, die vor der Durchsetzung des Production Codes auch häufig Vigilanten beinhalten. Der Production Code, auch »Hays Code« genannt, war eine Ansammlung von Richtlinien für Inhalte von Hollywoodfilmen, die zunächst eine Art freiwillige Selbstkontrolle darstellten, später aber von den Filmzensurbehörden stärker durchgesetzt wurden. Andrew Bergman hat geschrieben, dass politische Anspannungen sich auf die Kunst und die Populärkultur übertragen.[88] Die amerikanische Bevölkerung war ob der großen Depression enttäuscht von der Regierung und ihrer Unfähigkeit bzw. Unwillen, die wirtschaftlichen und sozialen Probleme der Zeit zu lösen. Konsequenterweise waren Autoritätsfiguren in den frühen Depressionsjahren im Hollywoodkino entweder käuflich und korrupt oder überhaupt abwesend.[89] Zu Zeiten der Prohibition übten Gangster und Verbrecher eine Faszination auf die Amerikaner aus, und die Zeitungen stilisierten sie zu Kultfiguren. Hollywoods Antwort auf diesen Zeitgeist war die Produktion dutzender Filme, die man zum Gangstergenre rechnen kann.[90] Der Gangsterfilm war in der Zeit der großen Depression unter Präsident Herbert Hoover eines der beliebtesten Genres. Die Protagonisten in Filmen wie SCARFACE (NARBENGESICHT, Howard Hawks, 1932), THE PUBLIC ENEMY und LITTLE CAESAR werden in einer korrupten und kriminellen Gesellschaft zu Gangstern und haben damit Erfolg.[91] Die Polizei ist in Gangsterfilmen wie diesen stümperhaft und oft korrupt. Bücher und *pulp*-Magazine dagegen machten den Detektivcharakter zum Helden. Er ist mutig, klug und oft auch ein Vigilant, da er sich nicht auf die Exekutive verlassen kann.[92] Laut Hoppenstand bediente der urbane

[87] Hoppenstand, Gary: Lethal Weapons. The Gun as Icon in the Popular Urban Vigilante Film. In: Loukides, Paul/Fuller, Linda K.: Beyond the Stars. Studies in American Popular Film Volume 3: The Material World in American Popular Film. Bowling Green State University Popular Press. 1993. Seite 151.

[88] Bergman, Andrew: We're in the Money. Depression America and its Films. Harper & Row. New York. 1971. Seite xiv.

[89] Miller: Mr. New Deal Goes to the Movies. Seite 107f.

[90] Ebd., Seite 132.

[91] Ebd., Seite 106. (Joan Irene Miller schreibt an der Stelle, der Gangsterfilm sei *das* beliebteste Genre der *Hoover-Depression*-Jahre gewesen. Hier würde ich dagegen argumentieren und sagen, dass Comedy- und Musicalfilme noch beliebter waren)

[92] Young, William H. und Young, Nancy K.: The Great Depression in America (A

Vigilant neben einer kathartischen Funktion auch das Verlangen innerhalb der Gesellschaft für einfache Lösungen zu komplexen Situationen,[93] eine Analyse, die sich problemlos auf alle Vigilantnarrative, auch jene außerhalb der 1930er Jahre, übertragen lässt.

Es lässt sich feststellen, dass im Hollywoodkino – aber auch generell in der amerikanischen Populärkultur – Figuren populär sind, die sich außerhalb der Gesellschaft und gegen das herrschende System stellen. Der Gangster tut dies meist aus Eigennutz, der Vigilant meist aus Notwendigkeit und einer Art Wohltätigkeit. Es lassen sich auch andere Gemeinsamkeiten zwischen Vigilanten und Gangstern ausmachen. Beide sind kriminell – der Gangster in einem professionellen Sinne, während der Vigilant seine Handlungen als *Ultima Ratio* sieht. Die Gewalthandlungen von Gangstern, Vigilanten und Staatsbeamten im Hollywoodkino der 1930er sind ähnlich bis gleich und werden meistens innerhalb der Handlung gerechtfertigt. Philip Melling schreibt in seiner Analyse des Hollywoodfilms der 1930er: »Hollywood failed to make crucial distinctions between the styles of violence of punishing officials and the violence of those who sought revenge outside the law.«[94] Sowohl der Hollywood-Vigilant als auch der Hollywood-Gangster haben ihren geistigen Vorgänger im Hollywood-Cowboy. »The gangster insisted on sharing the untutored individualism of the cowboy in a society where conformity to rules and tradition was the price for security.«[95]

Cultural Encyclopedia Volume 1: A-M). Greenwood Press. 2007. Seite 114.

93 Hoppenstand, Gary: In Search of the Paper Tiger. A Sociological Perspective of Myth, Formula and the Mystery Genre in the Entertainment Print Mass Medium. Bowling Green State University Popular Press. 1987. Seite 123.

94 Melling, P.H.: The mind of the mob: Hollywood and popular culture in the 1930s. In: Davies, Philip/Neve, Brian (Hrsg.): Cinema, Politics and Society in America. Manchester University Press. 1981. Seite 35.

95 Ebd., Seite 31.

4.2.1. THE SECRET SIX (1931)

THE SECRET SIX (DIE GEHEIMEN SECHS, George W. Hill) ist kein wirklicher Vigilantenfilm, aber trotzdem ein interessantes Beispiel aus dieser Zeit, nicht nur wegen der frühen Nebenrollen von Clark Gable und Jean Harlow. Der ungehobelte Fabrikarbeiter »Slaughterhouse« Scorpio wird von einem Freund in eine der größten kriminellen Gangs der Stadt eingeführt. Dort arbeitet er sich hoch, eliminiert die Konkurrenz, wird zum Anführer der Organisation und sorgt mit Wahlwerbung dafür, dass einer ihrer kriminellen Freunde ins Bürgermeisteramt gehievt wird. Als erste Amtshandlung des Gangster-Bürgermeisters wird der Polizeichef entlassen. Dieser beschwert sich bei einem Journalisten, dass die Zeitungen die Gangster zu Helden stilisieren. Polizisten, Geschworene und Journalisten werden von der Gang bestochen. Zeitungsmann Carl Luckner (Gable) erhält Bestechungsgelder und Geschenke von Scorpio, der zu einer Art Al Capone wird. Luckner schaltet den Bezirksstaatsanwalt ein, welcher ihm die Secret Six als »the greatest force for law and order in the United States« vorstellt. Die sechs maskierten Männer sind einflussreiche Geschäftsleute, und gemeinsam mit Luckner und dem Staatsanwalt planen sie, der Gang das Handwerk zu legen. In einer Nebenhandlung verführt Anne (Harlow) im Auftrag von Scorpio einen Journalistenfreund von Luckner, damit dieser nicht mehr negativ über die Gang schreibt. Später wird dieser Freund umgebracht, doch vor Gericht wird Scorpio durch Bestechung eines oder mehrerer Geschworener wieder freigesprochen, worüber sich der Richter zornig entrüstet. Die Secret Six haben in einer ungewöhnlichen *Deus ex machina*-Wendung des Films plötzlich etliche Haftbefehle gegen Scorpio und seine Bande, wobei man nicht erfährt, ob diese echt oder teilweise gefälscht sind, und wie weit die »Six« dafür von ihrem Einfluss gebraucht gemacht haben. Luckner informiert die Secret Six, dass Scorpio und seine Gang in ihrem Hauptquartier eingetroffen sind, es kommt zu einer Schießerei mit der Polizei, Scorpio wird gefangen und erhält die Todesstrafe.

THE SECRET SIX ist eines der ersten filmischen Beispiele für die Idee, dass Vertreter der gesellschaftlichen Elite der Justiz unter die Arme greifen müssen (siehe auch: THE ACE OF HEARTS von 1921). Der Konsens des Films scheint darin zu bestehen, dass die Polizei alleine unfähig sei, organisiertes Verbrechen zu bekämpfen. Die titelgebenden sechs Herren tauchen nur zwei Mal sehr kurz im Film auf, und basieren auf einer Gruppe von Chicagoer Geschäftsleuten, die sich gegen Al Capone organisierten und gegen organisiertes Verbrechen aufgetreten sind. Deren reale Geschichte ist meiner Meinung nach um einiges interessanter als die, die der Film präsentiert.

4.2.2. The Beast of the City (1932)

Dass sich Privatpersonen selbst um Verbrechen kümmern müssen, wäre laut mancher Hollywood-Produktionen nicht notwendig, wenn die Polizei selbst Vigilant-Taktiken anwenden würde. In The Beast of the City (Charles Brabin) billigt der Polizeichef Methoden, die denen der Gangster ähnlich sind. Während der Produktion des Films wurde in Branchenzeitschriften spekuliert, dass der Film nach Gesprächen zwischen Präsident Hoover und MGM-Boss Louis B. Mayer gemacht wurde, die darüber diskutierten, wie man die Polizei während der stattfindenden Verbrechenswelle am besten glorifizieren könne. Tatsächlich beginnt der Film mit einer Texteinblendung, an deren Ende die Unterschrift »President

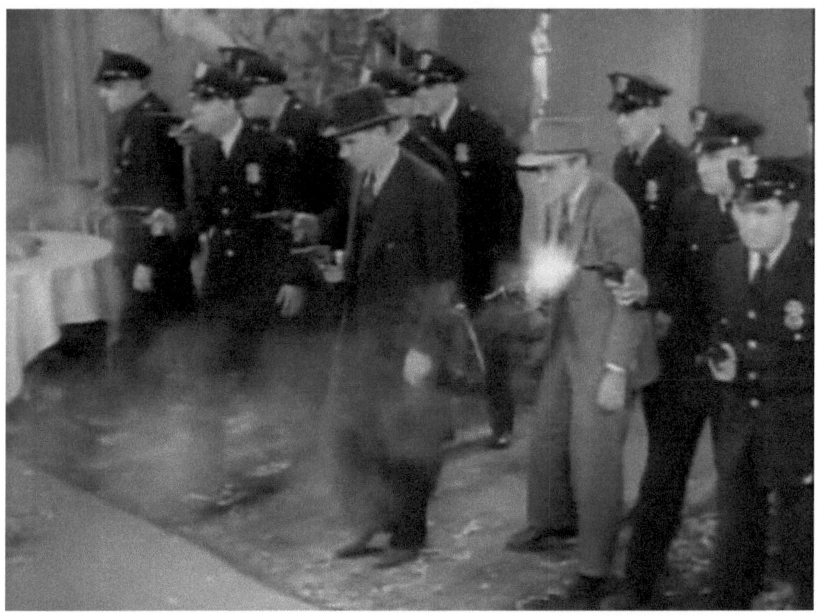

Abb. 1: The Beast of the City: Fitzpatrick hat genug und greift mit seinen Männern an.

Herbert Hoover« zu finden ist: »Instead of the glorification of cowardly criminals, we need the glorification of policemen who do their duty and give their lives in public protection. (...)« Protagonist des Films ist der ehrliche Polizist Jim Fitzpatrick (Walter Houston), der es neben einem widerwärtigen Gangsterboss und dessen Gehilfen auch mit unmoralischen Anwälten und korrupten Rechtsvertretern zu tun hat. Obwohl er zum Polizeichef befördert wird, sieht er sich Korruption und Verbrechen machtlos gegenüber, zudem wird sein jüngerer Bruder Ed – ebenfalls ein Polizist – von der Geliebten des Gangsterbosses zu einem Raubüberfall überredet. Fitzpatrick beschließt im Finale des Films mit einigen Kollegen das Hauptquartier der Gangster in einer Kamikaze-ähnlichen Aktion zu stürmen, in der er auch seinen Bruder opfert: Ed wird als Geisel genommen, worauf dieser sagt: »Come on in and get 'em Jim« und Jim antwortet: »Thanks Ed, I will.« In einer sehr einprägsamen und für 1932 ungewöhnlich brutalen Szene greifen die Polizisten gemeinsam an, woraufhin in einem längeren Kugelhagel alle Gangster, aber auch alle Polizisten sterben.

4.2.3. This Day and Age (1933)

Cecil B. DeMilles This Day and Age, als »The FIRST Great Spectacle of Modern Times« beworben[96], war höchstwahrscheinlich der erste Film, in dem Schüler als Vigilanten auftreten, eine Idee, die in den 1980ern wieder populär wurde (siehe Kapitel 8). DeMille, der 1914 für die erste Verfilmung von *The Virginian* verantwortlich war, war nicht nur ein Konservativer, sondern republikanischer Aktivist und einer von Hollywoods prominentesten Anti-Kommunisten.[97] 1950 wollte er sogar die Screen Directors Guild of America von allen Links-Sympathisanten »befreien«.[98]

Die Handlung: Der Gangster Louis Garrett tötet den liebenswerten jüdischen Schneider Herman, einen Freund der Schüler, weil dieser sich weigerte, Schutzgeld zu zahlen. Obwohl der Schüler Steve Smith Garrett

---

96 Postertext.

97 Ross, Steven J.: Hollywood Left and Right. How Movie Stars Shaped American Politics. Oxford University Press. 2011. Seite 123.

98 Girgus, Sam B.: Hollywood Renaissance. The Cinema of Democracy in the Era of Ford, Capra, and Kazan. Cambridge University Press. 1998. Seite 179.

am Tatort gesehen hat, heißt es, die Polizei brauche für eine Verhaftung mehr Beweise, und: »Nowadays, you practically got to have a photograph of a guy commitin' a murder to get a conviction.« Dank eines eingefädelten Alibis und einem geschickten, redegewandten Anwalt schafft es Garrett freizukommen. Eine Bildmontage mit Szenen aus dem Gerichtsprozess zeigt ein komplexes und wirres Gerichtssystem in Aktion, mit all seinen Regeln und Abläufen. Einer der Schüler, der mehr über das Rechtssystem erfahren will, wird in einer Anwaltskanzlei mit etlichen »Rules of evidence«-Büchern konfrontiert. Das Motiv des Rechtssystems, dass zu Gunsten der Kriminellen ausgerichtet ist, trifft man in den 1970ern und 1980ern in Filmen wie DIRTY HARRY (1971) und 10 TO MIDNIGHT (1983) häufiger an.[99] Als einer der Schüler im Keller seines Elternhauses erfolgreich eine Ratte fängt, erfolgt eine langsame Bildüberblendung zu Louis Garrett. Sehr unsubtil wird hier der Gangster mit der Ratte gleichgesetzt und so suggeriert, er sei mehr Tier als vollwertiger Mensch. In der Szene zuvor sagt eine Frau zu ihren Freundinnen beim Einkauf »The only good rat is a dead rat.« Die Schüler sehen, dass sie mit legalen Mitteln nicht gegen Garrett ankommen, entführen ihn und setzen ihn vor einer riesigen Ansammlung von Schülern in ein *kangaroo court.*[100] »For once, Garrett, you're going to be really tried for murder – and there isn't going to be any bail or habeas corpus or any of the rest of that hocus pocus.« In Fritz Langs »M«(M – EINE STADT SUCHT EINEN MÖRDER, 1931) findet sich ebenso ein *kangaroo court*, im Gegensatz zu THIS DAY AND AGE argumentiert Lang allerdings, wie auch in FURY (BLINDE WUT, 1936), gegen Vigilantismus. Garrett soll zum schriftlichen Geständnis über den Mord an dem Schneider gebracht werden. Dazu wird er an einem Strick über einen Brunnen voller Ratten gehängt, in den er langsam hineingesenkt wird. Die Folter ist erfolgreich und Garrett will gestehen. Als die Polizei auftaucht, stoppt sie die Aktion der Schüler nicht, sondern der Polizeichef ernennt die Täter kurzerhand zu *deputies* und verleiht somit der Vigilantenaktion Legitimität. Mit brennenden Fackeln und das patriotische »The Battle Hymn of the Republic« singend bewegt sich die

99 Birchard, Robert S.: Cecil B. DeMille's Hollywood. The University Press of Kentucky. 2004. Seite 57.

100 »kangaroo court« bezeichnet ein »Fake-Gericht« oder »Scheingericht«, also ein nicht legitimes Gericht, das aus Nicht-Offiziellen besteht, wie in Fritz Langs Film »M« (1931).

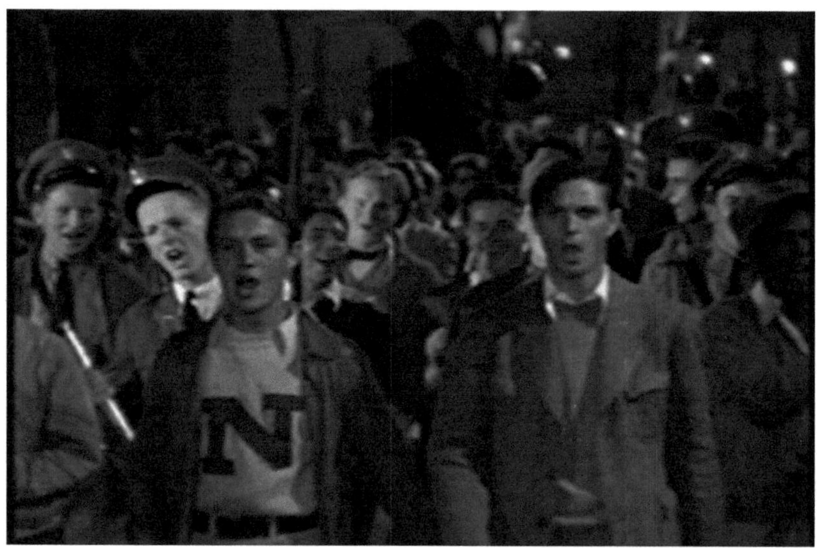

Abb. 2: THIS DAY AND AGE: Junge Vigilanten für ein neues, besseres Amerika? (Die schwarze Figur im Hintergrund ist der getragene Garrett.)

Masse an Schülern, mit Garrett auf einer geschulterten Schiene sitzend, auf das Gerichtsgebäude zu.

The Hollywood Reporter berichtete von Jubel und langem Applaus seitens des Publikums nach Ende des Films, »tempered by a touch of mob hysteria.«[101] James Wingate, der Direktor des *Studio Relations Committee*[102], berichtete 1933 Will Hays, dem Präsident der MPPDA (Motion Picture Producers and Distributors of America), dass eine Szene in THE WOMAN ACCUSED (Paul Sloane), in der der Held einen Gangster mit Peitschenhieben dazu bringt, seine Zeugenaussage zu ändern, bei einer Probeaufführung heftigen Applaus erhielt.[103] Das Kinopublikum hatte damals offensichtlich Appetit auf *rough justice*, das sah auch Wingate so. Scott Eyman sagt über die Hollywoodfilme der 1930er Jahre: »The films on the left – King Vidor's OUR DAILY BREAD, Chaplin's MODERN TIMES – proposed that the social chaos could be ameliorated through everybody pulling together for a common goal of survival. The films of the right proposed that everybody pull together for the common goal of ignoring

[101] Doherty: Pre-Code Hollywood. Seite 67.

[102] Vorgänger der *Production Code Administration*.

[103] Maltby, Richard: The Spectacle of Criminality. In: Slocum, J. David (Hrsg.): Violence and American Cinema. Routledge. 2001. Seite 141.

the law.« THIS DAY AND AGE sei außerdem »crypto-fascist«, ebenso wie GABRIEL OVER THE WHITE HOUSE (Gregory La Cava).[104]

4.2.4. GABRIEL OVER THE WHITE HOUSE (1933)

The BFI Companion to Crime nennt GABRIEL OVER THE WHITE HOUSE »the most disturbing of the early 30s vigilante law-and-order movies«[105], und dem stimme ich zu. In den 1930ern dominieren weltweit totalitäre Regime, und es ist nicht gewiss, ob Demokratie überleben wird – oder überleben sollte. Die Große Depression hat das Vertrauen der Menschen in ihre demokratischen Regierungen stark gesenkt. In der Zeit vor dem Zweiten Weltkrieg genießt der Faschismus in den USA ein gewisses Maß an Attraktivität, und nicht nur in der Bevölkerung, sondern auch in den Zeitungen wird der Wunsch nach einem Diktator bemerkbar.[106] In dieser Stimmung und diesem Zeitgeist wird also GABRIEL veröffentlicht. Produziert wird der Film von Cosmopolitan Productions, die auch für THE SECRET SIX und THE BEAST OF THE CITY verantwortlich waren. Cosmopolitan wurde vom Medientycoon William Randolph Hearst gegründet, der ebenfalls öffentlich mit der Idee eines Diktators liebäugelte, der Amerika aus der Krise helfen solle. Genau das passiert auch in GABRIEL:

Der neue gewählte Präsident Jud Hammond (Walter Houston) ist ein Mitläufer, der sich dem Willen seiner Partei unterordnet und wenig Interesse daran hat, für sein Land einzutreten. Nachdem er einen Unfall hat, dringt scheinbar der Erzengel Gabriel in ihn ein, »sent as a messenger from god to men«, und spricht von nun an aus ihm. Er wird zu einem komplett anderen Menschen und zum *vigilante president*. Er entlässt sein Kabinett, hebt den Kongress auf, verhängt Kriegsrecht und wird effektiv zum Diktator der Vereinigten Staaten. »GABRIEL was definite wish-fulfillment for some Americans; a blatant call for an American dictatorship. (...) Democracy is good; but occasionally, in times of crisis, democracy needs to be modulated by the presence of a strong leader, and

[104] Eyman, Scott: Empire of Dreams. The Epic Life of Cecil B. DeMille. Simon & Schuster. New York. 2010. Seite 301.

[105] Newman, Kim: GABRIEL OVER THE WHITE HOUSE (Eintrag) In: Hardy, Phil (Hrsg.): The BFI Companion to Crime. Seite 141.

[106] Franklin, Daniel P.: Politics and Film. The Political Culture of Film in the United States. Rowman & Littlefield. 2006. Seite 100.

sometimes, to maintain order, the leader must skirt ineffective or inadequate laws and act alone. This is exactly what Jud does.«[107] Im Film akzeptiert die Nation, dass die Demokratie von einem starken Führer zuerst aufgelöst wird und dann gerettet.[108] Hier finden wir also eine – diesmal nicht nur unterschwellig – politische Variante des Vigilantnarrativs, in dem sich jemand über das Gesetz stellt, um diesem zu dienen, und herrschende Strukturen und deren Regeln aktiv missachtet, um diese zu stärken.

Mit kriminellen Elementen macht er kurzen Prozess und stellt sie vor ein eigens einberufenes Kriegsgericht. Nick Diamond, der größte und berüchtigtste Gangster des Landes – »racketeer[109], murderer, kidnapper« – konnte bislang dank juristischer Schlupflöcher und Bestechung erfolgreich einer Bestrafung entfliehen. Doch damit ist jetzt Schluss: »You're the last of the racketeerers, Diamond, and why? Because we have in the White House a man who's enabled us to cut the red tape of legal

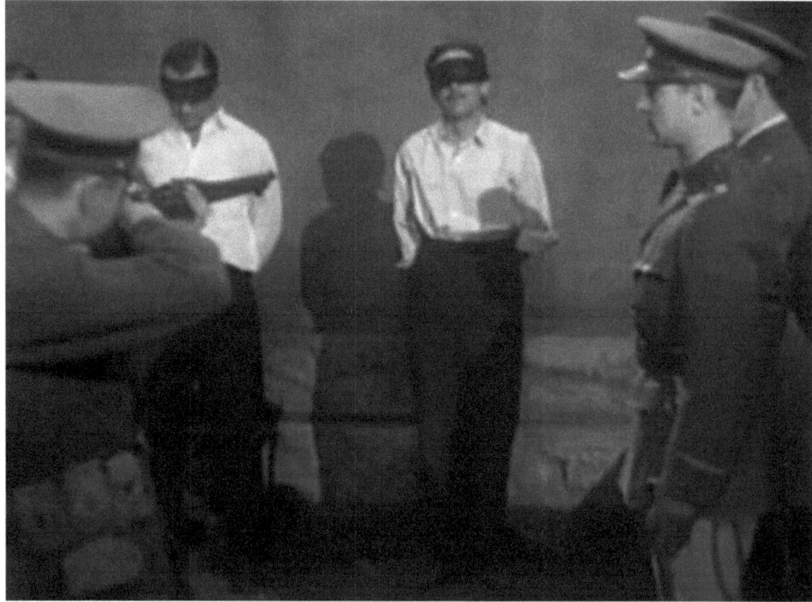

Abb. 3: Die vom Präsidenten beorderte einfache Lösung des Kriminalitätsproblems in GABRIEL OVER THE WHITE HOUSE.

[107] Miller: Mr. New Deal Goes to the Movies. Seite 66.

[108] Ebd., Seite 71.

[109] Amerikanischer Begriff für ein Mitglied einer kriminellen Organisation. »Racket« ist ein illegales Geschäft.

procedures and get back to first principles. An eye for an eye, Nick Diamond. A tooth for a tooth. A life for a life.« Er und seine Männer werden in einer Reihe aufgestellt und erschossen, während man im Hintergrund die Freiheitsstatue sehen kann.

In diesem Film treffen wir bereits auf zwei Elemente, die gut vier Jahrzehnte später in etlichen Vigilantnarrativen zu finden sind, und die über die Jahre zum Klischee wurden. Zunächst der Begriff »*red tape*«: Er bedeutet so viel wie »bürokratischer Aufwand« oder »Behördenkram«, der Polizeiarbeit verlangsamt und ineffektiver macht. Der Vigilant muss sich nicht um *red tape* kümmern und ist somit viel effektiver und erfolgreicher im Kampf gegen das Verbrechen. Der zweite Begriff ist »*technicalities*«, mit dem Formsachen oder juristische Schlupflöcher gemeint sind. Geschickte Anwälte schaffen es, dass die Kriminellen immer wieder zurück auf die Straße gelangen, aber auch ein Rechtssystem, dass Täter beschützt und Opfer benachteiligt, ist daran schuld. Gängige Motive sind auch unzulässige Beweisstücke, und dass man dem Täter die Tat nicht ausreichend nachweisen kann.

Hammond kümmert sich außerdem um die arbeitslose und hungernde Bevölkerung, bringt europäische Länder dazu, ihre Kriegsschulden an die USA zu begleichen, und indem er mit Krieg droht, sorgt er für eine Friedensvereinbarung aller Länder. Nachdem Präsident Hammond diese selbst unterzeichnet hat, bricht er zusammen. Der Erzengel Gabriel verlässt seinen Körper und Hammond stirbt.

Der Film wurde von Kritikern kontrovers aufgenommen, einige bezeichneten ihn auch als faschistisch. In der Rezension des linksliberalen Magazins *The Nation* wird GABRIEL als Versuch gewertet, »[to] convert innocent American movie audiences to a policy of fascist dictatorship in this country.« Das ebenfalls liberale Magazin *The New Republic* bezeichnete GABRIEL als »half-hearted plea for Fascism.«[110] Präsident Roosevelt dagegen war zufrieden mit dem Film, zeigte ihn einigen Kongresssenatoren[111] und schrieb an Hearst: »I think it is an intensely interesting picture and should do much help.«[112]

---

110 Briley, Ron: The Sun Comes Out Tomorrow. Hollywood's Depiction of Franklin D. Roosevelt and the New Deal, From GABRIEL OVER THE WHITE HOUSE to ANNIE. In: Young, Nancy Beck/Pederson, William D./Daynes, Byron W. (Hrsg.): Franklin D. Roosevelt and the Shaping of American Political Culture. M.E. Sharpe. 2001. Seite 24.

111 Lawrence und Jewett: The Myth of the American Superhero. Seite 136.

Im gängigen Vigilantnarrativ wird eine Privatperson zu einem Vigilanten. In diesem Buch wird noch von *vigilante cops* gesprochen werden, selbst *vigilante*-Richter und sogar ein *vigilante*-Bürgermeister kommen vor. Es gibt in der Hollywoodgeschichte noch ein paar Filme, in denen der »Führer der freien Welt« der Protagonist ist. Aber der einzige Film nach GABRIEL, der auch nur annähernd an die Idee eines *vigilante president* herankommt, ist der sehr erfolgreiche AIR FORCE ONE (Wolfgang Petersen, 1997). Darin verkündet der Präsident und dekorierte Vietnamveteran James Marshall (Harrison Ford), ohne sich vorher mit seinem Regierungsstab oder den alliierten Nationen darüber unterhalten zu haben, dass die USA in Zukunft nicht mehr bloß wirtschaftliche Sanktionen und Diplomatie in Krisensituationen anwenden werde, und kündigt eine *Zero Tolerance*-Politik in Bezug auf Terrorismus an. Als radikale russische Nationalisten das Flugzeug des Präsidenten kapern, schnappt dieser sich ein Maschinengewehr und erobert die Air Force One praktisch im Alleingang zurück.

GABRIEL war ein Kassenerfolg[113] und hat nicht nur vielen Amerikanern aus der Seele gesprochen, sondern erwies sich als beinahe prophetisch, indem er viele Inhalte des New-Deal-Programms filmisch vorweggenommen hat. Im März 1933, dem Monat, in dem der Film veröffentlicht wird, wird auch Franklin D. Roosevelt ins Amt des Präsidenten gewählt.

---

[112] Alter, Jonathan: The Defining Moment. FDR's Hundred Days and the Triumph of Hope. Simon and Schuster. 2007. Seite 185.

[113] Carmichael, Deborah: GABRIEL OVER THE WHITE HOUSE (1933): William Randolph Hearst's Fascist Solution for the Great Depression. In: Rollins, Peter C./ O'Connor, John E. (Hrsg.): Hollywood's White House: The American Presidency in Film and History. The University Press of Kentucky. 2003. Seite 175.

4.3. G-Men und Lynchmobs in der Ära des Hays Codes und des New Deal

Mit Präsident Roosevelts New Deal machten sich wieder Optimismus und Zuversicht unter den Amerikanern breit sowie Vertrauen und Respekt für staatliche Behörden. Die unmoralischen Gangster mussten im Film bald Polizisten und Staatsagenten weichen, die einen rigorosen Kampf gegen das organisierte Verbrechen führten.[114] 1930 und 1931 wurden insgesamt 51 Gangsterfilme veröffentlicht, 1932 gar 37, und 1933 nur noch elf.[115] Der Sympathieumschwung wurde im Film J. EDGAR (Clint Eastwood, 2011) festgehalten: Als Hoover, der Leiter des neu gegründeten FBI, im Kino in einer Art Infomercial zum Publikum spricht, wird er ausgebuht. Der Vorführer bricht den Kurzfilm ab und lässt stattdessen THE PUBLIC ENEMY laufen, was mit Applaus und Jubel honoriert wird. Vier Jahre später sieht sich Hoover »G« MEN im Kino an, und der ältere Hoover erzählt aus dem Off: »Just like the communist radicals before them, the gangster fell from favor. Now, finally, children dreamed of joining the FBI.« Der historische Hoover hat ein Vigilant-Image, dem J. EDGAR gerecht wird. Neben etlichen anderen Leistungen krempelt der fanatische Hoover das korrupte Department of Justice um und macht das FBI zu einer professionellen Anti-Verbrechensorganisation. Dabei steht ihm auch ab und zu der *due process* im Weg, und Hoovers »*vigilante spirit*« wird am deutlichsten in der Szene sichtbar, in der er über unbefugte – aber vom Präsidenten abgesegnete – Geheimüberwachung von Kommunisten und Radikalen spricht: »Sometimes you need to bend the rules a little in order to keep your country safe, right?«[116] In der *The Guardian*-Kritik zu dem Film schreibt die Rezensentin »The film (...) depicts Hoover as a visionary vigilante, standing almost alone against the reds.«[117] Dieses Hoover-Biopic wurde interessanterweise von Clint Eastwood inszeniert, einem konservativen Republikaner, der 40 Jahre zuvor mit DIRTY HARRY einen ikonischen Vigilantcharakter miterschuf.

---

[114] Miller: Mr. New Deal Goes to the Movies. Seite 112 und 132.

[115] Rosow, Eugene: Born To Lose. The Gangster Film in America. Oxford University Press. 1978. Seite 396.

[116] J. EDGAR (Clint Eastwood, 2011)

[117] von Tunzelmann, Alex: J Edgar as a visionary vigilante? Don't believe this unreliable narrative (http://www.theguardian.com/film/2012/feb/02/j-edgar-reel-history, zuletzt aufgerufen am 28.11.2014)

Joan Irene Miller schreibt in ihrer Dissertation, dass sowohl das Programm des New Deal als auch das Hollywoodkino zwischen 1933 und 1938 dieselben – eigentlich widersprüchlichen – Ansichten und kulturellen Traditionen der Bevölkerung bedienten, und dass zwischen den beiden eine eindeutige Verbindung besteht: »democracy is good, but so is the presence of a strong leader; cooperation and good-neighborliness are important, but so is self-reliance and individualism; law and order are necessary, but sometimes ineffective, consequently a decent American occasionally becomes a vigilante«[118] Miller erwähnt auch etwas, von dem man in Bezug auf amerikanische Actionhelden wie Cowboys und Vigilanten immer wieder liest, und das auch in diesem Buch schon erwähnt wurde: »rugged individualism«:

> included in the American institution of law and order is a conviction that shares much with the principle of rugged individualism: the moral person with an innate sense of right and wrong stands above any written rules or laws of conduct, and even if this individual acts outside the law, it is justified if what is done unlawfully is done for the right reasons. The law-and-order heroes sanctified by American popular culture nearly always prefer to work alone; they are often rebels, usually loners, and are invariably self-reliant.[119]

Auf Druck der Regierung, der Kirche und vor allem durch den Motion Picture Production Code (auch bekannt als »Hays Code«) wurde 1934 der »heldenhafte Gangster« durch den »heldenhaften Polizisten« ersetzt.[120] Der »*G-Man*« (*government man*) beansprucht das Privileg, ein Vigilant zu werden, und hat auch die Persönlichkeit dazu. Auch wenn er *law and order* hochhält, kann er genauso brutal wie ein Gangster sein.[121] Miller versucht den Zeitgeist um 1934 zu beschreiben: »there was a sense that, while laws, rules of conduct, and societal harmony were very good things, there was a place and a periodic need for vigilantism – operating outside the law for the greater good.« Robert Reiner geht in seinem Text *Keystone to Kojak: the Hollywood cop* sogar soweit zu sagen: »All encouragement was given to violations of due process and contempt for the law by the supposed enforcers.«[122]

[118] Miller: Mr. New Deal Goes to the Movies. Vorwort.

[119] Ebd., Seite 106.

[120] Leishman, Frank und Mason, Paul: Policing and the Media. Facts, Fictions, and Factions. Willan Publishing. 2003. Seite 51.

[121] Miller: Mr. New Deal Goes to the Movies. Seite 135.

Der Hays Code wurde bereits 1930 von der MPPDA (Motion Picture Producers and Distributors of America, Vorgänger der bis heute existierenden MPAA) eingeführt, aber erst 1934 auf Druck der Legion of Decency[123], einer Gruppe von einflussreichen, selbsternannten kirchlichen Sittenhütern, durchgesetzt.[124] Jack Vizzard, ein langjähriger Beamter in der Production Code Administration, erinnert sich: »the mood of the times was one of severe backlash.« Nach dem *Jazz Age* und dem Börsencrash 1929 »an enourmous sense of guilt set in.«[125] Hier lässt sich eine historische Parallele zu den 1970ern ziehen, als nach der Hippie-Bewegung ein spürbarer *backlash* stattfand, in dem neokonservative und rechte Kräfte Aufschwung erhielten. In dieser Periode wird auch der moderne Vigilantenfilm geboren. Es gibt keine »definitive« Version des Hays-Code-Textes, verschiedene Versionen wurden in diversen Publikationen veröffentlicht. Im Buch *Pre-Code Hollywood: Sex, Immorality, and Insurrection in American Cinema 1930–1934* findet sich »The motion picture production code of 1930« als Anhang, und dürfte laut Autor Thomas Doherty die vollständigste Fassung des Textes sein. Unter dem Kapitel »PRINCIPLES of PLOT« heißt es dort: »*Killings for revenge* should not be justified, i.e., the hero should not take justice into his own hands in such a way as to make his killings seem justified. This does not refer to killings in self-defense.« Auch wenn das Wort »should«, dass im Code-Text immer wieder vorkommt, wie eine Empfehlung klingt, mussten sich die Studios in der Praxis sehr strengen Zensorenkomitees stellen. Vigilantismus wurde also im Code eindeutig »verboten«. Tatsächlich konnte ich feststellen, dass in der Zeit des Hays Code die Zahl der Filme mit einem Vigilantnarrativ stark zurückgeht. Trotz dieser strengen Vorgaben bewegen sich die Polizisten und Regierungsagenten in den Jahren des Codes oft an der Grenze zum Vigilantismus, sogar schon im Jahr 1935, ein Jahr nach Durchsetzung des Codes.[126]

---

[122] Reiner, Robert: Keystone to Kojak: the Hollywood cop. In: Davies, Philip/Neve, Brian (Hrsg.): Cinema, Politics and Society in America. Manchester University Press. 1981. Seite 202.

[123] Miller: Mr. New Deal Goes to the Movies. Seite 113.

[124] Doherty: Pre-Code Hollywood. Seite 47.

[125] Ebd., Seite 47f.

[126] Miller: Mr. New Deal Goes to the Movies. Seite 114f.

4.3.1. »G« MEN (1935)

Einer der ersten und bedeutendsten Filme der Reihe an G-Men-Filmen, die in der zweiten Hälfte der 1930er populär waren, war die von J. Edgar Hoover abgesegnete Produktion[127] »G« MEN, die zu einem riesigen Kassenerfolg wurde.[128] James Cagney spielt den New Yorker Anwalt Brick Davis, der auf Anraten seines besten Freundes dem US Department of Justice beitritt. Als derselbe Freund vom bekannten Gangster Danny Leggett erschossen wird, will Davis sich rächen. Leggett und seine Gehilfen erschüttern das Land mit einer Reihe von Diebstählen und Morden, und Davis und seine Kollegen müssen sie stoppen. Der FBI-Direktor spricht inbrünstig vor einer Gruppe von Abgeordneten: »Arm your agents! And not just with revolvers. If these gangsters wanna use machine guns, then give your special agents machine guns, shotguns, tear gas – everything else. This is war!« Die Gesetzgeber erlauben fortan dem noch jungen FBI, einer neuen Abteilung des Department of Justice, Waffen zu tragen auch zu benutzen, und ändern die Gesetze dahingehend, dass der Verbrechenswelle Einhalt geboten werden kann. In einer Zeitungsüberschrift steht »Goverment Declares Crime War«. Brick Davis ist smart, tough und etwas ungestüm, und damit einem typischen Gangstercharakter nicht unähnlich. Er wird von seinen Vorgesetzten als unerfahren eingestuft, und nachdem er nicht nur seinen besten Freund, sondern auch seine Vaterfigur durch die Gangster verliert, ist sein erster Instinkt, den legalen Weg zu verlassen und zum Vigilanten zu werden.[129] Er legt seine Dienstmarke und seine Pistole ab, doch sein Ausbildner überredet ihn, im FBI zu bleiben. »He effectively blends the passion of the vigilante with the objectivity, the level-headedness, and the methodical practices of a good Justice Department agent.«[130] Schließlich gelingt es Davis, seinem Sinn für *vigilante justice* gerecht zu werden, und seine Mission, den Mörder seines Freundes zu bestrafen, innerhalb der legalen Strukturen des FBI zu erfüllen.

---

[127] Vahimagi, Tise: ›G‹-Men (Eintrag) In: Hardy, Phil (Hrsg.): The BFI Companion to Crime. Seite 141.

[128] Breuer, William B.: J. Edgar Hoover and His G-Men. Praeger Publishers. 1995. Seite 207.

[129] Miller: Mr. New Deal Goes to the Movies. Seite 122.

[130] Ebd., Seite 126.

4.3.2. Let 'em Have It (1935)

Sehr ähnlich verhält es sich auch bei Let 'em Have It (Falsche Gesichter, Sam Wood), in dem ebenfalls Regierungsagenten einen unerbittlichen Kampf gegen eine Verbrechenswelle antreten. Der Film beginnt mit einer Widmung: »To the Men of the Department of Justice who have given their lives in the Service of their Country, this picture is respectfully dedicated«. Gleich darauf lesen wir Zeitungsschlagzeilen wie »Crime wave shocks nation« und »Crime costs nation 2 billion yearly!«, ein »war on crime« wird angekündigt, und »Americans enlist in new crusade!« Im Department of Justice werden neue »soldiers of peace« eingeschworen. Mal Stevens ist einer von ihnen, und er kann mit Hilfe zweier Kollegen die Entführung der *high society*-Dame Eleanor Spencer verhindern. Miss Spencers Chauffeur Joe Keefer, der genug von seinem Bediensteten-Leben hat und deshalb kriminell wurde, wird zu 3 Jahren Gefängnisstrafe verurteilt, weil er ohne Waffenschein eine versteckte Waffe bei sich trug. Das Department of Justice kann aber nicht beweisen, dass er bei der versuchten Entführung von Miss Spencer, die an Keefers Unschuld glaubt, involviert war. Nach einem Jahr soll Keefer mit Hilfe eines von Miss Spencer bezahlten, Reden-schwingenden Anwalts wegen guter Führung entlassen werden. Stevens protestiert gegen die frühe Freilassung und kritisiert bei der Gelegenheit generell das System der Bewährung von Verurteilten. Keefer wird freigelassen, hilft bald darauf einigen seiner Freunde bei einem Gefängnisausbruch, wird deren Anführer, raubt mit ihnen einige Banken aus und tötet Miss Spencers Bruder, der gegen ihren Willen auch ein G-Man wurde. Stevens wird nicht zu einem Vigilanten, aber er sucht bei seinem Vorgesetzten um nicht näher definierte Sonderrechte an und erhält diese auch. Er schafft es, Keefer und seine Bande einzukesseln und in einem direkten Duell tötet er ihn dann auch.

Was bei dem Film auffällt, sind die ungehobelten, unkultivierten und ungebildeten Gangster und deren weibliche Begleitungen, und im Gegensatz dazu Miss Spencer und die drei G-Men-Kollegen, die smart, kultiviert und anständig sind und sich, wenn sie nicht gerade Keefer und seine Gang jagen, ausschließlich in gehobener Gesellschaft bewegen. Außerdem ist die damalige Faszination der Öffentlichkeit für forensische Arbeit von Kriminalbeamten besonders stark spürbar und erinnert an die

Popularität der TV-Serie *CSI: Crime Scene Investigation* und dessen Ablegern in den 2000er Jahren – Serien, die ebenfalls eine *law and order*-Mentalität verbreiten. In einer Folge der originalen Serie wird z.B. eine Frau vergewaltigt, zwei Mal angeschossen und zum Sterben zurückgelassen. Sie überlebt, wird jedoch den Rest ihres Lebens in einem vegetativen Zustand verbringen. Der jugendliche Täter wird gefunden und verhaftet, wird aber nach zwei Jahren wieder entlassen werden, was die CSI-Mitarbeiterin Sara zum Weinen bringt: »It's not fair.« Ihr Vorgesetzter entgegnet ihr: »It's the system.« Sara darauf: »What kind of system rewards the suspect when the victim is too tough to die?« Es fällt schwer, sowohl G-Men-Filme wie LET 'EM HAVE IT als auch die CSI-Serien nicht als Propaganda für *law enforcement agencies* zu sehen.

4.3.3. WESTWARD HO (1935)

Dieser Western (WESTWÄRTS!, Robert N. Bradbury) beginnt ebenfalls mit einer Widmung: »This picture is dedicated to the Vigilantes.... builders of the New Empire of the West.... stern frontiersmen on the days of '49. Men who gave their lives to purge the new frontier of lawlessness.« Der Goldrausch im kalifornischen Grass Valley sorgt für einen Ansturm von *outlaws* – »living by their guns at the expense of the decent and respectable citizens« – die stehlen, zerstören und morden. Das Verhältnis von Gesetzeshütern und den outlaws steht 1:20, deshalb bittet John Wyatt (John Wayne), dessen Bruder vor Jahren als Kind von einer marodierenden Bande von *outlaws* entführt wurde, die Politiker um Geld, damit er eine Art Privatarmee aufstellen kann: »I can do a good service to this country.« Als ihm das Geld verweigert wird, will er trotzdem nicht von seinem Plan abkommen: »Money or no money, I'll organize a band of men and drive every bandit gang out of this country.« Wyatt tut das dann auch recht erfolgreich, und wenn er dazu auch nicht offiziell legitimiert ist, werden er und seine Männer aber offensichtlich geduldet.

4.3.4. SHOW THEM NO MERCY! (1935)

SHOW THEM NO MERCY! (ZEIG KEIN ERBARMEN! oder DAS HAUS IM NEBEL, George Marshall) ist ebenfalls ein Produkt aus der *G-Men*-Ära. Darin verstecken sich Kidnapper auf der Flucht vor dem FBI in einem

Landhaus, wo sie auf ein Pärchen mit Kind treffen, das dort wegen einer Autopanne und starkem Regen Zuflucht sucht. Aus Angst, von ihnen verraten zu werden, nehmen sie die drei als Geiseln. Einer der FBI-Agenten, der mit J. Edgar Hoover in Kontakt steht, sagt seinen Mitarbeitern, wie sie mit den Kidnappern umzugehen haben: »If you have to shoot, shoot to kill!« Zu dem Zeitpunkt hat die Polizei jedoch ohnehin schon alle – bis auf einen – Gangster erschossen. In einer überraschenden Wendung schnappt sich die weibliche Geisel eine Maschinenpistole, eröffnet das Feuer auf den einzig überlebenden Gangster und tötet ihn. Mit einer Mischung aus geschickter Polizeiarbeit und *vigilante action* werden die Kidnapper/Geiselnehmer besiegt.

4.3.5. I AM THE LAW (1938)

In I AM THE LAW lesen wir Zeitungsschlagzeilen wie »Citizens Demand Action as Gangland Goes to Town« und »City Milk Supply Threatened«. Die *racketeers* haben eine ganze Stadt eingeschüchtert. Deshalb wird der Rechtsprofessor John Lindsay (Edward G. Robinson) gebeten, ein Sonderermittler im Justice Department zu werden, um den Gangstern ein Ende zu bereiten. Enthusiastisch übernimmt er den Job, doch wieder einmal ist der Held mit Korruption, diesmal in seinen eigenen Reihen, konfrontiert. Ein Zeuge soll eine Aussage machen, wird aber von einem Spitzel im Department verraten und umgebracht. Lindsay entlässt sein gesamtes Team und ersetzt es mit seinen Studenten. Als ihm wegen Misserfolg die Kündigung in Aussicht gestellt wird, wird er zum Vigilant. Er lässt Gangster ohne Anklage oder Beweise einsperren und hält eine Rede vor seinem Studenten-Team: »I'm not quitting. I'm gonna keep right on going as a private citizen. I took an oath over the dead body of Butler [der Zeuge, Anm.] that I would smash the system that killed him and every man behind that system.« Er lädt außerdem die Presse ein und verprügelt vor ihnen drei seiner Häftlinge, um die Gangster als schwache Feiglinge bloßzustellen. Am Ende gelingt es ihm natürlich, dem organisierten Verbrechen den Garaus zu machen, und er kehrt an die Universität zurück.

4.3.6. Drei Negativbeispiele für Vigilanten

Seymour Skinner: »Ah, there's no justice like angry mob justice.«

The Simpsons (Folge: Bart After Dark)

Vereinzelt gibt es auch Filme, in denen Selbstjustiz – vor allem Lynchjustiz – in einem negativen Licht dargestellt wird. Dazu drei Beispiele:

In Fritz Langs FURY (1936) wird Joe (Spencer Tracy) unschuldig der Entführung eines Mädchens bezichtigt und eingesperrt. Als ein wütender Mob nicht an ihn herankommt, brennen sie die Polizeistation nieder, aber Joe überlebt. Im Gerichtsverfahren gegen Mitglieder des Mobs zeichnet der Staatsanwalt ein beschämendes Bild vom amerikanischen Rechtsempfinden und sagt, dass in den letzten 49 Jahren 6010 Menschen gelyncht wurden »(...)in this proud land of ours. A lynching about every three days.« Nur 765 Verdächtige aus den Mobs seien je vor Gericht gekommen, »because their supposedly civilized communities have refused to identify them for trial, thus becoming as responsible, before God at any rate, as the lynchers themselves!« Joe will Rache, und hält deshalb sein Überleben vorerst geheim. »I'll give them a chance that they didn't give me. They will get a legal trial in a legal courtroom. They will have a legal judge and a legal defense. They will get a legal sentence and a legal death.« Am Ende erscheint Joe im Gericht, allerdings nicht mit der Intention, die Zeugen zu entlasten:

> Joe Wilson: »I don't care anything about saving them. They're murderers. I know the law says they're not because I'm still alive. But that's not their fault. And the law doesn't know that a lot of things that were very important to me, silly things maybe, like a belief in justice and an idea that men were civilized and a feeling of pride that this country of mine was different from all others. The law doesn't know that those things were burned to death within me that night.«

THE OX-BOW INCIDENT (RITT ZUM OX-BOW, William A. Wellman, 1943) ist wahrscheinlich die berühmteste filmische Anklage von Selbstjustiz. Nachdem Viehdiebe einen Rancher erschießen, werden drei Männer von einer *posse* gefangen und der Tat beschuldigt. Kurz nachdem die drei aufgehängt wurden, werden die wahren Täter gefunden. Einer der Männer, der widerwillig und auf Druck seines Vaters Teil der *posse* war, klagt seinen Vater, einen der Rädelsführer, an: »I saw your face. It was the face of a depraved murderous beast!« Dieser erschießt sich daraufhin. Im Saloon wird der Abschiedsbrief von einem der Männer vorgelesen. Neben Worten an seine Frau steht darin auch:

> Gil Carter [liest den Brief vor]: »Man just naturally can't take the law into his own hands and hang people without hurting everybody in the world, because then he's not just breaking one law, but all laws. Law is a lot more than words you put in a book, or judges or lawyers or sheriffs you hire to carry it out. It's everything people ever have found out about justice and what's right and wrong. It's the very conscience of humanity. There can't be any such thing as civilization unless people have a conscience, because if people touch God anywhere, where is it except through their conscience? And what is anybody's conscience except a little piece of the conscience of all men that ever lived?«

Im Western ALONG THE GREAT DIVIDE (DEN HALS IN DER SCHLINGE, Raoul Walsh, 1951) rettet *federal marshal* Len Merrick (Kirk Douglas) einen Viehdieb vor dem Strick und will ihn in eine Stadt für ein Gerichtsverfahren bringen. Ein Rinderbaron will Rache für seinen getöteten Sohn, der vom Viehdieb in den Rücken geschossen worden sein soll, und verfolgt Merrick, der seit dem Lynchmord an seinem Vater rigoros gegen Selbstjustiz eintritt. Nach großer Anstrengung gelingt es Merrick, den Viehdieb vor ein Gericht zu bringen, wo ein Schuldspruch erfolgt. Doch am Ende stellt sich der Gefangene tatsächlich als unschuldig heraus, und der wahre Täter muss sterben.

4.3.7. THE BIG HEAT (1953)

Im Film noir THE BIG HEAT (HEISSES EISEN), bei dem ebenfalls Fritz Lang Regie geführt hat, bewegt sich Detective Sergeant Dave Bannion (Glenn Ford) hart an der Grenze zum Vigilantismus. In einem von Gangsterboss Mike Lagana befohlenen Anschlag, der für Bannion gedacht war, stirbt dessen Frau, und er wird vom Polizisten zum Rächer. Der Police Commissioner und auch ein Stadtrat sind von Lagana gekauft. Bannion will nicht mehr nach den Regeln der korrupten Polizei handeln und quittiert den Dienst. »A city is being strangled by a gang of thieves«, sagt er und macht sich selbst auf die Jagd nach Lagana. Da dies ein Hays Code-Film ist, tötet Bannion zwar niemanden kaltblütig, wendet aber dennoch Gewalt nicht nur zur Selbstverteidigung an. Nachdem er Lagana überwältigt hat, beschließt er, ihn nicht zu erschießen. Lagana und der Commissioner werden angeklagt, und Bannion kehrt zur Polizei zurück.

4.3.8. The Bravados (1958)

Der Rancher Jim Douglas (Gregory Peck) ist in diesem Western auf der Suche nach den Mördern seiner Frau. Er glaubt sie in vier entflohenen Sträflingen gefunden zu haben und jagt sie zusammen mit einer eingeschworenen *posse*. Douglas trennt sich aber immer wieder von dieser und tötet die *outlaws* nach der Reihe. Die *posse* handelt im legalen Rahmen, Douglas tut dies nicht. Als er illegal die Grenze nach Mexiko überschreitet und beim vierten und letzten *outlaw* angelangt, muss Douglas schließlich erkennen, dass die vier Männer seine Frau nicht getötet haben und er die Falschen gejagt hat. Er geht zu einem Priester in einer Kirche und bittet um Vergebung: »I killed them for revenge. Revenge for something that they didn't even do. I set myself up as judge, the jury, and exectioner. (...) I was wrong. Wrong. Wrong.« Als ein Film, der Rache und Selbstjustiz verurteilt, passt The Bravados (Bravados, Henry King) perfekt in die Hays-Code-Ära.

4.3.9. Cape Fear (1962)

Der Anwalt Sam Bowden (Gregory Peck) wird vom kürzlich entlassenen Vergewaltiger Max Cady (Robert Mitchum) gestalkt, der wegen einer Zeugenaussage von ihm acht Jahre im Gefängnis saß und sich nun rächen will. Bowdens Ehefrau meint »A man like that doesn't deserve civil rights«, aber die Polizei kann nichts unternehmen, da der geschickte Cady die Gesetze genau kennt und kein Verbrechen begeht. Nachdem Cady wegen Landstreicherei verhaftet und bald darauf wieder freigelassen wird, besorgt er sich einen Anwalt, der sich bei der Polizei wegen Belästigung seines Klienten beschwert und von dem mit Bowden befreundeten Police Chief so beschrieben wird: »you know what he's like. He's one of these ardent types. You slap a cigarette out of some hoodlum's mouth, five minutes later, he's down in the mayor's office yelling police brutality, rallying the bleeding heart squad.« »Bleeding heart liberal« ist in den USA eine bis heute gebräuchliche abfällige Bezeichnung für Liberale. Cady verprügelt eine Frau, diese wird aber von ihm eingeschüchtert und will keine Aussage gegen ihn machen. Er tötet Bowdens Familienhund und stellt seiner jungen Tochter nach. Wenn er das Mädchen vergewaltigt, würde er nicht vor Gericht landen, da ihre Eltern ihr die Schmach ersparen wollen würden, in einem Gerichtssaal bis ins Detail zu wiederholen, was ihr passiert ist – das weiß Cady. Auf legalem Wege ist ihm nicht entgegenzukommen, und ein Privatdetektiv schlägt Bowden vor, einen Schlägertrupp gegen Cady zu engagieren: »So you're a lawyer, and you believe in due process. But it's your family, not mine. A type like that is an animal, so you've gotta fight him like an animal.« Zuerst lehnt das der korrekte Bowden ab, später im Film willigt er jedoch ein. Cady kann seine Angreifer aber besiegen, und Bowden sieht sich schließlich gezwungen, ihm eine Falle zu stellen. Er benutzt seine Frau und Tochter als Köder und plant Cady zu töten. Am Ende überwältigt Bowden Cady, entschließt sich aber, ihn nicht zu töten: »You're gonna life a long life. In a cage! That's where you belong. And that's where you're going. And this time, for life! Bang your head against the walls! Count the years, the months, the hours... until the day you rot.« Somit bleibt Bowden am Ende doch dem System treu und hat trotzdem gegen Cady gewonnen. Der Film ist für einen Film der Hays-Code-Ära besonders interessant, da er die Notwendigkeit von außerrechtlicher Gewalt diskutiert. Außerdem ist CAPE FEAR (EIN KÖDER FÜR DIE BESTIE, J. Lee Thompson) der erste mir bekannte Film, in dem ein Bösewicht das Rechtssystem gegen den Protagonisten verwendet, und das zu einem zentralen Handlungselement wird. Die Idee, dass der Bösewicht die Gesetze oder deren Details ausnutzt, und den Helden zur Anwendung von Selbstjustiz zwingt, kommt noch in vielen späteren Vigilantenfilmen vor.

Im Kino der 1940er bis 1960er Jahre gibt es, auf Grund des Hays Codes, so gut wie keine Vigilanten.[131] Zwischen 1945 und 1964 zeigen nur 11 Prozent der Filme Polizisten, die das Gesetz brechen. Zum Vergleich: Zwischen 1980 und 1991 liegt diese Zahl bei 23 Prozent.[132]

[131] Leishman und Mason: Policing and the Media. Seite 69.

1967 wird der Hays Code abgeschafft und durch die Motion Picture Association of America ersetzt. Es kommt zur Produktion von Filmen mit einem stark erhöhten Maß an Gewaltdarstellungen, wie BONNIE AND CLYDE (Arthur Penn, 1967), THE ST. VALENTINE'S DAY MASSACRE (CHICAGO-MASSAKER, Roger Corman, 1967), THE WILD BUNCH (THE WILD BUNCH – SIE KANNTEN KEIN GESETZ, Sam Peckinpah, 1969) und STRAW DOGS (WER GEWALT SÄT, Sam Peckinpah, 1971). In den 1970ern wird dann endgültig der moderne amerikanische Vigilantenfilm geboren.

[132] Ebd., Seite 70.

5. Die Geburt des modernen Vigilantenfilms in den 1970ern

»Vigilante movies could be considered one of the defining film genres of the 1970s.«

Julilly Kohler-Hausmann, Geschichtsprofessorin[133]

In den 1970ern scheint es beinahe, als ob unter amerikanischen Filmemachern via Film eine Debatte darüber geführt würde, wo das Böse in den USA lauere – in der Großstadt oder den »Hinterwäldern«. *Backwoods horror* wird in den 70ern zu einem neuen Untergenre des Horrorfilms und floriert in diesem Jahrzehnt mit Titeln wie THE TEXAS CHAIN SAW MASSACRE (BLUTGERICHT IN TEXAS, Tobe Hooper, 1974) und THE HILLS HAVE EYES (HÜGEL DER BLUTIGEN AUGEN, Wes Craven, 1977). Im sogenannten »*Hixploitation*«-Genre (Eine Wortkombination aus »*hick*«[134] und *exploitation*) jagen nicht nur *rednecks* und *hillbillies* ihre Opfer, auch die Polizei ist schwer kriminell bis tödlich, z.B. in Filmen wie A SMALL TOWN IN TEXAS (JAGDZEIT IN TEXAS, Jack Starrett, 1976), MACON COUNTY LINE (Richard Compton, 1974) und JACKSON COUNTY JAIL (VERGEWALTIGT HINTER GITTERN, Michael Miller, 1976). Aber nicht nur im Horror- und Exploitationfilm, sondern auch in Mainstream-Filmen wie STRAW DOGS (1971) oder DELIVERANCE (BEIM STERBEN IST JEDER DER ERSTE, John Boorman, 1972) attackieren und/oder töten die Einheimischen die – meist urlaubenden – Städter mit einem variierenden Grad an Brutalität und Bestialität. Die Landbewohner in all diesen Filmen sind asozial bis mörderisch, oft geradezu degeneriert und nicht selten zu verstörenden Gräueltaten fähig.

Dem gegenüber stehen etliche *urban crime*-Filme dieser Zeit, wie TAXI DRIVER (1976), THE FRENCH CONNECTION (BRENNPUNKT BROOKLYN,

---

[133] Kohler-Hausmman, Julilly: Militarizing the Police: Officer Jon Burge, Torture and the war in the «Urban Jungle«. In: Hartnett, Steven John (Hrsg.): Challenging the Prison-Industrial Complex: Activism, Arts & Educational Alternatives. University of Illinois Press. 2011. Seite 55.

[134] urbandictionary.com liefert die wahrscheinlich beste Definition für »hick«: »A derogatory slang term for lower class whites raised in rural areas (...)« (http://www.urbandictionary.com/define.php?term=hick, zuletzt aufgerufen am 15.01.2015)

William Friedkin, 1971), THE WARRIORS (Walter Hill, 1979), DIRTY HARRY (1971) und DEATH WISH (1974), in denen die amerikanische Großstadt als so etwas wie ein von Verbrechen übersäter »Sündenpfuhl« dargestellt wird, in der an scheinbar jeder zweiten Ecke eine Prostituierte, ein Straßenräuber, Vergewaltiger oder gar ein Mörder auf den Hauptdarsteller wartet. Auch in WALKING TALL (1973), den ich im vierten Unterkapitel bespreche, kommt das Kriminelle und Korrupte aus der Stadt und zerstört die unschuldige Landidylle.

Sowohl in TRACKDOWN (KEINE GNADE, MR. DEE!, Richard T. Heffron, 1976) als auch in HARDCORE (HARDCORE – EIN VATER SIEHT ROT, Paul Schrader, 1979) wollen die Vigilant-Protagonisten von zu Hause weggelaufene Familienmitglieder »aus den Fängen der Großstadt« Los Angeles befreien. In beiden Filmen werden die Hauptfiguren von der Polizei im Stich gelassen und handeln daraufhin auf eigene Faust.

In TRACKDOWN läuft ein 17-jähriges Mädchen von ihrem Zuhause in Montana weg. Gerade in L.A. angekommen, wird sie von einer Bande von Hispanics ausgeraubt, gruppenvergewaltigt und unter Drogen gesetzt. Ihr Bruder – ein Farmer – macht sich auf die Suche nach ihr. Doch noch bevor er sie finden kann, wird sie von der Bande für 500 Dollar an eine kriminelle Callgirl-Agentur verkauft und von einem ihrer Freier zu Tode geprügelt.

In HARDCORE engagiert ein tiefreligiöser Geschäftsmann aus Michigan auf Anraten der Polizei einen Privatdetektiv, um seine verschwundene Tochter wiederzufinden. Als dieser sie in einem billigen Pornostreifen findet, legt sich der Geschäftsmann mit der Pornoindustrie an, um seine Tochter wiederzufinden und heimzubringen.

Das Motiv der (moralisch) korrupten und korrumpierenden Stadt, das in den 1970ern auch außerhalb des Vigilantenfilms sehr verbreitet ist, tauchte schon früher im Hollywoodfilm auf. Zu den bekanntesten und beliebtesten Beispielen gehören die Frank-Capra-Filme in der zweiten Hälfte der 1930er: In YOU CAN'T TAKE IT WITH YOU (LEBENSKÜNSTLER, 1938), MR. SMITH GOES TO WASHINGTON (1939) und vor allem in MR. DEEDS GOES TO TOWN (1936) wehren sich idealistische, gutmütige und naive Kleinstadtbürger gegen korrupte, gewinnorientierte und heimtückische Großstädter. Im zuletzt genannten Film sagt die Hauptfigur nach einem Spaziergang durch New York: »I was walking along, looking at the tall buildings, and I got to thinkin' about what Thoreau said. ›They created a lot of grand palaces here, but they forgot to create the noblemen to put in them.‹« Viele der Filme von Frank Capra, einem konservativen Republikaner, der in seinen Filmen immer wieder den amerikanischen Individualismus hochhielt, waren damals beim Publikum und bei Kritikern äußerst beliebt, und einige von ihnen werden heute noch als Klassiker gehandelt. Populistisches und vereinfachendes Gut/Schlecht-Kontrastieren wird in den USA nicht nur von Hollywood angewandt. Die republikanische Partei zeichnet bis heute – vor allem im Wahlkampf – das Bild eines »real America«, das aus dem *bible belt* und dem mittleren Westen besteht. Dem gegenüber steht in diesem Bild das »andere Amerika« – die liberalen Großstädte und die Ostküste, Heimat einer intellektuellen, weltfremden Elite.

5.1. Joe (1970)

Ein ebenfalls starker Kontrast findet sich im billig produzierten Independentfilm Joe (Joe – Rache für Amerika) von John G. Avildsen, dem späteren Regisseur von Rocky und The Karate Kid. Joe gilt als Exploitationfilm, weil er den damaligen Generationenkonflikt behandelt, und weil darin dem konservativen Amerika die Hippiekultur gegenübergestellt wird – mit tödlichen Auswirkungen. Der Film, der über 19 Millionen Dollar eingespielt hat und für einen Drehbuchoscar nominiert wurde, handelt vom wohlhabenden New Yorker Manager Bill Compton, der in Rage den abstoßenden Hippie-Drogendealer und Freund seiner Tochter Melissa umbringt. Der rechte, rassistische Fabrikarbeiter Joe erfährt zufällig von dem Vorfall und freundet sich mit Compton an. Joe bewundert den eigentlich liberal gesinnten Compton, der zugibt »Sometimes with him [Joe, Anm.], I almost feel as if what I did was a humanitarian act. I saved the world from another lousy junkie.« Melissa ist von zu Hause weggelaufen, und auf der Suche nach ihr begeben sich Compton und Joe in die ihnen fremde Welt der Hippies und Alternativen. Die beiden probieren die Vorzüge von Drogen und freier Liebe und werden daraufhin von zwei Hippies ausgeraubt. Joe schlägt eine Frau, um den Aufenthaltsort der beiden zu erfahren, dort angelangt nimmt er

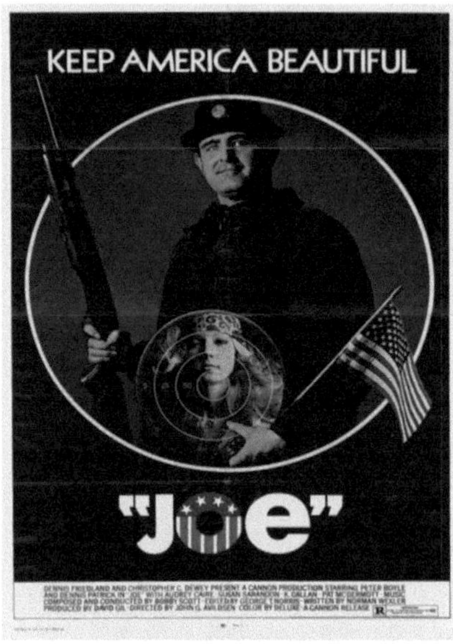

Abb. 4: Filmplakat von Joe.

sich eine Schrotflinte und gibt Compton auch eine. Er beginnt, die Jugendlichen in der Kommune zu erschießen. Dem entsetzten Compton sagt Joe: »These kids, they shit on you. They shit on your life. They shit on everything you believe in. They shit on everything!« Aus Angst, verhaftet zu werden, beginnt Compton schließlich auch die Hippies zu erschießen, und tötet dabei unabsichtlich Melissa.

Mehrere reale Vorfälle haben zur Aktualität und Popularität des Films beigetragen. Nur zwei Monate vor der Veröffentlichung von JOE attackierten im sogenannten »Hard Hat Riot« um die 200 Bauarbeiter etwa 1000 protestierende High School- und Collegestudenten. Die Proteste richteten sich neben dem Vietnamkrieg und der Invasion von Kambodscha auch gegen die tragischen Ereignisse an der Kent State University, bei der vier Tage zuvor die Nationalgarde auf unbewaffnete Studenten schoss, wobei vier von ihnen getötet wurden. Am selben Tag, an dem auch der Hard Hat Riot stattfand, erschoss ein Bahnarbeiter vier Studenten in einem Universitätsgebäude in Detroit, dass als Zufluchtsort für Hippies galt, darunter auch seine Tochter und deren Freund. Obwohl er etliche Waffen und zusätzliche Munition mitbrachte, bekam der Täter nur eine geringe Strafe und Briefe von hunderten von Unterstützern, in denen ihm für seine Taten beigepflichtet wurde.[135]

In JOE verbünden sich die mittlere Oberschicht (Compton) und Arbeiterschicht (Joe) gegen ihren gemeinsamen Feind, die Hippies. Peter Lev schreibt in seinem Buch über Filme der 1970er Jahre, dass JOE, wie auch THE FRENCH CONNECTION und DIRTY HARRY, eine konservative und populistische Verteidigung der amerikanischen Mittelschicht

[135] Pevere, Geoff: How Joe and Patton could, 40 years on, play again today. http://www.thestar.com/entertainment/2010/06/18/how_joe_and_patton_could_40_years_on_play_again_today.html (zuletzt aufgerufen am 1.1.2015)

darstellt.[136] Im Gegensatz zu DIRTY HARRY und DEATH WISH nimmt JOE allerdings keine Position ein und ist mit einem hohen Maß an Ambivalenz inszeniert. Regisseur Avildsen wollte einen zweiten Teil des Films drehen, in dem Joe den Guardian Angels beitritt, der bekannten und bereits erwähnten New Yorker Bürgerinitiative, die sich zum Zwecke der Verbrechensbekämpfung gründete. Die Produktionsfirma kündigte ebenfalls »Joe II« bzw. »Citizen Joe« an[137], eine Fortsetzung wurde aber nie realisiert.

Es ist diskussionwürdig, ob JOE überhaupt zu den Vigilantenfilmen gezählt werden sollte. In der Literatur wird er manchmal zusammen mit den anderen, bekannteren Vigilantenfilmen der 1970er genannt, allerdings treten die Protagonisten erst am Schluss des Films als Vigilanten auf. Inspector Callahan wird zwar auch erst im Finale von DIRTY HARRY zum Vigilanten, in diesem Film wird allerdings ein zu liberales Rechtssystem diskutiert sowie die Notwendigkeit von außerrechtlicher Gewalt, womit er zu Recht zu den Klassikern der Vigilantenfilme gehört. Fakt ist, dass JOE der erste in einer Reihe von Filmen in den 1970ern war, in denen ein Privatbürger vorsätzlich und gewaltsam gegen andere Privatbürger vorgeht – ein Sujet, das sich in den 1980ern fortsetzte und bis heute nicht aufgehört hat zu existieren.

[136] Lev, Peter: American Films of the 70s. Conflicting Visions. University of Texas Press. 2000. Seite 39.

[137] Hoberman J.: Off the Hippies: 'Joe' and the Chaotic Summer of '70. In: The New York Times, 30.7.2000. (http://www.nytimes.com/2000/07/30/movies/film-off-the-hippies-joe-and-the-chaotic-summer-of-70.html, zuletzt aufgerufen am 22.12.2014)

5.2. BILLY JACK (1971)

»Go ahead and hate your neighbor,
go ahead and cheat a friend.
Do it in the name of heaven,
you can justify it in the end.
There won't be any trumpets blowing
come the judgement day.
On the bloody morning after...
one tin soldier rides away.«

Dennis Lambert und Brian Potter:
»One Tin Soldier«[138]

Die Figur des Halbindianers Billy Jack, ein Hapkido[139]-Experte und Ex-Green Beret[140], trat erstmals im Film THE BORN LOSERS (ENGEL DER HÖLLE, Tom Laughlin, 1967) auf. In einer Szene, die mit Musik unterlegt ist, die gut in einen Western passen würde, startet Billy sein Motorrad und macht einen Wheelie – ein Bild, das an ein aufbäumendes Pferd erinnert. Er stößt bald mit einer wilden, abstoßenden weißen Bikergang zusammen, die eine Kleinstadt terrorisiert und etliche dort ansässige Mädchen entführt und vergewaltigt. Das Western-Motiv der Indianerbelagerung wird in dem Film quasi auf ein modernes Setting umgemünzt – und die wilden Indianer werden zu wilden Bikern. Billy wird vom örtlichen Richter bestraft und für seine Selbstjustiz gerügt, weil er einem Mann durch Anwendung von Gewalt gegen die Biker geholfen hat. »The gas chamber is too good for what they've done« sagt eine Mutter einer vergewaltigten Tochter, aber die Biker haben die gesamte Stadt eingeschüchtert, und keine der vergewaltigten Mädchen will eine Aussage machen. Deshalb muss der Staatsanwalt den Fall gegen die Biker fallen lassen und lamentiert: »I have no choice but open the gates and let the animals of the world take over. (...) Where did the whole goddamn system go wrong?« Die Polizei steht der Bande scheinbar ebenso machtlos gegenüber und kann potentielle Zeugen für eine Gerichtsverhandlung nicht schützen. Billy freundet sich mit einem Mädchen an, das von den Bikern entführt und festgehalten wird. Die Polizei weiß davon, will aber auf die Ankunft der Nationalgarde warten. Billy ist erzürnt über ihre

---

138 Refrain des Antikriegsliedes, das am Anfang und Ende von *BILLY JACK* zu hören ist.

139 Koreanische Kampfkunstart.

140 Die Green Berets (Special Forces) sind eine Spezialeinheit der U.S. Army.

Feigheit: »Whatever they've done to your women, you deserve.« Daraufhin geht er in den Unterschlupf der Gang, wo das zusammengeschlagene Mädchen blutend am Boden liegt, und sagt zum Anführer, er solle sie hinaustragen, sonst würde er ihn erschießen. Als der Anführer daraufhin lacht und ihm verbal droht, schießt Billy ihm in den Kopf. Billys Rage hat den feigen Sheriff schließlich dazu bewogen, einzuschreiten, und sie verhaften die Bande. Billy kann fliehen.

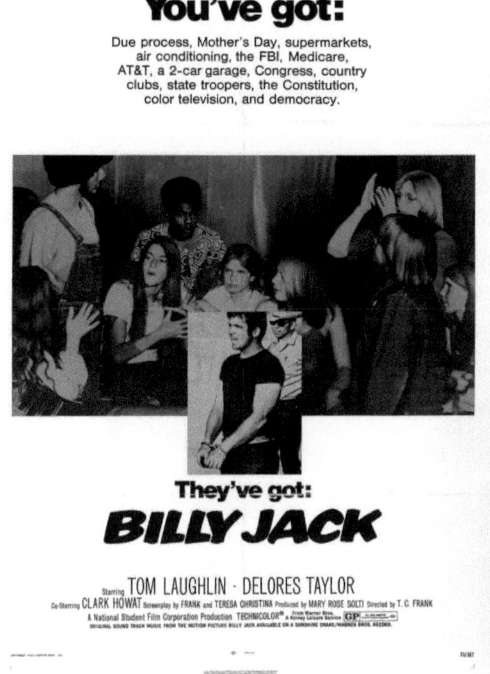

Abb. 5: Filmplakat von Billy Jack.

BILLY JACK (Tom Laughlin) wurde zu einem weitaus größeren Erfolg als THE BORN LOSERS und ist neben JOE ein weiteres Beispiel für einen außergewöhnlichen Vigilantenfilm, der erschien, noch bevor das Vigilantnarrativ formelhaft wurde. Außerdem ist er ebenfalls ein Beispiel für einen äußerst erfolgreichen Independentfilm, in dem es um *counterculture* geht. Bei BILLY JACK kann man nicht von *establishment violence* sprechen, ganz im Gegenteil: Nachdem er in THE BORN LOSERS die Bikerbande bekämpft hat, richtet sich Billys Vigilantismus nun gegen das Establishment und ist antiautoritär.

Unter dem Einfluss seiner Freundin Jean, die eine alternative hippieske »Freedom School« leitet, bemüht sich Billy, »a war hero who hated the war«, ein Pazifist zu bleiben. Der einflussreiche Mr. Posner jagt mit seinen Männern illegal wilde Mustangs auf Indianerterritorium und wird von Billy gestoppt. Der Hauptkonflikt besteht allerdings zwischen den friedliebenden Kindern und Jugendlichen der äußerst progressiven

Freedom School, die auch von Indianern und Halbindianern besucht und bewohnt wird, und den konservativen und rassistischen Stadtbewohnern, zu denen auch Bernard, der Sohn von Mr. Posner, gehört. Posner, sein Sohn und die Stadtbewohner bekommen Rückendeckung von der korrupten Polizei. Billy Jack steht auf der Seite der Freedom School. Nachdem Bernhard nicht nur einige der indianischen Schüler erniedrigt, sondern auch Jean vergewaltigt hat und einer der Schüler umgebracht wird, tötet Billy Bernard, nachdem dieser mit einem 13-jährigen indianischen Mädchen Sex hatte. Am Ende des Films entsteht ein Feuergefecht zwischen Billy und der Polizei, und nachdem er von einem Deputy Sheriff angeschossen wurde, schießt Billy ihm in den Kopf. Schließlich wird er vor den friedlich protestierenden Schülern der Freedom School verhaftet.

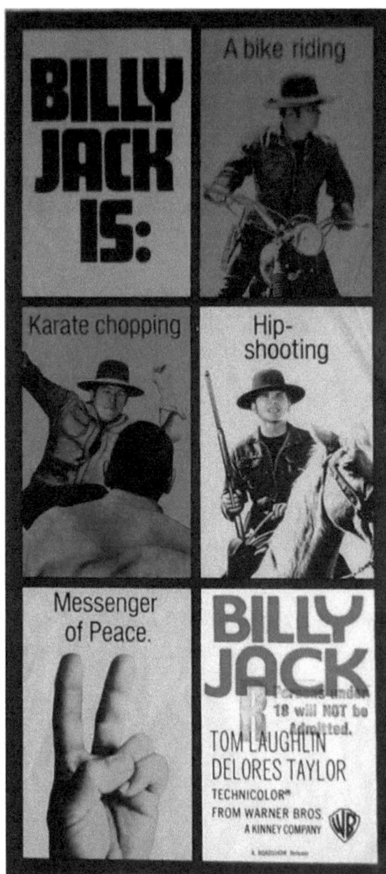

Abb. 6: Promo-Poster für BILLY JACK.

In BILLY JACK werden Indianer und Hippies nebeneinandergestellt, die zu dem bösartigen, weißen, korrupten und rassistischen Establishment die *counterculture* bilden. Der Film behandelt die Frage nach der Sinnhaftigkeit einer pazifistischen Haltung im Angesicht von Ungerechtigkeit und Gewalt. »Damn your pacifism! I am not gonna get that sick animal get away with this« schreit eine der Schülerinnen Jean an, als diese ihr sagt, sie solle Billy nichts von der Vergewaltigung erzählen, weil der sonst Bernard töten würde (was dann auch geschieht). Jean sagt zu Billy »You can't keep making your own laws!«, der sieht aber keinen anderen Ausweg: »When policemen break the law, then there is no law. Just the fight for survival.« Erst durch seine Selbstjustiz wird Gerechtigkeit wiederhergestellt. BILLY JACK ist ein ähnlich politisch aufgeladener Film wie JOE und ebenso unsubtil. In einer

Stadtratssitzung, in der die Freedom School ihre Anliegen darlegen möchte, liest ein junges Mädchen aus einer Hitlerrede vor, um damit den Status quo in der Stadt zu kritisieren. In beiden Filmen kommt es zu einem *culture clash*, der sehr gewaltsam endet, und die Protagonisten verteidigen einen »way of life« mit Waffengewalt. Billy Jack ist der wahrscheinlich ungewöhnlichste Vigilant der Filmgeschichte, der Film kommt in einer Szene sogar mit einer *pro-gun-control*-Botschaft daher und steht damit im starken Kontrast zum Waffenfetischismus, der in vielen Vigilantenfilmen gepflegt wird. Im Gegensatz zu JOE bekam BILLY JACK noch zwei Fortsetzungen: THE TRIAL OF BILLY JACK (Tom Laughlin, 1974), der zum dritterfolgreichsten Film des Jahres wurde, und BILLY JACK GOES TO WASHINGTON (Tom Laughlin, 1977), ein loses Remake des Frank Capra-Klassikers MR. SMITH GOES TO WASHINGTON, das nie eine breitere Kinoveröffentlichung fand.

Wenn es bei den kommerziellen Erfolgen der beiden billig produzierten exzentrischen *counterculture*-Filme JOE und BILLY JACK (wobei dieser erst bei seiner Wiederveröffentlichung 1973 ein Kassenschlager wurde) geblieben wäre, hätte sich das Vigilantnarrativ in der Filmgeschichte vielleicht nicht in dieser Deutlichkeit durchgesetzt. Aber 1971 erscheint ein reaktionärer Film, der eindeutig von der rechten Seite des politischen Spektrums kommt, eine eindeutige Gegenposition zur *counterculture* der 1960er einnimmt, eine noch größere Kultfigur als Billy Jack schafft und den sprichwörtlichen Puls der Zeit trifft.

5.3. Dirty Harry (1971)

»The Western is a moralistic fable set in the desert, in which a man with a gun solves everybody's problems.«

Richard Slotkin, Historiker und Kulturkritiker.[141]

»The action genre has always had a fascist potential, and it surfaces in this movie.«

Pauline Kael, Filmkritikerin.[142]

»The movie's moral position is fascist. No doubt about it.«

Roger Ebert, Filmkritiker.[143]

»The people who call it a fascist film don't know what they're talking about. (...) We, as Americans, went to Nuremberg and convicted people who committed certain crimes because they didn't adhere to a higher morality; we convicted them on that basis – that they shouldn't have listened to the law of the land or their leaders at that time. They should have listened to the true morality. We sent them to jail on that basis. This is how it is with this man. Somebody told him this is the way it is, too bad, and he said, ›Well, that's wrong. I can't adhere to that.‹ That isn't fascist, that's the opposite of fascism.«

Clint Eastwood über Dirty Harry.[144]

Mit diesen (und vielen anderen) Worten hat Clint Eastwood, zusammen mit Regisseur Don Siegel, die Vigilantismusideologie in DIRTY HARRY verteidigt. Eastwood hat einen nicht unwesentlichen Teil seiner Karriere damit verbracht, die staatliche Exekutive in seinen Filmen in Frage zu stellen. Schon drei Jahre vor DIRTY HARRY, der eine breite gesellschaftliche Debatte in den USA auslöste, haderten in COOGAN'S BLUFF (COOGANS GROSSER BLUFF, Don Siegel, 1968) und HANG 'EM HIGH

[141] In einer Vorlesung zum Clint Eastwood-Western HIGH PLAINS DRIFTER.

[142] Kael, Pauline: 5001 Nights at the Movies. Henry Holt and Company. 1991. Seite 191.

[143] Ebert, Roger: DIRTY HARRY (Rezension vom 1.1.1971, http://www.rogerebert.com/reviews/dirty-harry-1971, zuletzt abgerufen am 27.12.2014)

[144] Kapsis, Robert E./Coblentz, Kathie (Hrsg.): Clint Eastwood Interviews. University Press of Mississippi. 1999. Seite 30.

(HÄNGT IHN HÖHER, Ted Post, 1968) die beiden von ihm dargestellten Hauptfiguren mit den Gesetzesbeamten und deren *Modi Operandi.*

In COOGAN'S BLUFF spielt Eastwood einen Polizisten aus Arizona, der wortwörtlich aus dem wilden Westen kommt und auch dessen Ideologie mitnimmt, als er im bürokratisch regierten und verdorbenen New York einen entflohenen Sträfling fangen will. Der Anti-Todesstrafen-Western HANG 'EM HIGH geht auf den typischen Westernkonflikt zwischen gesetzlichem (Privat)recht und Naturrecht, das sich in Privatjustiz ausdrückt, ein.[145] Der ehemalige Gesetzeshüter Jed Cooper wäre beinahe zu einem Vigilanten geworden, der sich mit Selbstjustiz Recht verschafft. Als er irrtümlich für Viehdiebstahl von einer *posse* an einem Baum aufgehängt wird und überlebt, will er sich an den lynchenden Männern rächen. Der Richter Adam Fenton warnt ihn davor, dies zu tun, und bietet Cooper stattdessen einen Posten als Marshal an, womit dieser auf rechtmäßigem Weg gegen die Männer vorgehen kann. Fortan schreitet Cooper rigoros gegen Lynchjustiz ein. Der Film erwähnt ein Problem, auf das ich im historischen Teil bereits eingegangen bin: Die Gesetzesvollzugsmacht konnte in der Pionierzeit nicht immer mit der Besiedelung Schritt halten. Der Richter zeichnet ein gefährliches Bild für Marshals in seinem Gebiet:

> Judge Adam Fenton: »Nineteen marshals and one court to commandeer 70,000 square miles. A happy hunting ground filled with bushwackers, horse thieves, whiskey peddlers, counterfeiters, hide peelers, marauders... they'd kill you for a hat band.«

Cooper hat später im Film kein Verständnis mehr für die Vorgehensweise des Richters, der die Todesstrafe scheinbar deshalb so oft einsetzt, um den Schein von Recht und Ordnung für die Bevölkerung aufrecht zu erhalten.

> Jed Cooper: »Well, I don't care how you slice it. Whether it's nine men out on a plain with a dirty rope or a judge with his robes on in front of the American flag – those boys are gonna be just as dead as if they'd been lynched.«
> Judge Adam Fenton: »That's right, Cooper, just as dead. But they won't have been lynched. They'll have been judged. And if you can't

[145] Smith, Paul: Clint Eastwood. A Cultural Production. University of Minnesota Press. 1996. Seite 92f.

> see the difference, you'd better take off that star, and right now!«

Cooper ist am Ergebnis interessiert und kümmert sich wenig um die Mittel oder deren Legitimität. Dasselbe gilt für Detective Harry Callahan, der sich in DIRTY HARRY noch weniger als Jed Cooper mit dem geltenden Recht arrangieren kann.

Die Bürgerrechtsbewegung in den 1960ern brachte umstrittene Fälle wie *Miranda* (*Miranda rights* bedeuten vor allem das Recht zu schweigen) und *Escobedo* (Recht auf einen Anwalt) mit sich, die die Rechte von Verdächtigen stärkten.[146] Anfang der 1970er hatte die amerikanische Gesellschaft Angst vor Verbrechen und war besorgt über ein Rechtssystem, dem scheinbar die Rechte von Kriminellen wichtiger sind als die von

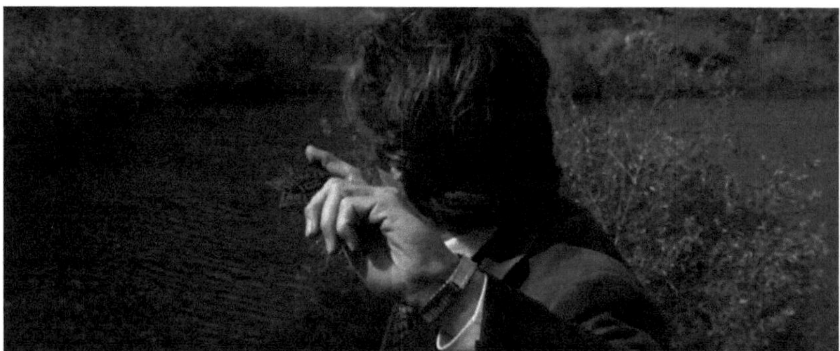

Abb. 7: Enttäuscht vom System wirft DIRTY HARRY Callahan seine Polizeimarke weg.

unschuldigen Bürgern und Polizisten.[147] Nach Vietnam und Watergate herrscht in den USA außerdem eine gewisse zynische und nihilistische Grundstimmung.[148] *Vigilante cop*-Filme, wie der bereits genannte COOGAN'S BLUFF (1968), DIRTY HARRY (1971), THE STONE KILLER (EIN MANN GEHT ÜBER LEICHEN, Michael Winner, 1973) und der im nächsten Unterkapitel behandelte WALKING TALL (1973) reflektieren sowohl den Hardliner-Zugang zu Verbrechen von Präsident Richard Nixon als auch den Vertrauensverlust der Gesellschaft in rechtliche Institutionen nach

[146] Kandela, Kimberlee: Miranda Rights. In: Chambliss, William J. (Hrsg.): Courts, Law and Justice. SAGE Publications, Inc. 2011. Seite 175.

[147] Gates, Philippa: Detecting Men. Masculinity and the Hollywood Detective Film. State University of New York Press. 2006. Seite 128.

[148] Clark, Randall: At a Theater or Drive-In Near You. The History, Culture, and Politics of the American Exploitation Film. Routledge 1995. Seite 102.

dem Watergate-Skandal und etlichen Überschreitungen der Polizei in dieser Zeit[149], wie z.B. bei der bereits erwähnten Kent-State-Schießerei. Sie bieten als filmische Lösung einen toughen, individualistischen, unabhängigen, brutalen weißen Polizisten, der im Krieg gegen das Verbrechen die richtigen Antworten findet.[150] In Filmen wie jenen der DIE HARD (STIRB LANGSAM)- und LETHAL WEAPON-Reihen wird diese Tradition fortgesetzt.[151]

Die Idee, dass Amerikaner einen angeborenen natürlichen Sinn für alttestamentliche Moralität und Gerechtigkeit hätten, wird sowohl im Western als auch im Vigilantenfilm aufgegriffen.[152] Wie der Westernheld und der *hard-boiled detective* vor ihm ist der *vigilante cop* ein einsamer Wolf mit außerordentlichen Fähigkeiten, der mit Gewalt alle Probleme löst und ein starkes Misstrauen gegenüber den Gesetzen der Gesellschaft mitbringt.[153]

Filmkritiker Andrew Sarris nannte DIRTY HARRY »one of the most disturbing manifestations of police paranoia I have seen on the screen in a long time.«[154] Trotz all der Kritik (siehe auch Kapitelanfang) wurde der Film Nr. 5 der erfolgreichsten Filme des Jahres in den USA. Die Handlung: Detective Harry Calahan wird »Dirty Harry« genannt, da er für seine Misanthropie und seine unsauberen Methoden bekannt ist – und dafür, dass er Jobs übernimmt, die sonst niemand machen will. San Francisco wird von einem brutalen Serienkiller heimgesucht, der sich Scorpio nennt und Lösegeldforderungen stellt. Der Bürgermeister und die Polizei fügen sich Scorpio, woraufhin einige Menschen durch ihn sterben. Nachdem er ein Mädchen kidnappt, vergewaltigt und lebendig begräbt, kann Callahan Scorpio fassen. Dieser verlangt nach einem Anwalt, und erst durch Anwendung von Folter erfährt Callahan von ihm den Aufenthaltsort des Mädchens, für die die Hilfe jedoch zu spät kommt. Weil Harry ohne

---

[149] Smith: Clint Eastwood. Seite 91.

[150] Gates: Detecting Men. Seite 126.

[151] Gates, Philippa: Cop Action Films. In: Carroll, Bret E.: American Masculinities. A Historical Encyclopedia. SAGE Publications. 2003. Seite 111.

[152] Tapper, Michael: Swedish Cops. From Sjöwall & Wahlöö to Stieg Larsson. Intellect Ltd. 2014. Seite 29.

[153] Wright, Will: Sixguns & Society. A Structural Study of the Western. University of California Press. 1975. Seite 85-123.

[154] Shadoian, Jack: DIRTY HARRY: A Defense. Western Humanities Review 28, No. 2. 1974. Seite 166.

Durchsuchungsbefehl in Scorpios Zuhause eingedrungen ist und illegal dessen Mordwaffe beschlagnahmt hat, wären die Beweismittel vor Gericht nicht gültig, und Scorpio wird freigelassen. Callahan wird gesagt »It's the law«, worauf dieser empört antwortet: »Well then the law is crazy!« Callahan verfolgt entgegen seinen Befehlen Scorpio weiter. Dieser bezahlt einen Mann, damit er ihn zusammenschlägt, und beschuldigt Callahan für seine Verletzungen. Als Scorpio einen Schulbus voll mit Kindern entführt und erneut eine Lösegeldforderung stellt, die die Verantwortlichen ihm zahlen wollen, hat Callahan genug. Ohne dazu autorisiert worden zu sein, verfolgt er Scorpio und stellt ihn nahe eines Steinbruchs, wo er die berühmte Rede wiederholt, die er bereits am Anfang des Films machte:

> Harry Callahan: »I know what you're thinking, punk. You're thinking ›Did he fire six shots or only five? Now to tell you the truth I forgot myself in all this excitement. But being this is a .44 Magnum, the most powerful handgun in the world, and would blow your head clean off, you gotta ask yourself a question: ›Do I feel lucky?‹ Well, do you, PUNK?!«

Daraufhin greift Scorpio nach seiner Waffe, und Callahan erschießt ihn. Er betrachtet seine Polizeimarke und wirft sie schließlich in das Gewässer, an dem er steht. Callahan kehrt dem System also den Rücken zu, im Gegensatz zu Detective Bannion, der am Ende von THE BIG HEAT wieder dorthin zurückfindet.

Es gab bereits zuvor im Kino Polizisten, die an die Grenzen des Legalen gingen, und manchmal auch überschritten. Der schmierige *Police Captain* Hank Quinlan (Orson Welles) wendet in TOUCH OF EVIL (IM ZEICHEN DES BÖSEN, Orson Welles, 1958) illegale Methoden an und fälscht Beweise. »Dirty« Harry Callahan geht aber darüber hinaus: Er kehrt dem Gesetz den Rücken zu, und wird zum Vigilanten. Das Dreieck, das aus Harry, den Politikern und Scorpio besteht, spiegelt jenes aus dem Western wieder – der Held, die Zivilisierten und der Wilde.[155] Der extreme Deviant Scorpio, mit seinen langen Haaren und einem Peace-Symbol als Gürtelschnalle, erhält keine Hintergrundgeschichte und keine tiefergehende Charakterisierung – er ist schlicht eine unmenschliche, wilde Bestie.[156]

155 Lichtenfeld: Action Speaks Louder. Seite 24.

156 Patterson, Eric: Every Which Way But Lucid: The Critique of Authority in Clint

Diese Taktik wird auch in etlichen späteren Filmen angewendet, unter anderem in den Vigilantgeschichten in COBRA (DIE CITY COBRA, George P. Cosmatos, 1986), OUT FOR JUSTICE (DEADLY REVENGE – DAS BROOKLYN MASSAKER, John Flynn, 1991) und THE DARK KNIGHT (Christopher Nolan, 2008), drei Filme, die in diesem Buch noch behandelt werden. Scorpio stellt in dem Film ebenso einen Antagonisten dar wie die liberalen Bürokraten. DIRTY HARRY klagt eine Justiz an, die sich mehr um die Täter als um die Opfer kümmert. Weder die Polizei, der Bürgermeister noch der Staatsanwalt können Scorpio etwas entgegensetzen. Es braucht den heroischen Einsatz eines Vigilanten, mit dessen eigener Moral, eigenen Werten und Methoden, um ihn zu stoppen. DIRTY HARRY reiht sich damit in eine lange Hollywoodtradition ein, in der das natürliche Recht des Helden, dessen Privatjustiz effektiver und moralischer als die der offiziellen Institutionen ist, in Opposition zu geltendem Recht steht.[157] Zu sagen, DIRTY HARRY propagiere eine *law and order*-Mentalität, greift zu kurz, da Callahan Gesetze zuerst missachtet und dann auch bricht, um Gerechtigkeit und Ordnung wieder herzustellen. Die Ideologie des Films ist eine rechte, die *order* vor *law* bevorzugt – also Ordnung vor dem Gesetz, so wie viele Amerikaner das auch tun, wie wir aus der Geschichte immer wieder erfahren.

Im selben Jahr wie DIRTY HARRY erscheint auch William Friedkins THE FRENCH CONNECTION, der auch manchmal zu den Vigilantenfilmen der 1970er gezählt wird. Das ist meiner Meinung nach aber nicht richtig, da der betreffende Polizist des Films »Popeye« Doyle (Gene Hackman) zwar über die Stränge schlägt, aber nie wirklich zu einem Vigilanten wird. Im Gegensatz dazu hat Doyle in FRENCH CONNECTION II (John Frankenheimer, 1975) als New Yorker Polizist in Marseilles keinerlei polizeilichen Rechte, setzt bei seiner Jagd nach dem ihm entwischten Drogenhändler aber trotzdem Handlungen, die selbst in seinem Zuständigkeitsbereich als Überschreitungen und Selbstjustizhandlungen gewertet werden müssten.

Eastwood's Police Movies. In: Journal of Popular Film and Television, Fall 1982. Seite 96.

[157] Smith: Clint Eastwood. Seite 93.

Eastwoods nächster Film nach DIRTY HARRY ist wieder ein Western. Im Finale von JOE KIDD (SINOLA, John Sturges, 1972) hat sich der von ihm dargestellte Titelheld im Gerichtssaal versteckt, und erschießt in einer bedeutungsschwangeren Szene in einem Richterstuhl sitzend den Bösewicht des Films, ohne dass dieser ihn vorher bedroht hätte. Den unfähigen Sheriff, der keine Hilfe war, schlägt Joe zu Boden. Wie so oft stellt eine von Eastwood gespielte Hauptfigur auf eigene Faust Gerechtigkeit in seinem Sinne wieder her.

Im Jahr darauf erscheint MAGNUM FORCE (DIRTY HARRY II – CALAHAN, Ted Post, 1973), die erste von vier Fortsetzungen zu DIRTY HARRY. Inspector Callahan ist zurück im Morddezernat und tritt gegen eine Splittergruppe von Vigilanten innerhalb der eigenen Polizeidirektion an. Gleich zu Beginn des Films macht ein frustrierter Bürger in einem Interview seinem Ärger über einen freigelassenen Mafioso Luft: »Fuck the courts, that's what I think. They've already wasted too much time worrying about the rights of killers.« Wieder einmal hat ein Mangel an zulässigen Beweismittel zur Freilassung geführt. Ein anderer Gangster wurde 23 Mal wegen Mordes angeklagt und nie verurteilt. Eine Gruppe von jungen Polizisten hat sich zusammengetan, um dem versagenden System nachzuhelfen: »We're simply ridding society of killers that would be caught and sentenced anyway, if our courts worked properly.« Der nur scheinbar liberal gesinnte Vorgesetzte Callahans entpuppt sich als Mitglied der Gruppe und erklärt ihre Ziele:

> Lieutenant Briggs: »A hundred years ago in this city people did the same thing. History justified the vigilantes, we're no different. Evil for evil, Harry. Retribution.«
> Harry Callahan: »That's just fine. But how does murder fit in? You know, when police start becoming their own executioners, where's it gonna end?«
> (...)
> Harry Callahan: »Briggs, I hate the goddamn system. But until somebody comes along with some changes that make sense, I'll stick with it.«

An dieser Stelle nimmt der Film explizit Bezug auf die historischen Vigilanten, die in San Francisco agierten, und auch in historischen Kapitel dieses Buches erwähnt wurden. MAGNUM FORCE macht klar: Callahan ist Systemkritiker, kein Systemgegner. Er ist in dem Film mehr ein »*loose cannon«*-Cop[158] als ein echter Vigilant – er kämpft sogar gegen Vigilanten. Die Idee einer kleinen Geheimgesellschaft von Polizisten, die als Vigilanten auftreten, wurde im TV-Film GANG IN BLUE (KILLER COPS – MÖRDER IN UNIFORM, Mario Van Peebles und Melvin Van Peebles, 1996) aufgegriffen, in dem Neonazi-Cops gegen Schwarze vorgehen. Auch wenn der zweite Teil der DIRTY HARRY-Reihe als Antwort auf die Kritik am Erstlingswerk verstanden werden kann, bleibt Callahan der Vigilantideologie treu. In THE ENFORCER (DIRTY HARRY III – DER UNERBITTLICHE, James Fargo, 1976) agiert er wieder ohne Polizeimarke, und in SUDDEN IMPACT (DIRTY HARRY KOMMT ZURÜCK, Clint Eastwood, 1983) deckt Callahan die Morde eines Vergewaltigungsopfers, um der wahren Gerechtigkeit einen Dienst zu erweisen. Die Frau sagt: »Everybody wants results, but nobody wants to do what they have to do to get them done.« Beinahe derselbe Satz findet sich in der ersten Folge der zweiten Staffel der Serie »*24*«, in der Kiefer Sutherland als Jack Bauer auch immer wieder einen Vigilanten mimt:

> George Mason: »Are you out of your mind?«
> Jack: »You want to find this bomb? This is what it's gonna take.«
> George: »Killing a witness?«
> Jack: »That's the problem with people like you, George. You want results, but you never want to get your hands dirty.«[159]

Die Dirty-Harry-Figur hat einen bleibenden Eindruck hinterlassen. Ronald Reagan benutzte den ikonischen Spruch »Go ahead, make my day« in einer Rede, und die *Castle doctrine*, mit der sich Amerikaner in vielen Bundesstaaten gewaltsam oder sogar mit einer gerechtfertigten Tötung gegen einen Eindringling wehren dürfen, ist auch als »Make my day law« bekannt. Das berühmte Zitat kommt erstmals in einer frühen Szene in SUDDEN IMPACT vor: Callahan sagt diesen Satz mit gezogener Waffe in einem Cafe zu einem Räuber, dessen drei Kollegen er gerade erschossen hat, womit er ihm klar macht, was ihm blüht, wenn er die Geisel, die er festhält, zu Schaden kommen lässt – und welche Freude es

---

158 urbandictionary.com liefert eine gute Definition von »loose cannon«: »A wild one. Someone who does not conform to the rest of society. A maverick. A guy who plays by his own rules and to hell with the consequences. Shows you what he can do.« DIRTY HARRY war verantwortlich für etliche *loose cannon*-Cops, und die Figur wurde zu einem Klischee, das aber auch in den 1980ern und bis in die 1990er Jahre beliebt war. (LETHAL WEAPON-Reihe, BEVERLY HILLS COP-Reihe, etc.) (http://www.urbandictionary.com/define.php?term=loose+cannon, zuletzt aufgerufen am 25.12. 2014)

159 *Day 2: 9:00 a.m. – 10:00 a.m.* aus der Serie *24*. (Erstausstrahlung: 5.11.2002)

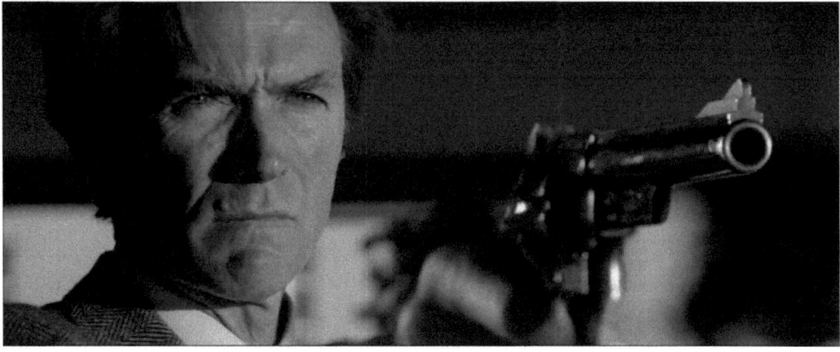

Abb. 8: Go ahead... make his day. (SUDDEN IMPACT)

ihm bereiten würde, wenn der Räuber ihm einen Anlass gäbe, seine Smith & Wesson auch bei ihm benutzen zu dürfen.

Im selben Jahr, in dem die erste DIRTY HARRY-Fortsetzung erscheint, wird die amerikanische Filmgeschichte mit Buford Pusser um einen weitern *vigilante cop* reicher, dessen Abenteuer sich ebenfalls in eine Filmfranchise verwandelt.

5.4. WALKING TALL (1973)

In WALKING TALL sehen wir, dass nicht nur Amerikas Großstädte die reinigende Gewalt eines Vigilanten brauchen, sondern auch ländliche Gegenden. Aber wie bereits in der Einleitung des Kapitels erwähnt, kommen die korrumpierenden Elemente in WALKING TALL aus der Stadt: Eine große kriminelle Vereinigung hat die vormals friedliche Südstaaten-Community, in die der Ex-Wrestler Buford Pusser mit seiner Frau und seinem Sohn zurückkehrt, in einen Sündenpfuhl voller Prostitution, Glückspiel und illegal gebranntem Moonshine-Schnaps verwandelt. Zudem grassiert Korruption, die bis in hohe Ämter und die Hauptstadt reicht. Als sich ein Freund von Buford von ihm Geld leiht und im Casino betrogen wird, protestiert Buford und will das Geld zurück. Nach einem Faustkampf wird er am Oberkörper mehrere Male aufgeschlitzt und blutend am Straßenrand liegen gelassen. Der Sheriff ist korrupt und will nichts gegen die Casinobetreiber unternehmen. Buford kehrt in das Casino zurück, schlägt mehrere Männer brutal zusammen und holt sich sein Geld zurück. Er wird angezeigt, aber als er der Jury die vielen Narben zeigt, die über seinem gesamten Oberkörper verteilt sind, wird er wieder freigesprochen. Bufords Rache ist erfolgreich, und Gerechtigkeit ist in seinem Falle wieder hergestellt. Aber ein klassischer Vigilant hört an diesem Punkt nicht auf. Buford kandidiert als Sheriff, um seine direkte und brutale Art mit offizieller Legitimierung weiter zu betreiben und seine Stadt von den kriminellen und korrumpierenden Elementen befreien zu können. Während des Wahlkampfes versucht der amtierende Sheriff, ihn von der Straße zu drängen und kommt dabei selbst um. Buford gewinnt die Wahl, und ab dem Zeitpunkt beginnt ein immer weiter eskalierender Kampf gegen die mächtige State Line Gang. Er trägt oft einen riesigen hölzernen Knüppel mit sich, eine Tatsache, die zu seinem ikonischen Status beigetragen hat.

»Walk softly, and carry a big stick« meint Buford, ein Sprichwort, das durch Theodore Roosevelt – einem Freund der Vigilantideologie – popularisiert wurde (»speak softly, and carry a big stick.«), der damit die Philosophie seiner Außenpolitik als amerikanischer Präsident verdeutlichen wollte. »Nothing wrong with guns... in the right hands« sagt Buford zu seiner besorgten Frau, ein Satz, der einem in DIRTY HARRY ähnlich ist und natürlich vom Titelhelden geäußert wird: »Nothing wrong with shooting, as long as the right people get shot.« Dem Helden stehen wie auch in DIRTY HARRY Bürokraten und die »technicalities« der Gesetze im Weg. Als Buford ein Schlag gegen die Gang gelungen ist, befiehlt der Richter, dass die mehrfachen Mörder wieder freigelassen werden, da er

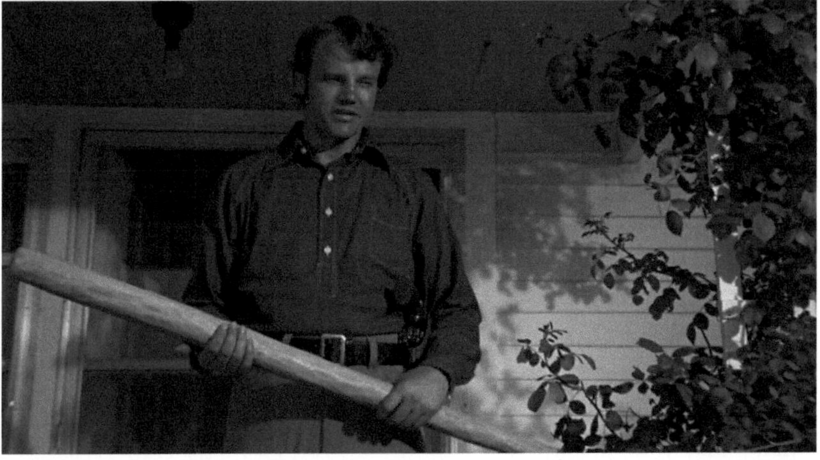

Abb. 9: Schlagende Argumente gegen Verbrechen und Korruption: WALKING TALL.

ohne Durchsuchungsbefehl gehandelt und sie nicht über ihre Rechte informiert hat. Der Richter kann mit Bufords direkter Form von »popular justice« nichts anfangen und lässt ihn wissen: »There's more to upholding the law than swinging a big stick and kicking down doors.« Mehrere Attentate auf Bufords Leben sind erfolglos, aber beim letzten wird seine Frau getötet. Nun will der Gouverneur die Vorkommnisse in der Stadt untersuchen lassen. Buford seinerseits rächt sich wieder und tötet zwei der Verantwortlichen des Attentats. Daraufhin stürmen einige Bewohner das Casino, das als Hauptquartier der Kriminellen diente, tragen die Einrichtung auf die Straße und zünden sie an, was Buford zu Tränen rührt. Seine Rache ist jedoch nicht komplett erfüllt und die Verbrecherbande existiert noch, ein Missstand, der schließlich in PART 2: WALKING TALL – THE LEGEND OF BUFORD PUSSER (DER GROSSE AUS DEM DUNKELN TEIL 2 – ALLEIN GEGEN KORRUPTION, Earl Bellamy, 1975) und FINAL CHAPTER: WALKING TALL (DER GROSSE AUS DEM DUNKELN, TEIL 3 – DAS LETZTE KAPITEL, Jack Starrett, 1977) behoben wird. Im letztgenannten Film findet sich auch das bereits bekannte Motiv einer Justiz, die Verbrecher gegenüber Opfer bevorzugt. Buford beklagt sich, dass der letzte überlebende Attentäter seiner Frau nicht zur Rechenschaft gezogen wird. Sein Freund, ein Anwalt, sagt ihm: »That's just the way the law reads these days«, worauf Buford antwortet: »That might be. But there's something wrong with a law that protects the guilty and don't care about the innocent. Just ain't right.« Zusätzlich zu den beiden Fortsetzungen wurde der Stoff in einem TV-Film verarbeitet sowie in einer kurzlebigen TV-Serie. 2004 gab es gab ein Remake, auf das wiederum zwei *direct to video*-Fortsetzungen (beide 2007) folgten. WALKING TALL genießt heute noch Kultstatus in den USA, und außerdem wurde die Handlung des Films für den Martial-Arts-Film CHINA O'BRIEN (Robert Clouse, 1990) mit B-Actionheldin Cynthia Rothrock fast 1:1 übernommen.

Die WALKING-TALL-Filme sind Hollywood-Versionen der realen Ereignisse rund um Sheriff Buford Pusser, ein Südstaatensheriff, der sich durch seine exzessive Gewaltanwendung sowie durch seinen Kampf gegen den damals wirklich existierenden State Line Mob einen Namen gemacht hat und zu einer Südstaatenlegende wurde. Sein Haus wurde in ein ihm gewidmetes Museum umfunktioniert, und jedes Jahr findet in seiner ehemaligen Heimatstadt das »Buford Pusser Festival« statt. Dass *real life*-Vigilantpersona wie Buford Pusser und der *subway vigilante* Bernhard Goetz zu (freilich nicht unumstrittenen) Volkshelden mutierten konnten, zeigt, wie dominant und populär die Tradition des Vigilanten in den USA ist. Sowohl fiktive wie auch reale Personen werden zu Helden, obwohl – aber auch gerade weil – sie sich gegen das herrschende Gesetz und gegen staatliche Autorität stellen.

Regisseur Phil Karlson hatte mit THE PHENIX CITY STORY (EINE STADT GEHT DURCH DIE HÖLLE, 1955) bereits ca. 18 Jahre zuvor einen thematisch sehr ähnlichen Film inszeniert, der auch auf wahren Begebenheiten basiert. Darin leidet ebenfalls eine Kleinstadt in den Südstaaten unter einer brutalen Gruppe von Kriminellen, die vor allem durch Glückspiel, Prostitution und Korruption in Erscheinung treten und auch vor Gewalt gegenüber Frauen und Kindern nicht zurückschrecken. Wir erfahren, dass Vigilanten bereits zuvor daran gescheitert sind, der Bande das Handwerk zu legen, trotzdem werden die rufe nach *mob justice* wieder lauter. Weder eine Gerichtsverhandlung noch der neu gewählte *Attorney General* bringen Ergebnisse: Die Geschworenen sind eingeschüchtert, und der *Attorney General*[160] wird umgebracht. Der Protagonist ist im Finale des Films kurz davor, den Boss der Bande eigenhändig umzubringen, wird jedoch von einem Freund daran erinnert, dass diejenigen, die das Gesetz in die eigene Hand nehmen, ihre Feinde sind. Er ruft daraufhin im Staatskapitol an und sorgt dafür, dass das Militär einschreitet. Somit ist der Konflikt, nicht überraschend für einen Film aus dieser Zeit, auf legalem Wege gelöst.

WALKING TALL war an den Kinokassen sehr erfolgreich[161], und Buford Pusser erhielt Legendenstatus als Sheriff, der mit den Gangstern der Großstadt kurzen Prozess machte. 1973 sichert sich Tom Laughlin, Regisseur und Hauptdarsteller von BILLY JACK, unzufrieden mit dem Marketing des Filmstudios Warner Brothers für sein Magnum Opus, die Rechte an seinem Film, und veröffentlicht ihn im Alleingang ein zweites

[160] Der oberste (General-)Staatsanwalt eines Bundesstaates, der aber auch Aufgaben und Kompetenzen eines Justizministers hat.

[161] http://www.imdb.com/title/tt0070895/business (zuletzt aufgerufen am 27.12.2014) und http://www.worldwideboxoffice.com/movie.cgi?title=Walking%20Tall&year=1973 (zuletzt aufgerufen am 27.12.2014)

Mal, woraufhin er ebenfalls zu einem riesigen Kassenerfolg wird. Aber im Jahr darauf erscheint ein Film, der noch berüchtigter und beliebter wurde, und der wie zuvor DIRTY HARRY eine gesellschaftliche Debatte auslöste. Und der vor allem dafür sorgte, dass sich die Figur des *urban vigilante* neben anderen Actionikonen des amerikanischen Films, wie dem Cowboy und dem *hard boiled detective*, in der Kinogeschichte einreihte.

5.5. DEATH WISH (1974)

Lieutenant Frank Ochoa: »We want you to get out of New York. Permanently.«
Paul Kersey: »Inspector... By sundown?«

»The Western cowboy hasn't disappeared: he's moved from the mythological purity of the wide-open spaces into the corrupt modern cities and towns.«[162]

Pauline Kael, Filmkritikerin

Im Juli 1974 startet ein Film in den amerikanischen Kinos, in dem sich die von Charles Bronson verkörperte Hauptfigur, verärgert über eine unfähige Polizei, auf eigene Faust um die Gangster kümmern muss, die ihn umbringen wollen. Doch die Rolle des unerschütterlichen Melonenfarmers MR. MAJESTYK (DAS GESETZ BIN ICH, Richard Fleischer, 1974), der ins Visier eines Auftragskillers gerät, war nicht die Rolle, die Bronson zum Durchbruch verhalf. Nur eine Woche später erscheint ein Film, in dem er eine noch eindeutigere und sehr kontroverse Vigilanten-Rolle übernimmt: DEATH WISH. Der 52-jährige Bronson, der bis dato vor allem in Europa beliebt war, wurde damit auch in den USA zu einem Filmstar.

Der Regisseur Michael Winner war ein konservativer Brite, der drei Jahre zuvor den Western LAWMAN (1971) inszeniert hatte. Darin ist der von Burt Lancaster gespielte *Marshal* so etwas wie ein Vigilant mit einer Dienstmarke, der durch seine rigorose Bestrafung Krimineller im Laufe des Films mehrere Existenzen beendet und zerstört. Während LAWMAN eine Charakterstudie eines Mannes ist, dessen blinde *law and order*-Mentalität einen destruktiven Effekt auf die Gesellschaft hat, argumentiert DEATH WISH in die entgegengesetzte Richtung.

[162] Kael, Pauline: The Street Western. In: The New Yorker, 25.2.1974, Seite 100.

Paul Kersey (Bronson) ist ein wohlhabender Architekt in New York City. Zu Beginn des Films wird er von einem Arbeitskollegen mit den bedrohlichen Verbrechensstatistiken der Stadt konfrontiert.

> Sam: »You know, decent people are going to have to work here and live somewhere else.«
> Paul Kersey: »By ›decent people‹ you mean people who can afford to live somewhere else.«
> Sam: »Oh Christ, you are such a bleeding-heart liberal, Paul.«
> Paul Kersey: »My heart bleeds a little for the underprivileged, yes.«
> Sam: »The underprivileged are beating our goddamned brains out. You know what I say? Stick them in concentration camps, that's what I say. «

Nach einem Einkauf dringen Jugendliche in Kerseys Apartment ein, töten in einer äußerst brutalen und verstörenden Szene seine Frau (»Goddamn rich cunt! I kill rich cunts!«) und vergewaltigen seine Tochter. Von der Polizei erfährt Kersey, dass die Täter wahrscheinlich nicht gefasst werden. »In the city, that's the way it is.« Seine Tochter ist schwer traumatisiert und zieht sich mental zurück. Kersey bekommt einen Auftrag in Arizona, und sein Klient lädt ihn zu einer Westernshow ein, wo Kersey an die »alten Tugenden« Amerikas erinnert wird. Langsam bröckelt die liberale Gesinnung Kerseys, der im Koreakrieg als Kriegsdienstverweigerer im Sanitätsdienst war, was auch in dem Dialog mit seinem Schwiegersohn deutlich wird:

> Paul Kersey: »Nothing to do but cut and run, huh?«
> Jack Toby: »What else?«
> Paul Kersey: »What about the old American social custom of self-defense? If the police don't defend us, maybe we ought to do it ourselves.«
> Jack Toby: »We're not pioneers anymore, Dad.«
> Paul Kersey: »What are we, Jack?«
> Jack Toby: »What do you mean?«
> Paul Kersey: »I mean, if we're not pioneers, what have we become? What do you call people who, when they're faced with a condition or fear, do nothing about it, they just run and hide?«
> Jack Toby: »Civilized?«
> Paul Kersey: »No.«

Kersey beginnt, nachts bewaffnet auf die Straßen zu gehen, zuerst nur mit einer mit Münzen gefüllten Socke, danach mit einem Geschenk seines

Klienten – einer Pistole. Kersey hat sie aber nicht nur zur Verteidigung mit, sondern geht systematisch gegen die Verbrecher vor, um dann sofort wieder in der Anonymität der Großstadt zu verschwinden.

Er provoziert seine Tötungen und lockt die Räuber sogar an. In einer Bar hantiert er absichtlich mit Geldscheinen und in einer anderen Szene trägt er eine Einkaufstüte, was in einer Zeit, in der Kreditkarten noch nicht so verbreitet sind, suggeriert, dass er Geld bei sich hat. Der Vigilant

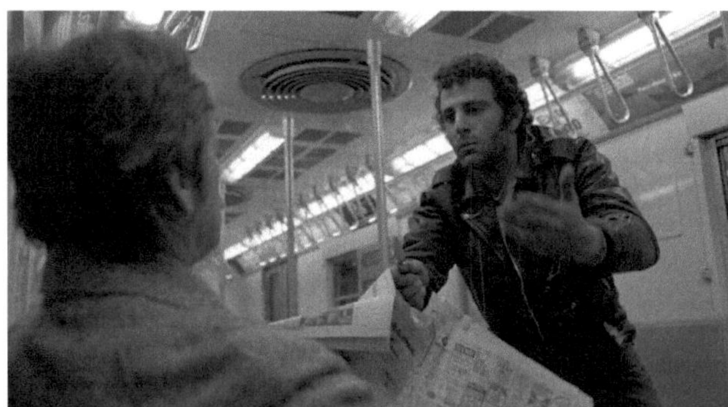

Abb. 10: Kersey wird in der U-Bahn von zwei Räubern bedroht. Aber statt Geld...

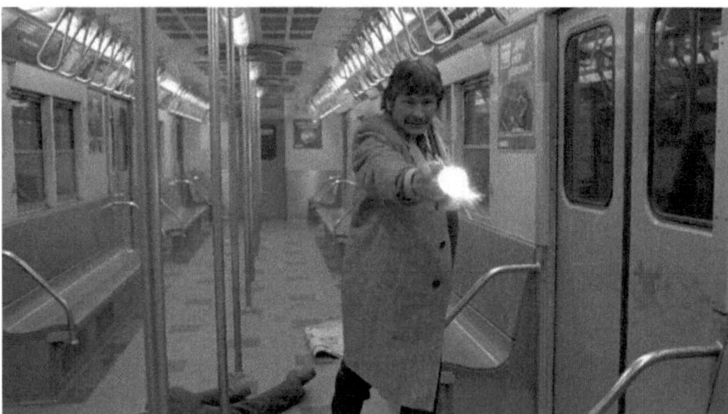

Abb. 11: ...gibt es Kugeln für die beiden. Und jeder Schuss...

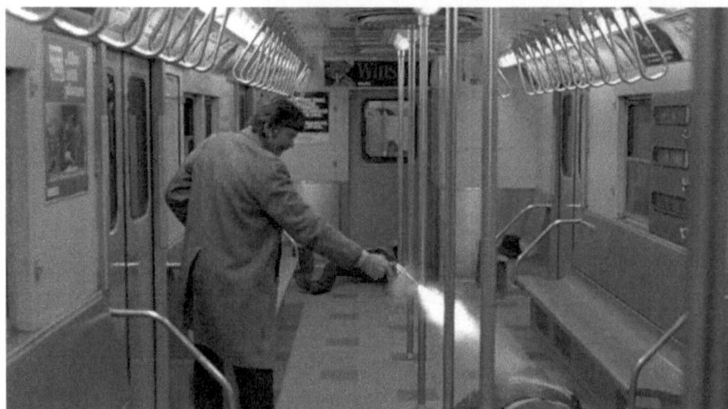

Abb. 12: ... ist ein Treffer.

von New York wird zu einer Mediensensation, und es kommt zu etlichen Sympathiebekundungen der Bevölkerung. Die Anzahl der Verbrechen geht deutlich zurück, und einige Bürger schlagen inspiriert durch Kersey gegen ihre Angreifer auf der Straße zurück. Um sich in der Öffentlichkeit nicht weiter zu blamieren, sucht die Polizei intensiv nach dem unbekannten Vigilanten. Der kränkelnde und degeneriert erscheinende Lieutenant Frank Ochoa, der die Polizei nach außen vertritt, sympathisiert mit Kersey, aber er handelt nach Anweisungen von oben, als er ihn am Ende des Films deckt, ihn laufen lässt und ihm sagt, er solle sich in eine andere Stadt versetzen lassen. Damit erreicht die Polizei zweierlei: Einerseits haben sie Kersey zu keinem Märtyrer gemacht, und die Verbrecher bleiben in dem Glauben, dass der Vigilant von New York noch immer auf den Straßen ist.

Der Film behandelt typische amerikanisch-konservative Themen, wie das Misstrauen gegenüber dem Staat und dessen Institutionen, starker Individualismus, der Fokus auf die Rechte der Opfer von Verbrechen, eine Befürwortung der Todesstrafe und das Recht auf Waffenbesitz.[163] Die Handlung in DEATH WISH steht fest in der amerikanischen Tradition des Mythos der Regeneration durch Gewalt, die Richard Slotkin beschrieben hat. In den Westerngeschichten, die sich gerne bei diesem Mythos bedienten, wurde Gewalt gegen die fremden Indianer, die eine Bedrohung für die Zivilisation darstellten, als nützlicher Weg dargestellt, um die Wildnis von den *savages* zu reinigen und den Glauben der *community* wiederherzustellen.[164] Die Westernanalogien findet sich auch in den Dialogen wieder: Zusätzlich zu »by sundown?« sagt Kersey in einer Szene zu einem Straßenräuber: »Fill your hand… draw.« Im Wilden Westen, als die Zivilisation noch im Entstehen war, brauchte es – in der realen Geschichte Amerikas und auch in Filmen, die in dieser Epoche spielen – Vigilanten, die gegen die Gesetzlosigkeit vorgingen. In der modernen Großstadt, so scheint Argument zu lauten, beginnt dieser mühsam erkämpfte Zivilisationsstandard wieder zu bröckeln, was die Vigilanten erneut auf den Plan ruft. Dieses Argument kann man in ähnlicher Form

[163] Stringer, Rebecca: From Victim to Vigilante. Gender, Violence and Revenge in THE BRAVE ONE (2007) and HARD CANDY (2005). In: Radner, Hilary/Stringer, Rebecca (Hrsg.): Feminism at the Movies. Understanding Gender in Contemporary Popular Cinema. Routledge. 2011. Seite 270f.

[164] Lawrence und Jewett: The Myth of the American Superhero. Seite 112.

bereits in den Vigilantenfilmen der 1930er sehen, wobei in diesen Geschichten anstatt Privatpersonen die Polizei und das FBI viel härterer durchgreifen.

Für United Artists war der Stoff zu politisch unkorrekt.[165] Michael Winner erinnert sich in einem Interview an die Vorproduktionsphase des Films: »[United Artists] said ›You cannot have a film where a citizen shoots other citizens and is a hero.‹ I said ›Well, it happens in Westerns all the time.‹ They said ›Yes, but it will be utterly unacceptable in a modern film.‹ All the majors[166] said the same thing: ›It's uncastable and you can't possibly make a film where a citizen kills citizens.‹ Of course, the minute that film was made, every single revenge film since has been a copy of it!«[167] Sämtliche Stars lehnten die Hauptrolle in DEATH WISH ab, darunter auch der liberal eingestellte Henry Fonda, der das Projekt als »repulsive« (dt.: abstoßend) bezeichnete. Die Vorstellung, dass der Hauptdarsteller von THE OX-BOW INCIDENT Paul Kersey spielt, ist auch etwas bizarr. Bronson dagegen war enthusiastischer als seine Kollegen. Winner erinnert sich in einem Interview an einen Dialog mit ihm: Bronson: »I'd like to do that.« M. Winner: »The film?« C. Bronson: »No, shoot muggers.«[168]

Im Drehbuch sind mehrere der *muggers* ausdrücklich als Schwarze angegeben, aber ein Manager von Paramount drängte, aus Angst der Film würde rassistisch genannt werden, Winner dazu, die Anzahl von schwarzen Verbrechern zu begrenzen.[169] 1985 schreibt Roger Ebert in einer Rezension zu DEATH WISH 3: »One of the hypocrisies practiced by the Death Wish movies is that they ignore racial tension in big cities. In their horrible new world, all of the gangs are integrated, so that the movies can't be called racist. I guess it's supposed to be heartwarming to see whites, blacks and Latinos working side by side to rape, pillage and murder.«[170]

[165] Talbot, Paul: Bronson's Loose! The Making of the DEATH WISH Films. iUniverse, Inc. 2006. Seite 6.

[166] Gemeint sind die *major studios*, die in Hollywood für den Großteil der Filmproduktionen verantwortlich waren und sind.

[167] Talbot: Bronson's Loose! Seite 4.

[168] Ebd., Seite 4 und 5.

[169] Ebd., Seite 13.

[170] Ebert, Roger: DEATH WISH 3. (Rezension vom 5.1.1985, http://www.rogerebert.com/reviews/death-wish-3-1985, zuletzt aufgerufen am 27.12.2014)

In Texten zu DEATH WISH liest man entweder darüber, dass Kersey das Töten der Räuber Spaß macht, oder dass er seine Aufgabe als *urban cleanser* mit Coolness begegnet und diese ihm kein Vergnügen bereitet – eine Divergenz, die auf das stoische Schauspiel Bronsons zurückzuführen ist. In der letzten Szene des Films kommt Kersey in Chicago an, wo am Bahnhof eine Gruppe von jungen Männern im Vorbeigehen eine adrette junge Frau belästigt. Er hilft der Dame ihre Taschen aufzuheben, sieht den Männern nach, zeigt mit seinem Zeigefinger wie mit einer Pistole auf sie und grinst.

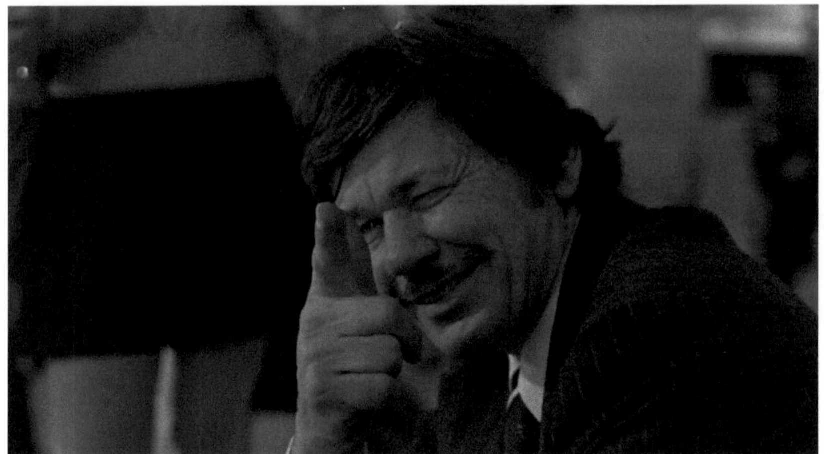

Abb. 13: DEATH WISH: Fingerszene #1.

Diese Szene fanden sowohl Bronson als auch der Drehbuchschreiber amoralisch, und Regisseur Winner musste Bronson überzeugen, die Szene zu drehen: »That's what the movies's about! You're enjoying doing away with thoroughly evil people!«[171] Der Film, der offensichtlich etwas über reale Umstände und Ängste in amerikanischen Großstädten aussagte, wurde zu einem Phänomen. Auch von vielen Kritikern wurde der Film – im Gegensatz zu DIRTY HARRY – wohlwollend aufgenommen, und die Produktionsfirma Paramount bemühte sich (erfolglos) um eine Oscarnominierung für den Film.[172]

Das Publikum, für das DEATH WISH ein kathartisches Erlebnis gewesen sein muss, applaudierte und jubelte während Vorführungen.[173] Vor allem

[171] Talbot: Bronson's Loose! Seite 16.

[172] Ebd., Seite 27.

in New York wurde der Film zu einem riesigen Erfolg, was die *New York Times* dazu brachte, den Leitartikel *What Do They See in DEATH WISH?* zu schreiben. Dass Hollywood mit realen Ängsten des Publikums spielt, diese bedient und in dramatische Handlungen einwebt, dürfte für die meisten Beobachter ein offenes Geheimnis sein. Ohne zu sehr ins Psychologische vordringen zu wollen, kann man in DEATH WISH sehr einfach diverse Ängste ausmachen, die die Filmschaffenden – manche davon vielleicht unterbewusst – bedienen. Angst vor der Jugend, vor Minderheiten, vor Kriminalität und vor einer aufbegehrenden Unterschicht, die die soziale Ordnung zerstört.

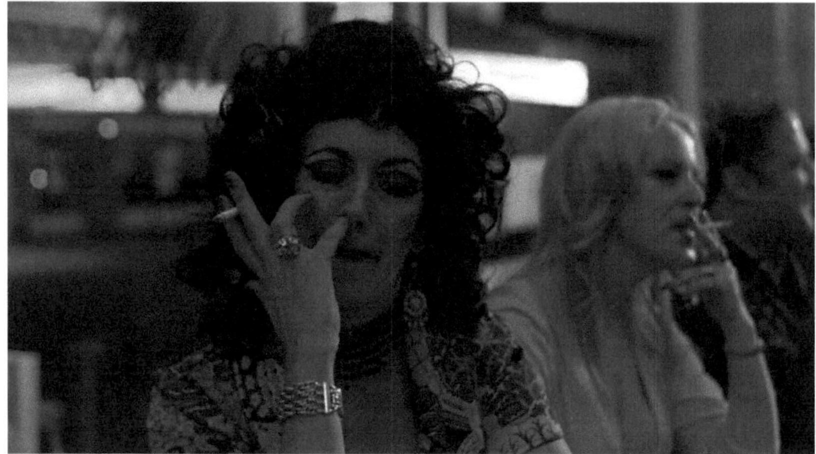

Abb. 14: DEATH WISH: Fingerszene #2.

Michael Winner kontrastiert in DEATH WISH nahezu paradiesisches Land (Hawaii und Arizona) mit der Großstadt New York City, die er als eine Art dreckigen Dschungel darstellt. In einer Szene bohrt eine Frau – scheinbar eine Prostituierte – mit dem Finger in ihrer Nase, was die Frage aufwirft, warum der Regisseur in einem Film, der sich der klassischen Hollywood-Ökonomie[174] bedient, dem eine ganze Einstellung widmet.

Die Antwort ist die, dass Winner neben dem Stadt/Land-Kontrast einen zweiten im Film etabliert: Den im Vigilantnarrativ und vor allem im

[173] Ebd., Seite 18, 21, 22, 23, 24, 25.

[174] Im »klassischen« Hollywood-Kino – das bis heute anhält – hat jede Szene und jede Einstellung einen »Sinn«. Es gibt es im Idealfall keine Szene, die nicht die Narration vorantreibt und/oder etwas über eine der Hauptfiguren aussagt. Das ist mit Hollywood-Ökonomie gemeint.

Western bekannten Kontrast zwischen Kultivierten und Unkultiverten – zwischen einer Mittel- bzw. Oberschicht und einer »dreckigen« Unterschicht. Kersey ist in der Szene mit der Frau an einem Aufenthaltsort der Unterschicht, aus dem er seine nächsten Opfer – die natürlich vorher Täter sind – lockt. Winners New York scheint nur aus Arm und Reich zu bestehen. Wie Batman lebt auch Kersey in einer Stadt, in der ein Vigilant nicht nur möglich, sondern notwendig erscheint. Das Setting und die Handlung in DEATH WISH evozieren die Idee von *class warfare*. Der Film ist nahe an dem historischen Bild von Vigilantismus als »establishment violence«.

»Somebody ought to come, there's a man over there, he's bleeding and nobody comes«, sagt ein verwunderter Paul Kersey, als er im Krankenhaus wartet und einen hilflos wirkenden, verwundeten Mann gehen sieht, an dem die Krankenschwestern uninteressiert vorbeigehen. Noch dramatischer ist eine Situation in FIGHTING BACK (TÖDLICHE ABRECHNUNG, Lewis Teague, 1982, siehe Kapitel 6.3.), in der der Hauptdarsteller und seine Frau 45 Minuten auf einen Krankenwagen warten müssen, nachdem sie von einem Auto gerammt wurden. Die Frau verliert daraufhin ihr ungeborenes Kind. Früher im Film ruft die Frau die Polizei an: »Our house has been destroyed«, und bekommt als erste Antwort »OK, can you hang on?«. Diese und viele andere Szenen in Vigilantenfilmen suggerieren oder zeigen direkt ein System (meist die Polizei), das vom Bürger distanziert[175] und nicht bloß machtlos und inkompetent ist.

Wie DIRTY HARRY und WALKING TALL zuvor kommt auch DEATH WISH mit einer Pro-Waffen-Message daher. Kerseys Klient in Arizona geht mit ihm zu einem Schießstand, wo er Kerseys Talent entdeckt und ihm sagt:

> Ames Jainchill: »I'll tell you something. Unlike your city, we can walk our streets and through our parks at night and feel safe. Muggers operating out here, they just plain get their asses blown up.«

Regisseur Winner spricht Jahre später über DEATH WISH und den Bernhard-Goetz-Fall: »What our picture did was to predict, with uncanny accuracy, that the public's frustration at society's inability to control

[175] Lichtenfeld: Action Speaks Louder. Seite 38.

violence would inevitably explode. When that happened, someone would take the offensive against the wrongdoers – and be applauded for it. That's exactly what happened to Goetz.«[176] Im Oktober 2015, nachdem es im US-Bundesstaat Oregon wieder einmal eine Schießerei mit mehreren Toten gab, verteidigt Präsidentschaftskandidat Donald Trump in einer Rede den zweiten Zusatzartikel zur Verfassung der Vereinigten Staaten, der das Recht auf den Besitz und das Tragen von Waffen sichert. Er befürwortet Waffen zur Selbstverteidigung und zur Verteidigung seiner Familie, und erinnert an Fälle, bei denen sich laut Trump die Opfer nicht zur Wehr setzen konnten, da sie sich in einer »gun free zone« aufhielten und keine Waffen tragen durften. Daraufhin schwärmt er von DEATH WISH, rezitiert eine Erschießungsszene des Films und sagt: »The late, great Charles Bronson (...) One of the great movies. Today, you can't make that movie, because it's not politically correct.«[177]

Bronson wird nach dem Erfolg von DEATH WISH noch öfter eine Vigilantenrolle übernehmen, auch abseits der vier Fortsetzungen zu dem Film. In 10 TO MIDNIGHT (1983), dessen Poster den Betrachter auffordert »Forget what's legal... Do what's right...«, hilft Bronson dem Gerichtssystem nach, das nicht so funktioniert wie es sollte, und wendet am Ende des Films Selbstjustiz an. In KINJITE: FORBIDDEN SUBJECTS (KINJITE – TÖDLICHES TABU, J. Lee Thompson, 1989) ist Bronson ebenfalls ein Polizist, der mit seinen eigenen Methoden gegen eine Organisation vorgeht, die kleine Mädchen in die Prostitution zwingt.

»Rape-Revenge« wird in den 1970ern nach DEATH WISH zu einem eigenen Genre, in dem sich Frauen (oder im selteneren Fall ein Angehöriger) nach einer oder mehreren Vergewaltigungen an ihren Peinigern rächen, mit Filmen wie ACT OF VENGEANCE (auch bekannt als RAPE SQUAD, dt. Titel: CITY MONSTER, Bob Kelljan, 1974), LIPSTICK (EINE FRAU SIEHT ROT, Lamont Johnson, 1976) und dem damals berüchtigten DAY OF THE WOMAN (besser bekannt als I SPIT ON YOUR GRAVE [ICH SPUCK AUF DEIN GRAB], Meir Zarchi, 1978), von dem im Jahr 2010 ein Remake mit zwei Fortsetzungen (2013 und 2015) erscheint.

176 Talbot: Bronson's Loose! Seite 66.

177 https://www.youtube.com/watch?v=Svzcox2QB0w

BOARDWALK (Stephen Verona, 1979) entwirft ein Szenario, das dem in DEATH WISH ähnlich ist, und in dem alte, jüdische Bewohner von New York von einer aus Schwarzen und Latinos bestehenden Jugendbande, die auch in Häuser einbricht und andere Verbrechen begeht, belästigt werden. Das Drama über ein altes Pärchen, das seine letzten Lebensjahre in einer sich zum negativen verändernden Nachbarschaft verbringt, endet damit, dass der alte Mann den Bandenanführer erwürgt.

5.6. TAXI DRIVER (1976)

»Listen, you fuckers, you screwheads. Here is a man who would not take it anymore. A man who stood up against the scum, the cunts, the dogs, the filth, the shit. Here is someone who stood up. Here is... [Er zückt die Waffe]« In TAXI DRIVER (1976), ein Film, der als Versuch gesehen werden kann, den Vigilantenfilm zu dekonstruieren und/oder diskreditieren, ist die psychisch instabile Hauptfigur Travis Bickle ebenfalls ein *urban cleanser*-Vigilant. Falls es die Absicht von Regisseur Martin Scorsese war, diesen populären Mythos zu zerstören, ist es ihm nicht gelungen.

Travis, der Taxifahrer, kann nicht schlafen, nimmt Tabletten, ist von einer großen inneren Unruhe geplagt, findet unter seinen Mitmenschen keinen Anschluss und scheint nicht zu wissen, wohin er seine Energie leiten soll. »I got some bad ideas in my head« sagt er zu einem Kollegen, von dem er sich Hilfe erhofft, aber keine bekommt. New York wird im Film von seiner schäbigen, dreckigen Seite gezeigt (was damals noch leichter ging als heute), und stets äußert Travis seinen Unmut über die »dreckige Stadt«. In seinem Monolog »All the animals come out at night. Whores, skunk pussies, buggers, queens, fairies, dopers, junkies. Sick, venal. Someday, a real rain will come and wash all the scum off the streets« drückt er ähnliche Gedanken wie Harry Callahan aus, der in DIRTY HARRY aus dem Autofenster blickt und meint »These loonies – they ought to throw a net over the whole bunch of 'em.«[178] Travis will eine Beziehung zu der schönen Wahlkampfhelferin Betsy aufbauen, was allerdings scheitert, als er sie ins Kino einlädt und in einen Pornofilm

[178] Lichtenfeld: Action Speaks Louder. Seite 48.

mitnimmt. Zufällig ist einer seiner Fahrgäste der Präsidentschaftskandidat Palantine, für den Betsy arbeitet, und auf die Frage, was er für einen Wunsch an den zukünftigen Präsidenten der USA hätte, meint Travis: »He should clean up this city here because this city here is like an open sewer, you know? It's full of filth and scum.« Palantine gibt sich verständnisvoll und meint, man bräuchte dafür »radikale Änderungen«, worauf Travis antwortet: »Damn straight.« Travis besorgt sich einige Handfeuerwaffen und ein Messer, und als jemand ein Lebensmittelgeschäft ausrauben will und die Waffe auf Travis richtet, erschießt er ihn. Travis versucht Palantine umzubringen, wobei seine Motivation dafür nicht eindeutig ist. Aber auch damit scheitert Travis, und er nimmt sich als nächstes vor, die 12-jährige Prostituierte Iris von ihrem Zuhälter Matthew zu »befreien«, den er als »scum of the earth« bezeichnet. Dafür holt er sich Handfeuerwaffen und ein Messer und tötet im blutigen, düsteren Finale des Films Matthew sowie den Türsteher eines Bordellgebäudes und einen Freier von Iris. Travis hatte nicht geplant, die Aktion zu überleben, und will sich nach seiner Bluttat in den Kopf schießen, hat aber keine Kugel mehr. In den Zeitungen wird er zum Helden gemacht, und er muss nicht ins Gefängnis.

TAXI DRIVER ist mit dem beinahe psychotischen Vietnamveteranen Travis, dem Thema der Kinderprostitution und der Art der Gewaltdarstellungen näher am Exploitationfilm als DEATH WISH, der als Inspiration gedient haben dürfte. Die beiden Filme sind nebeneinander im Buch *Bigger Than Blockbusters: Movies that Defined America* zu finden, und auch zeitgenössische Kritiker erkannten die Ähnlichkeit: Einer von ihnen schrieb »If TAXI DRIVER becomes a hit, it won't be because it's brilliantly made but because it feeds the DEATH WISH fantasy of too many Americans«, während ein anderer kommentierte »[Travis] strongly resembles Charles Bronson in DEATH WISH, except that Travis is a sentimental idiot.«[179] Dennoch tun sich gewaltige Unterscheide zwischen den beiden Filmen auf: TAXI DRIVER ist eher eine Charakterstudie, setzt auf Stimmungen und ist ein resignatives Drama mit einer tragischen, keineswegs positiven Hauptfigur. TAXI DRIVER ist mit Abstand Paul Schraders bekanntestes Drehbuch, aber er ist neben dem zu Beginn des Kapitels bereits erwähnten HARDCORE (Buch, Regie) außerdem für das

[179] Knight, Arthur: Movie Review: TAXI DRIVER. In: The Hollywood Reporter, 4.2.1976, Seite 3 und 10.

Drehbuch des Rache-Vigilantenfilms ROLLING THUNDER (DER MANN MIT DER STAHLKRALLE, 1978) verantwortlich – eine gelungene Mischung aus Drama, Charakterstudie und Actionfilm, in dem ein Vietnam-Heimkehrer die Mörder seiner Familie jagt. Co-Autor von ROLLING THUNDER war übrigens Heywood Gould, der 1991 bei ONE GOOD COP (SELBSTJUSTIZ – EIN COP ZWISCHEN LIEBE UND GESETZ) Regie führte, einem Film mit Michael Keaton als *vigilante cop*.

In den 1980er-Jahren verschwinden die typischen Vigilantgeschichten aus dem Mainstream und werden mit dem Trend ersetzt, dass Actionhelden wie Arnold Schwarzenegger, Sylvester Stallone und Chuck Norris bereits standardmäßig als Vigilanten auftreten. In den 1970ern wird Vigilantismus größtenteils noch mit einer gewissen Ambivalenz inszeniert, in den Filmen dieser neuen Helden dagegen wird er überhaupt nicht in Frage gestellt. Sie versuchen nicht einmal, den in der Handlung präsentierten Konflikt auf legalem, institutionellem Wege zu lösen, so als ob Polizei- und Staatsgewalt in ihren Filmuniversen nicht existieren würden. Sie sind Vigilanten, einfach weil sie es können. Dieser Zugang findet sich in etlichen Action-Blockbustern der 1980er und 1990er.

6. Vigilanten in Exploitationfilmen und B-Filmen der 1980er

»In a world gone mad, there is only one law: His.«

Trailer für DEATH WISH 3 (1985)

Akira Saito: »My wife is dead, and you talk about police protection? My wife loved this county, wanted to come here. Start a new life. She thought this was the land of the free. But free for what? Free to kill? Free to rape women and children, and go unpunished? Well, I tell you Mr. Policeman: If we are all free to do what we like, I'm free to make sure those animals do not go unpunished.«

PRAY FOR DEATH (DIE 1000 AUGEN DER NINJA. Gordon Hessler, 1985)

Brenda: »Cops are pussies.«

SAVAGE STREETS (Danny Steinmann, 1984)

Bereits in den frühen 1980ern verlagert sich der Vigilantenfilm in Richtung B-Film und Exploitationfilm, wo er auch bis in die 2000er Jahre vorwiegend bleibt, als er mit einigen höher budgetierten und prestigeträchtigeren Kinoproduktionen wieder kurz in den Mainstream zurückkehrt. Der Vigilant ist in den 1980ern eine wiedererkennbarere Figur und wird auch dementsprechend vermarktet.

6.1. THE EXTERMINATOR (1980)

THE EXTERMINATOR ist so etwas wie die Hardcore-Version von DEATH WISH, in dem der Protagonist sich seiner Feinde auf besonders brutale Weise entledigt. Als der beste Freund des Vietnamveterans John Eastland in New York von einer Jugendbande, die sich »Ghetto Ghouls« nennt, attackiert wird und permanent gelähmt im Krankenhaus landet, rächt sich dieser. Er zündet einen von ihnen mit einem Feuerwerfer an, erschießt einen weiteren und fesselt zwei andere in einem Keller, wo sie bei lebendigem Leib von Ratten aufgefressen werden. Doch Eastlands *vigilante justice* endet nicht mit diesen Rachetaten. Er nimmt sich kleinere Gauner vor und steckt einen Mafiaboss in einen riesigen Fleischwolf. Außerdem tötet er den Leiter eines Kinderprostitutionsringes. New York wird in diesem Film als Sumpf von Verbrechen und Gewalt dargestellt. Als das Date des Polizisten, der Eastland jagt, nach seinen Vietnamerlebnissen fragt, meint dieser »It was bad. Not as bad as New York City, but bad.« Im Fernsehen wird ein offener Brief des »Exterminators« vorgelesen, der den Leuten klar machen soll: »Es reicht«. Die Offiziellen in New York und Washington sind mehr um die öffentliche Meinung und ihr Image besorgt als um die Bürger von New York. Sie beschließen, den Exterminator töten zu lassen, was misslingt. Dadurch konnte Mark Buntzman, Produzent von THE EXTERMINATOR, 1984 als Regisseur und Drehbuchautor einen zweiten Teil folgen lassen.

6.2. DEATH WISH II (1982)

Stomper: »Lady, you disturb the neighbors, and I cut you into little pieces and eat you for dinner.«

1982 waren Vigilantnarrative dem Kinopublikum bereits hinlänglich bekannt. Wenig überraschend ist somit das Marketing für DEATH WISH II (DER MANN OHNE GNADE, Michael Winner): »When murder and rape are the crimes, Bronson is the only punishment.« und »When violence rules the city, when the police can't stop it, one man will… his way.« hören wir im Trailer des Films, dessen letzter Satz »He's doing it for you.« dem Vigilanten Wichtigkeit und Werthaftigkeit für die Gesellschaft unterstellt. Zu Beginn des Films hören wir haarsträubende Kriminalitätsstatisktiken von Los Angeles, wo der Architekt Paul Kersey mit seiner neuen Freundin lebt. Als seine noch von der ersten Vergewaltigung (in DEATH WISH) traumatisierte Tochter erneut von einer Jugendbande vergewaltigt wird, sich daraufhin in den Tod stürzt und seine Haushälterin ebenfalls von der Bande vergewaltigt und umgebracht wird, wechselt Kersey wieder in den Vigilant-Modus. Diesmal versucht er erst gar nicht die Polizei zu involvieren, sondern jagt die Täter gleich selbst. Somit ist DEATH WISH II auch ein Rachefilm, im Gegensatz zum ersten Teil, in dem Kersey die eigentlichen Täter nicht sucht. Wir werden an die Effektivität und den positiven Effekt von Kerseys Vigilantismus in New York erinnert: »Crime was down fifty percent. Criminals were afraid.« Als ihm angeboten wird, sich Verbrecherfotos anzusehen, winkt er ab und sagt, das habe keinen Sinn. Er holt seine Waffe aus dem Versteck in seinem Schlafzimmer, und kehrt zurück auf die Straßen, die von Punks, Dieben, Zuhältern, Prostituierten und Bikern besiedelt sind. Ähnlich wie in THIS DAY AND AGE, in dem Ratten mit dem Filmbösewicht gleichgesetzt werden, findet Kersey in DEATH WISH II ein Versteck, in dem sich einige der »creeps« aufhalten, das mit Ratten übersät ist. Nachdem ein Pärchen überfallen und von ihm gerettet wird, indem er die Angreifer erschießt, will das männliche Beinahe-Opfer keine Täterbeschreibung von Kersey geben: »He was a very good citizen, that's what he was!« Auch zwei Autoritätspersonen sympathisieren mit ihm. Als Detective Ochoa, der erneut angesetzt wird, um den Vigilanten zu schnappen, diesen findet und ihm in einem Schusswechsel mit der Jugendbande hilft und tödlich verwundet wird, sagt er im Sterben zu ihm: »Get the motherfucker for me!« Und nachdem Kersey das letzte Mitglied der Jugendbande ausfindig gemacht und umgebracht hat, wird er von einem Krankenhausarzt gleich nach der Tat entdeckt. Anstatt Alarm zu schlagen oder die Polizei zu verständigen, lässt er Kersey mit den Worten »I'll give you a three minute head start.« vom Tatort fliehen. Nach der erfüllten Rache hört der ehemals liberale Architekt jedoch nicht auf, sondern stellt sich am Ende des Films weiterhin dem Kampf auf den Straßen.

Die beiden Vergewaltigungsszenen und die Todesszenen sind in DEATH WISH II noch brutaler und reißerischer inszeniert als im Vorgänger, was den Film ohne Zweifel in die Nähe eines Exploitationfilms rückt. Was die DEATH WISH-Reihe allerdings von typischen Exploitationfilmen unterscheidet, sind die höheren Budgets, der Star in der Hauptrolle und Einspielergebnisse im zweistelligen Millionenbereich.

6.3. FIGHTING BACK (1982)

Ein immer wiederkehrender und gewaltsamer Konflikt im Vigilantenfilm ist der zwischen den alten und neuen Einwanderern der Großstädte. Die *good guys* sind meistens weiß und entweder Italoamerikaner oder irischstämmig, während die *bad guys* häufig Schwarze und/oder Hispanoamerikaner sind. In DEFIANCE (DIE SCHLÄGER VON BROOKLYN, John Flynn, 1980) kämpfen Italoamerikaner gegen eine Bande von Hispanoamerikanern. Auch in FIGHTING BACK kämpfen Italoamerikaner gegen Hispanoamerikaner und Schwarze, die für allerlei Verbrechen und Drogenverkauf verantwortlich sind. Auf dem Poster zu dem Film liest man: »Thieves, Pimps, Prostitutes, Muggers and Drug Dealers beware. John D'Angelo's out to make his neighborhood safe. He's declaring his own personal war on crime and he doesn't want your kind around here any more.« Nachdem seine schwangere Frau einen schwarzen Zuhälter davon abhalten will, eine Prostituierte zu schlagen, muss John D'Angelo mit ihr vor dem Zuhälter im Auto flüchten. Nach einer Verfolgungsjagd wird ihr Auto gerammt, und seine Frau verliert ihr ungeborenes Kind. Aber nicht nur auf offener Straße ist man in FIGHTING BACK nicht sicher, die D'Angelos werden auch an ihrem Arbeitsplatz – einer Apotheke – und zu Hause von Bandenmitgliedern attackiert. Johns Mutter wird der Ringfinger abgetrennt, damit die Angreifer an ihren Ring kommen. Der nahgelegene Park ist von Gesindel überrannt, Drogen werden auf offener Straße verkauft, und Familien trauen sich nicht mehr nach draußen zu gehen. Die Polizei ist vom Kriminalitätsproblem völlig überfordert. Die Nachbarschaft ist so verkommen, dass Johns Frau ihm droht, ihn mit ihrem gemeinsamen Sohn zu verlassen, wenn er sich nicht dazu bereiterklärt, mit ihnen wegzuziehen. John will aber bleiben und gründet eine Bürgerwehr (*neighborhood patrol*), um der Polizei zu helfen. Nach ersten Erfolgen wird die Bürgerwehr in den Medien mit Anthony Imperiale[180] und den Guardian Angels verglichen. Eine große Ansammlung an

[180] Imperiale gründete 1967 nach den *Newark riots* in Newark, New Jersey die »North Ward First Aid Squad«, eine private Nachtpatrouille, die hauptsächlich aus Italoamerikanern bestand. Imperiale sah sich Rassismus- und Vigilantismus-Vorwürfen ausgesetzt, und soll einmal gesagt haben "when the Black Panther comes, the white hunter will be waiting." (Halbfinger, David M: Anthony Imperiale, 68, Dies; Polarizing Force in Newark. http://www.nytimes.com/1999/12/28/nyregion/anthony-imperiale-68-dies-polarizing-force-in-newark.html, zuletzt aufgerufen am 2.1.2015)

Italoamerikanern kommen mit Scherpen und italienischen Landesflaggen in Johns Laden, jubeln und danken ihm. »He gave us back our streets«. Ein Stadtrat fürchtet, dass John zu viel politischen Einfluss gewinnen könnte und erinnert den Polizeichef daran, dass der Mann, der Lynching erfunden hat, auch eine politische Karriere hatte. Tatsächlich erhält John ein Angebot, Stadtrat zu werden, lehnt aber zunächst ab. Seine Gruppe ist für Aktionen verantwortlich, die über die »execution of constitutional rights«, die sie für sich beanspruchen, hinausgehen. Als ihm ein Drogendealer sagt, sie hätten die Polizei in der Tasche, bricht John ihm seinen Arm. Nachdem einer seiner Freunde, der ein Mitglied der Bürgerwehr ist, von Schwarzen in den Kopf geschossen und getötet wird, solidarisieren sich etliche Polizisten mit John und schließen sich spontan dem Trauermarsch an. Der Polizeichef, der John zunächst sagte, dass das, was er tut, falsch sei, und ihn warnt, dass er ihm sein Leben schwer machen kann, schwenkt plötzlich um, als John Popularität erlangt und ein politisches Amt in Aussicht hat. Er lässt ihn laufen, obwohl er einen Aufruhr im Park angezettelt und Widerstand gegen die Polizei geleistet hat. Außerdem verrät er ihm, dass die Kugel, die seinen Freund getötet hat, auf drei schwarze Männer zurückverfolgt werden kann. John tötet die drei, indem er ihnen eine Granate ins Auto wirft. John gewinnt eine Wahl und wird ein Stadtrat, trotzdem patroulliert er weiter die Straßen und »crime rate continues to drop dramatically«.

6.4. The Star Chamber (1983)

Richter Benjamin Caulfield: »Someone has kidnapped justice and hidden it in the law.«

In einem der wenigen Vigilantenfilme der 1980er Jahre, die keine B-Filme sind, wird der junge, idealistische Richter Steven Hardin (Michael Douglas) mit zwei Fällen konfrontiert: Ein Serienkiller bestiehlt alte Frauen und bringt sie danach um. Obwohl die Mordwaffe mit den Fingerabdrücken des Täters sowie Schmuck und Brieftaschen seiner Opfer in seinem Apartment gefunden werden und er ein Geständnis ablegt, muss Richter Hardin den Angeklagten aufgrund der unrechtmäßig beschlagnahmten Pistole freilassen, worüber er sehr enttäuscht ist. Im zweiten

Fall wurde ein 10-jähriger Junge missbraucht, gefoltert, verstümmelt und danach umgebracht. Die Tat wird mit einem Ring an Kinderpornografen in Verbindung gebracht, die Kinder kidnappen, unter Drogen setzen, sie zwingen, in Pornofilmen mitzuspielen, und danach umbringen. Wieder ist Richter Hardin gezwungen, die beiden Angeklagten wegen einer *technicality* freizusprechen. Sein Freund und Mentor Caulfield sagt ihm »you think my court is any different, huh? You think I don't set guys free every goddamn week who have raped entire school districts?« Hardins Frustration und Verzweiflung werden immer größer, und Richter Caulfield meint, dass Hardin bereit dafür wäre, die Wahrheit zu hören: Das System funktioniert nicht mehr so wie es sollte, »the whole goddamn system has been turned into this giant Rubik's Cube which anyone can twist into whatever pattern they want, so long as it fits.« Deshalb haben sich neun Richter zusammengetan, um in einem »court of last resort« in schwerwiegenden Fällen Schuldsprüche zu fällen, die dann von einem Auftragskiller erledigt werden. Hardin schließt sich den Richtern an, und nachdem der Vater des Jungen, der im zweiten Fall umgebracht wurde, Selbstmord begeht, präsentiert er den Fall dem »Gericht der Richter«, die die beiden Angeklagten einstimmig für schuldig erklären. Ausgerechnet in diesem Fall stellt sich aber heraus, dass die beiden Männer unschuldig sind, woraufhin Hardin versucht, die zwei zu warnen. Er beschließt außerdem, die Sache auffliegen zu lassen.

THE STAR CHAMBER zeichnet sehr ausführlich das in Vigilantenfilmen gängige Bild eines Rechtssystems, das Täter bevorzugt und ihnen Gesetze und Schlupflöcher anbietet, die sie und ihre Anwälte benutzen können, um einer Verurteilung zu entgehen. Trotzdem hebt sich der Film durch seine ernsthafte – wenn auch vereinfachte – Auseinandersetzung mit den Themen Recht, Gerechtigkeit und Selbstjustiz in seiner Thrillerhandlung ab.

6.5. VIGILANTE (1983)

VIGILANTE ist einer der ganz wenigen Filme, in denen (anstatt eines Einzeltäters) eine Gruppe von Vigilanten vorkommt, die nicht negativ dargestellt wird. Sie gehen gewaltsam gegen das grassierende Verbrechen in ihrer New Yorker Nachbarschaft vor. »God said he'd help those who help themselves. That's all we're trying to do« sagt einer von ihnen. Das meiste, was man über den Film wissen muss, erfährt man sofort zu Beginn des Films, als Nick (B-Film-Star Fred Williamson) vor einer Gruppe von Menschen spricht, die scheinbar neue Mitglieder oder Interessierte sind. Sowohl am Beginn und am Ende der Rede spricht Nick in die Kamera und somit mit dem Publikum.

> Nick: »Hey. I don't know about you guys, but me... I've had it up to here. There are some 40-odd homicides a day on our streets. There are over two million illegal guns in this city. Man, that's enough guns to invade a whole damn country with. They shoot a cop in our city without even thinking twice about it. Aw, come on. I mean you guys ride the subway. How much more of this grief are we gonna stand for? How many more locks we gotta put on our goddamn doors? Now, we ain't got the police, the prosecutors, the courts or the prisons. I mean, it's over. The books don't balance. We are a statistic. Now, I'm tellin' ya, when you can't go to the corner and buy a pack of cigarettes after dark, because you know the punks and the scum own the street when the sun goes down, and our own government can't protect its own people, then I say this, pal: You got a moral obligation, the right of self-preservation. Now, you can run, you can hide, or you can start to live like human beings again. This is our Waterloo, baby! You want your city back? You gotta take it. Dig it? Take it!«

Sofort nach »Take it!« schießen einige der Vigilanten an einem Schießstand. Eddie Marinos Familie wird in ihrem Haus attackiert, und sein 8-jähriger Sohn stirbt. Der puerto-ricanische Anführer einer ethnisch gemischten Gang, in der auch eine Frau und ein Asiate Mitglied sind, wird für die Tat verhaftet, kommt aber auf Grund eines bestochenen Richters eine äußerst milde Strafe. Eddie schließt sich ebenfalls den Vigilanten an und tötet sowohl die Gangmitglieder als auch den korrupten Richter.

VIGILANTE benutzt sämtliche bekannte Motive eines typischen Vigilantenfilms: Ein Rechtsystem, das Täter den Opfern bevorzugt; ein systemgläubiger Privatbürger, dessen Illusionen zerstört werden; das Eindringen in den privaten Raum durch eine brutale Jugendbande; eine Polizei, die Angst davor hat, dass Vigilanten zu Helden werden; sich verschlimmernde Zustände; korrupte Staatsbeamte; etc.

6.6. DEATH WISH 3 (1985)

Bennett: »What are you doing?«
Paul Kersey: »Thinning the herd.«

»He's back in New York bringing justice to the streets…«
Postertext von DEATH WISH 3.

Regisseur Michael Winner wollte im dritten Teil der Reihe den düsteren Ton der beiden vorigen Filme nicht wiederholen: »I thought we'd cheer it up. It was a different era and I thought we'd have these enormous stunts and buildings blowing up.«[181] DEATH WISH 3 hat eine noch weitaus stärkere Comicbuch-Qualität als die beiden Vorgänger, das sah auch Winner so: »I liked [DEATH WISH 3] as a wonderful, bouncy horror comic. I thought it was very funny.[182]

Wie in den beiden Vorgängerfilmen werden wir über Verbrechensstatistiken informiert, diesmal betreffend eines Stadtviertels in New York: Morde, Vergewaltigungen, Raub, willkürliche Gewalt und Sachbeschädigungen – »This isn't a neighborhood, it's a war.« Obwohl bereits die Polizeipräsenz erhöht wurde, ist das Verbrechen sogar gestiegen, und es wird sogar bei Tageslicht gemordet und geraubt.

Kersey tritt diesmal als eine Art urbaner Rambo auf, der ein ganzes Heer an Bandenmitgliedern in den Straßen dieses heruntergekommenen Viertels erschießt. »It's like killing roaches. You have to kill them all, otherwise, what's the point?« Wieder sympathisiert nicht nur die Bevölkerung mit Kersey, sondern auch ein hochrangiger Polizeibeamter. In den ersten beiden Teilen war es Lieutenant Ochoa, in DEATH WISH V: THE FACE OF DEATH (Allan A. Goldstein, 1994) ist es ebenfalls ein Lieutenant der Polizei, und in DEATH WISH 3 ist es Polizeichef Shriker:

> Shriker: »You see, Kersey… I admire you. I'm a real fan. Even kept a folder on you. Truth is, I hate creeps too. But I can't do much about it. I'm a cop. But you… You shoot 'em, right?«

[181] Talbot: Bronson's Loose! Seite 61.

[182] Ebd., Seite 69.

Kerseys Freund und Kriegskumpan Charley wurde von Jugendlichen getötet, und er wird verdächtigt. Shriker weiß, wieviele Leute Kersey erschossen hat. Er erkennt seine Professionalität und will, dass er für ihn arbeitet. Die Nachbarschaft verwandelt sich wegen der riesigen Jugendbanden in eine Art von gesetzlosem Kriegsgebiet, und Shrikers Hände sind gebunden, da er sich an das Gesetz halten muss. Die Polizei ist nicht nur machtlos, sondern auch kontraproduktiv: Einem sympathischen jüdischen alten Pärchen wird ihre Pistole von Polizisten weggenommen, mit der sie sich vor Einbrechern schützen wollten.

In einer Szene fragt Shriker Kersey, ob dieser der Polizei bei einer Verhaftung helfen könne, damit sie in der Öffentlichkeit besser dasteht, aber er winkt ab. In den Batman-Geschichten beispielsweise sind immer wieder Politiker wegen der Aktionen des dunklen Ritters besorgt, aber genau wie Batman muss sich Paul Kersey keiner Wahl stellen, und die öffentliche Meinung kann ihm egal sein. Er tut, was getan werden muss, während Polizei und Politik, die im Auftrag der Gesellschaft handeln, sich auch der Kritik der Gesellschaft stellen müssen.

Kersey freundet sich mit der Anwältin Kathryn Davis an, die glaubt, sie stehe vielleicht auf der falschen Seite, »defending creeps«.

> Kathryin Davis: »Dammit, people have got to fight back, and hard!
> The whole thing is just…it's out of balance.
> Paul Kersey: »Some people would say that was an extreme position.«

Davis ist wie Paul Kersey im ersten DEATH WISH eine Liberale, die sich ob der Umstände ändert, und wird von den Jugendlichen umgebracht. Die Frau eines Freundes von Kersey wird vergewaltigt und stirbt ebenfalls, die Aufnahme der Überwachungskamera reicht nicht für eine Verurteilung. Weitere Verbrechen gehen auf das Konto der »creeps«, um sicherzugehen, dass das massenhafte Töten Kerseys im Finale gerechtfertigt und ein kathartisches Erlebnis wird. In einer Szene wird eine Nahaufnahme eines Bildes mit Kavalleriereitern mit kurzer Trompetenmusik unterlegt, wohl um Assoziationen zu den Indianerkriegen zu evozieren.

Das Bild der alten »guten Amerikaner« wird unterstützt durch Fotos aus Kriegen und Medaillen, die an ihren Wänden hängen und steht im Kontrast zum jugendlichen Abschaum, deren Welt ausschließlich aus sämtlichen Verbrechen, Schandtaten und Drogenkonsum zu bestehen scheint. Die Angst vor einer wilden Jugend, die in den Vorgängerfilmen

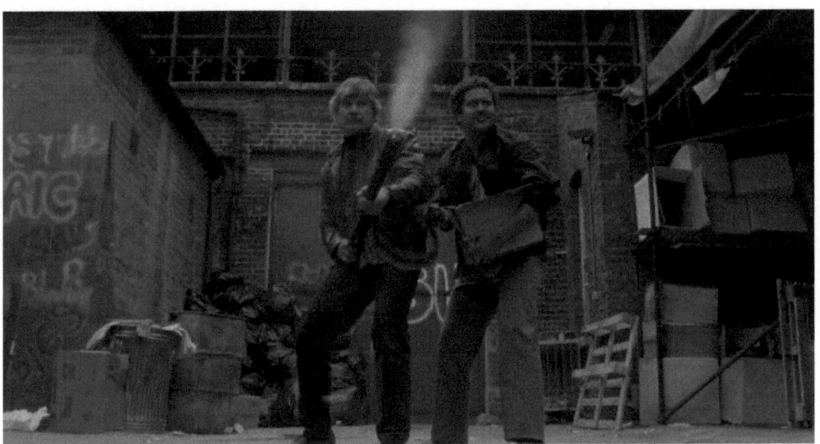

Abb. 15: Bronson räumt auf. (DEATH WISH 3)

noch etwas unterschwelliger mitschwingt, wird in DEATH WISH 3 viel deutlicher. Wir erfahren: »there's a new breed on the streets« und »they hit the old people here in the projects.« Bennett, ein Freund von Charley, der Kersey dazu überreden will, mit einem riesigen Kaliber .30-Panzer-Maschinengewehr auf die Jugendlichen loszugehen, sagt: »They call us the old people. We were running the world twenty years ago.«

Kersey schlägt schließlich zurück. Als er einen der *creeps*, den er mit einer Fotokamera angelockt hat, erschießt, klatschen die Bewohner der Straße und jubeln ihm zu. Zwei andere von ihnen lockt Kersey mit einem neuen Auto an und erschießt sie, als sie es stehlen wollen und ihn mit einem Messer bedrohen. »Blow the scum away« sagt Bennett zu Kersey, als dieser von Bandenmitgliedern attackiert wurde und im Krankenhaus landet. In einem ca. 15-minütigen Actionfinale eröffnet Kersey mit dem riesigen Browning-Maschinengewehr das Feuer in den Straßen und schießt zusätzlich mit einer Handfeuerwaffe, die laut Kersey dazu benutzt wird, um Elefanten zu schießen.

Die Einwohner des Stadtviertels wehren sich teilweise auch, und sind damit erfolgreicher als die Polizei, die von den Jugendlichen zurückgedrängt wird. Ein bürgerkriegsähnlicher Zustand entsteht. Im Finale schließt sich auch Shriker Kersey an, und die beiden rennen in Westernmanier durch die Straßen und erschießen die *creeps*.

1993 mimt der Comedian Jim Carrey in einem Sketch der TV-Sendung *In Living Color* Charles Bronson, der seinen Willen mit einer Pistole durchsetzt und nebenbei Werbung für die »Make a Death Wish Foundation« (eine Anspielung auf die Make-A-Wish Foundation) macht.[183] Es ließe sich aber dahingehend argumentieren, dass bereits 1985 – mit der Produktion von DEATH WISH 3 – die Serie zu einer Art Witz wurde. Bronson wurde in Hollywood bereits früh mit der Vigilanten-Rolle identifiziert, und 1985 war diese Rolle und die DEATH WISH-Reihe bereits wie eine Art *running gag*. So wie in der ROCKY-Reihe immer wieder ein Grund gefunden wurde, warum Rocky Balboa in den Ring steigen muss, wurde auch Paul Kersey in den DEATH WISH-Filmen immer wieder eine Motivation geliefert, gegen den Abschaum vorzugehen. (Teil 1: Seine Ehefrau wird umgebracht und die Tochter vergewaltigt und traumatisiert; Teil 2: Die selbe Tochter wird erneut vergewaltigt und bringt sich daraufhin selbst um, zudem wird seine Haushälterin vergewaltigt und umgebracht; Teil 3: Ein Freund von Kersey sowie seine neue Freundin werden umgebracht; Teil 4: Die Tochter seiner neuen Freundin (die am Ende des Films zur Überraschung weniger umgebracht wird) stirbt an einer Überdosis Crack; Teil 5: Das Gesicht seiner neuen Freundin wird entstellt, und später wird sie umgebracht.) Der Film hat unter Eingeschworenen einen gewissen Kultstatus. Online-Filmkritiker Scott Tobias hat den Film in seine Liste »The New Cult Canon« aufgenommen, und Paul Talbot, der ein Buch über die DEATH WISH-Reihe schrieb, sagt »The unforgettable DEATH WISH 3 demands multiple viewings and may have the strongest cult following of any film in the series.« In den weniger übertriebenen Fortsetzungen DEATH WISH 4: THE CRACKDOWN (DAS WEISSE IM AUGE, J. Lee Thompson, 1987) und DEATH WISH V: THE FACE OF DEATH (1994) geht Kersey nicht mehr gegen Jugendbanden auf der Straße vor, sondern gegen das organisierte Verbrechen. Ein sechster Teil wurde angekündigt, aber nie realisiert, weil die Rechteinhaber in Konkurs gingen.

[183] *Stacy Koon's Police Academy*, aus der Serie *In Living Color*. (Erstausstrahlung: 25.4.1993)

6.7. Cobra (1986)

Cobra könnte man als B-Film mit einem A-Budget bezeichnen, der mit Sylvester Stallone einen *A-list*-Star hat. Nachdem wir zu Beginn des Films die Kriminalitätsstatistiken von Los Angeles hören, sehen wir den ultratoughen Supercop Marion Cobretti bei einem Einsatz. Ein Verrückter hat in einem Supermarkt einen Jungen erschossen und Geiseln genommen. Cobretti erschießt ihn, lässt ihn aber vorher noch wissen: »You're a desease, and I'm the cure.« Gleich darauf wird er von Journalisten belagert und für seine direkte, brutale Methode kritisiert: »What makes a policeman judge and jury? People have rights.« Ein Reporter meint: »People are entitled to protection by the law.« Cobretti packt ihn, hält sein Gesicht über die Leiche des erschossenen Jungen und sagt »You tell that to his family!« Gegenpositionen zur Selbstjustizhaltung der Hauptfigur, wie sie in dieser Szene präsentiert werden, werden meistens in Vigilantenfilmen zumindest erwähnt, manchmal auch ansatzweise diskutiert. Und fast ausschließlich, um ihnen dann sowohl auf einer logischen als auch auf einer emotionalen Ebene zu widersprechen. »Gerechte« Selbstjustiz wird fast immer zur logischen Konsequenz in der Handlung der Filme. Zuhause angekommen, wirft Cobretti eine Zeitung auf seinen Holzkohlegrill, wohl um dem Publikum endgültig klarzumachen, was er von den Medien hält.

In der Stadt wurden mehrere und scheinbar willkürliche Morde von einem oder mehreren Serienkillern verübt. Aus Angst vor der *internal affairs*-Abteilung will der Polizeichef keine Razzien durchführen, die zu der Verhaftung des Serienkillers führen könnten. Cobretti hat dafür kein Verständnis: »As long as we have to play by these bullshit rules and the killer doesn't, we're gonna lose.« Cobretti und seinen Kollegen bleibt nichts anderes übrig als zu warten, bis wieder ein Mord geschieht. Es stellt sich heraus, dass eine größere Gruppe von Tätern für die Morde verantwortlich ist, und das Model Ingrid könnte als Zeugin dienen.

Cobra bedient sich bei einem gängigen Klischee des Cop-Films, wonach gute und fleißige Cops die Verbrecher jagen und fangen und das Rechtssystem die Schuldigen wieder laufen lässt:

> Ingrid: »There's all these crazy people everywhere. Why can't the police just put them away and keep them away?«

> Cobretti: »Hey, tell it to the judge.«
> Ingrid: »What do you mean?«
> Cobretti: »We put 'em away, they let 'em out.«
> Ingrid: »Makes me sick.«

Cobretti handelt immer wieder weit über seine Rechte hinaus und ist mehr Henker als Polizist. Im Finale des Films hat er den Anführer der psychotischen Bande gefunden:

> Cobretti: »You're history.«
> Night Slasher: »You won't do it, pig. You won't shoot. Murder is against the law. You have to take me in. If you can. Even I have rights, don't I, pig? Take me in. They'll say I'm insane, won't they? The court is civilized, isn't it, pig?«
> Cobretti: »But I'm not. This is where the law stops, and I start. Sucker!«

Kurz darauf spießt Cobretti den Night Slasher mit dem Rücken auf einem riesigen Haken auf, der dann in einen Feuerschacht fährt.

Die »Fight fire with fire«-Mentalität, in der es zur Bekämpfung eines Übels ein mindestens ebenso großes Übel braucht, wurde durch DIRTY HARRY popularisiert und wird in COBRA ebenfalls aufgegriffen. Der Film nimmt die Idee eines Dirty-Harry-ähnlichen Polizisten, dessen Gewaltanwendungen über die Grenze des Legalen gehen, und führt sie ins Extreme. Der toughe Polizist, der nach seinen eigenen Regeln vorgeht, war bereits bei Veröffentlichung von COBRA ein Klischee. Wenige Monate später startet die TV-Serie *Sledge Hammer* und parodiert das Bild des toughen individualistischen Cops, das in DIRTY HARRY und vielen anderen Filmen vorkommt.

Sylvester Stallone, der mit John J. Rambo bereits zuvor eine (berühmtere, wenn auch nicht »klassische«, weil sie ihre Selbstjustiz vorwiegend aus privaten, weniger aus gesellschaftlichen Motiven ausübt) Vigilantenfigur verkörpert hat, ist wie seine Actionstar-Kollegen Clint Eastwood, Arnold Schwarzenegger, Chuck Norris, Steven Seagal und Dwayne »The Rock« Johnson ein Republikaner. Im *Behind the Scenes*-Video von COBRA erklärt Stallone: »I have a great deal of sympathy for people that have been victimized. The perpetrators seem to just go free. The jungle has been totally reclaimed, you might say, by the animal.«[184] Die Rechte der Opfer von Verbrechen ist ein wichtiges Thema für konservative

[184] COBRA Blu-Ray: Behind the Scenes. Warner Home Video.

Republikaner, Stallones Worte erinnern jedoch stark an filmische Vigilantnarrative.

6.8. Andere Beispiele für Vigilantenfilme in den 1980ern

Abel Ferraras MS .45 (DIE FRAU MIT DER 45ER MAGNUM, 1981) ist ein beliebter Vertreter des Rape-Revenge-Genres. Die schüchterne, stumme Thana (Thanatos ist in der griechischen Mythologie der Gott des Todes) wird am selben Tag innerhalb kürzester Zeit von zwei verschiedenen Männern vergewaltigt. Daraufhin beginnt sie, wahllos Männer auf der Straße zu erschießen.

Im fürs Fernsehen produzierten DARK KNIGHT OF THE SCARECROW (DIE RACHE DES GELYNCHTEN, Frank De Felitta, 1981) werden nach und nach Mitglieder eines Lynchmobs vom Geist eines unschuldig von ihnen getöteten geistig zurückgebliebenen Mannes getötet. Der Film, der ein in den 1980ern seltenes Beispiel für negativ gezeichnete Vigilanten präsentiert, ist ein gutes Beispiel für das subversive Potential des Horrorfilms. Die Hauptfigur ist ein Veteran des Zweiten Weltkriegs, jemand aus der – wie die Amerikaner sie nennen – »greatest generation«, und wird als emotionsgeleiteter, pädophiler Rächer dargestellt. Normalerweise sind Kriegsveteranen die Helden der Vigilantenfilme.

YOUNG WARRIORS (auch bekannt als THE GRADUATES OF MALIBU HIGH, Lawrence David Foldes, 1983) würde mit seinen Collegestudent-Vigilanten ins achte Kapitel über Klassenzimmer-Vigilanten passen, spielt aber nicht an einer Schule. Nachdem eine junge Frau gruppenvergewaltigt und ermordet wird, schließen sich die wohlhabenden Schüler zusammen, denn eine Vigilantengruppe zu gründen sei immerhin »better than sitting around and waiting for the law to move« – die Gesetzesvertreter werden von *red tape* gebremst. Im Unterricht sagt ihr Anführer Kevin zum Professor: »Why don't we just get more police, catch more criminals, and exterminate the whole bunch of 'em?«, worauf der Professor entgegnet, dass Hitler und Mussolini das auch gemacht hätten. Die jungen Männer müssen nicht lange suchen, denn Verbrecher sind überall. Nachdem einem der Freunde die Kehle durchgeschnitten und ein anderer angeschossen wird, besorgen sie sich Waffen für ihre nächtlichen Streifzüge. Der Fanatismus von Kevin wird noch deutlicher, als er einen unbewaffneten Beinahe-Vergewaltiger erschießt, der sich schon ergeben hatte. Als ein weiterer Freund stirbt, sprengt Kevin sich selbst und einen anderen Freund in die Luft.

In THE ANNIHILATORS (CITY COMMANDO, Charles E. Sellier Jr., 1985) schließen sich befreundete Vietnamveteranen zusammen, um das Verbrechen auf den Straßen mit Maschinengewehren und Raketenwerfern zu bekämpfen. Ihr ehemaliger Einsatzleiter arbeitet für die Polizei und gibt vor, nach den Vigilanten zu suchen. In Wahrheit unterstützt er sie aber, weil »some time even a cop gets fed up when the system falls apart.« Die Idee, dass sich einige Vietnamveteranen zu einer Vigilantengruppe formieren, wurde bereits in der TV-Serie *The A-Team* erfolgreich umgesetzt und kommt auch in ein paar anderen Filmen der 1970er und 1980er vor, wie GORDON'S WAR (JAGD AUF LINKE BRÜDER oder GORDONS RACHE, Ossie Davis, 1973), in dem die Veteranen einen Privatkrieg gegen Drogendealer führen (»The only ones who can make a difference are men like us«), und STRYKER'S WAR (auch bekannt als THOU SHALT NOT KILL… EXCEPT [DU SOLLST NICHT TÖTEN… AUSSER], Josh Becker, 1985).

SUDDEN DEATH (Sig Shore, 1985) beginnt mit einer Vergewaltigung. Das Opfer fragt den Polizisten: »Are the police department gonna send out a whole squad of detectives to look for these animals?«, und bekommt als Antwort »Not exactly. That's one of the reasons there's more of this going on.« Sie fühlt sich von der Polizei im Stich gelassen, und es wird ihr gesagt, dass sie unterbesetzt seien, täglich neue Fälle eintreffen würden und die meisten Vergewaltiger davonkommen würden. Zu ihrem Glück hat die Frau eine Zeit ihrer Jugend auf einer Militärbasis verbracht und mit 14 Jahren eine Pistole von ihrem Vater bekommen. Sie beschließt, auf die Straßen zu gehen, um Vergewaltiger zu töten, und schneidet zu diesem Zwecke mit einem Messer in die Spitzen ihrer Patronen, eine Taktik, die beim Gegner zu verheerenden Einschusswunden führt. Auf einem Computer, der aus irgendeinem Grund Zugriff auf polizeiliche Daten hat, sucht sie nach Gegenden mit einer hohen

Vergewaltigungsrate. Sie lockt ihre Opfer mit einem aufreizenden Outfit, so wie Paul Kersey seine Gegner in DEATH WISH mit Geld angelockt hat. Wie die Räuber in diesem Film lauern die Vergewaltiger in SUDDEN DEATH überall. Auf der Suche nach einer schlechten Gegend in der Stadt, in der sie Vergewaltiger finden kann, stellt sich der Taxifahrer selbst als Vergewaltiger heraus, der eine Spritze bereit hält, um sie gefügig zu machen. Sie erschießt ihn natürlich. Am Ende wird sie, wie auch Paul Kersey, von einem sympathisierenden Polizisten gedeckt. Der Film wurde mit dem Satz »The First Woman Vigilante« beworben – was natürlich nicht stimmt – und mit »Don't Mess With This ›Dirty Harriett‹«. Auch in Westdeutschland und Großbritannien wurde der Film zu DIRTY HARRIET – ALLEIN GEGEN GEWALT UND VERBRECHEN umgetauft, obwohl er weitaus mehr an DEATH WISH als an DIRTY HARRY erinnert.

Auch in THE LADIES CLUB (ZEIT DER RACHE, Janet Greek, 1986) geht es um Vergewaltigung, und genau wie SUDDEN DEATH meint der Film »where rape is concerned, the system stinks.« Nur zwei Prozent der Täter würden verurteilt werden, und die Polizistin Joan Taylor meint »we need to be able to strike back to regain control of our lives.« Nachdem ihr Vergewaltigungsfall in den Medien war, erhält Taylor über 100 Briefe, »they all say the same: something has to be done.« Mit einer Gruppe von Frauen, die entweder selbst Opfer einer Vergewaltigung waren oder Angehörige haben, denen das widerfahren ist, gründen sie eine Vigilantengruppe. Da sie durch die Polizistin Taylor Zugang zu Polizeiakten haben, können sie Wiederholungstäter (»career rapists«) ausfinding machen, die dann von einer der Frauen angelockt und betäubt werden, um danach von der Ärztin der Gruppe kastriert zu werden. Die Taten der Gruppe lösen eine öffentliche Debatte über Vergewaltigungen und die diesbezüglichen Gesetze aus, und ein Symposium findet statt. Nachdem sie den Vergewaltiger ihrer kleinen Tochter getötet hat, bringt sich die Ärztin um, aber die Gruppe findet eine neue Ärztin für ihre Zwecke, und die Vigilantinnen können ihre Arbeit fortsetzen.

THE GLADIATOR (1986) ist ein TV-Film von Abel Ferrara, dem Regisseur von MS .45. Diesmal richtet sich die Aufmerksamkeit des Vigilanten auf Leute, die unter Alkoholeinfluss mit dem Auto fahren. Der »Gladiator« schießt mit einem Enterhaken, der auf seinem Wagen montiert ist, auf die Wagen der alkoholiserten Fahrer und zwingt sie so zum Stehenbleiben. Dann informiert er die Polizei über eine Polizeifrequenz, die er illegal verwendet, darüber, wo die Missetäter abzuholen sind. Der Polizeichef richtet dem Gladiator via TV aus: »Vigilante justice isn't justice at all. Defending the law by breaking the law is silly. Nobody is above the law.« Doch dieser lässt sich davon natürlich nicht aufhalten.

In GHETTO BLASTER (Alan Stewart, 1989) hat eine Bande von Latinos einen ganzen Stadtteil von Los Angeles eingeschüchtert. »Nobody will stand up to them. Nobody will even testify against them.« Der heimkehrende Held war in der Armee, auf »urban warfare extractions« spezialisiert und kann die Bande besiegen.

In NEXT OF KIN (RUF NACH VERGELTUNG, John Irvin, 1989, ausnahmsweise kein B-Film) quittiert der aus einer Südstaatenfamilie stammende systemtreue Polizist Truman Gates (Patrick Swayze) nach der Ermordung seines Bruders seinen Dienst, da für die Verurteilung der verantwortlichen Mafiosi nicht genügend Beweise vorliegen. Er wird schließlich zum Vigilanten, wie auch sein Bruder vor ihm, und tötet zusammen mit seinem Familienclan, der traditionsgemäß Gleiches mit Gleichem vergelten will, die Täter.

7. Vigilanten der 1990er

Abgesehen von Blockbuster-Actionhelden, die, wie bereits am Ende von Kapitel 5 über den Übergang der Trends von den 1970er- zu den 1980er-Jahren erwähnt, beinahe standardmäßig als Vigilanten auftreten, werden in den 1990ern fast keine Filme mit Vigilantnarrativen veröffentlicht. 1996 erscheinen dagegen außergewöhnlich viele davon, wie RANSOM (KOPFGELD – EINER WIRD BEZAHLEN, Ron Howard), A TIME TO KILL (DIE JURY, Joel Schumacher), EYE FOR AN EYE (John Slesinger), THE PHANTOM (Simon Wincer) und SLEEPERS (Barry Levinson). Die Frage, warum dieses eine Jahr eine große Ausnahme bildet, kann ich mir nur mit der Faszination der amerikanischen Öffentlichkeit mit dem Mordprozess an O.J. Simpson sowie der ausgiebigen Berichterstattung darüber erklären. Viele waren nach dem Prozess der Meinung, Simpson wäre zu Unrecht freigesprochen worden, aber 1996 konnten wenigstens im Film Vigilanten gewaltsam für Gerechtigkeit sorgen. Aber es gibt natürlich auch außerhalb von 1996 Beispiele für filmischen Vigilantismus in den 1990ern:

7.1. Steven Seagal

Ende der 1980er kreiert der Kampfkunstexperte Steven Seagal erfolgreich eine mächtige und unerschütterliche Vigilantpersona, die sich in seinen über 30 Solo-Filmen wenig ändert. Er genießt in den 1990ern kurzzeitig *A-list*-Status in Hollywood und hat selbst heute noch ein Level an Popularität, das ihm erlaubt, weiterhin Actionfilme für den Videomarkt zu machen. Einige seiner Filme sind eher rechtskonservativ angehaucht. Fast immer kämpft Seagal gegen Verbrecher oder Terroristen, in MARKED FOR DEATH (ZUM TÖTEN FREIGEGEBEN, Dwight H. Little, 1990) korrumpieren Jamaicaner weiße Vorstadtjugendliche mit Drogen, und in UNDER SIEGE (ALARMSTUFE: ROT, Andrew Davis, 1992) kapert ein Terrorist ein mit Atomsprengköpfen bestücktes Kriegsschiff und redet von der Revolution in den 1960ern. Trotzdem könnte man Seagals Vigilantismus als so etwas wie einen »Vigilantismus von links« betrachten. Seine Vigilantcharaktere kommen fast nie aus der *upper class*, sondern sind meistens (Ex-)Regierungsagenten oder Polizisten. Sie sind rechtschaffen, setzen aber ihren unerschütterlichen Gerechtigkeitssinn und ihre enormen Fähigkeiten nicht dafür ein, »das System« zu unterstützen, denn an dieses glauben sie nicht (oder nicht mehr). Seagals Art von Vigilantismus stellt keine *establishment violence* dar, sondern richtet sich ganz im Gegenteil häufig gegen verbrecherische und korrupte Individuen, die ihre Machpositionen in Regierungsbehörden (ABOVE THE LAW [NICO], Andrew Davis, 1988; HARD TO KILL, Bruce Malmuth, 1990; u.v.a.) oder manchmal auch Konzernen (ON DEADLY GROUND [AUF BRENNENDEM EIS], Steven Seagal, 1994; FIRE DOWN BELOW, Félix Enríquez Alcalá, 1997) missbrauchen. Das Motiv von staatlicher Korruption und Verschwörung, vor allem in der CIA, zieht sich durch einen Großteil seiner Filmografie, in selteneren Fällen sind auch Politiker oder Polizisten korrupt. Seagal ist auch bekannt dafür, (wenig erfolgreich) Umweltthemen in seine Filme einzubauen.

Als Sergeant Nico Toscani (Seagal) in ABOVE THE LAW dabei ist, eine CIA-Verschwörung aufzudecken, wird er unter Vorwänden suspendiert und macht natürlich auf eigene Faust weiter: »These guys have financed and started every war we've ever fought. (...) Not one CIA agent has even been tried, much less accused, of any crimes. You guys think you're above the law. Well, you ain't above mine.«

In MARKED FOR DEATH hat der DEA[185]-Agent John Hatcher (Seagal) eine Sinnkrise in seinem Job und beichtet in einer Kirche: »I knew that the only justice that I could get would be that that I made for myself, not always by law. Father, I just killed a woman. I've lied, slept with informants, I've taken drugs, I've falsified evidence. I did whatever I had to do to get the bad guys. Then I realized something. That I had become what I most despise.« Hatcher kehrt in seine Heimatstadt, eine Vorstadt von Chicago, zurück, wo Jamaicanische Drogendealer operieren und in einer Bar jemanden töten wollen. Nachdem er sich ihnen entgegengestellt hat, wird Hatchers Familie attackiert. Zusammen mit dem örtlichen Footballtrainer, mit dem er zusammen im Krieg gedient hat, fliegt er nach Jamaica, wo passenderweise Jimmy Cliffs Lied »No Justice« gespielt wird (»I can't get no justice under this system. I can't get me no justice in this

[185] Drug Enforcement Administration

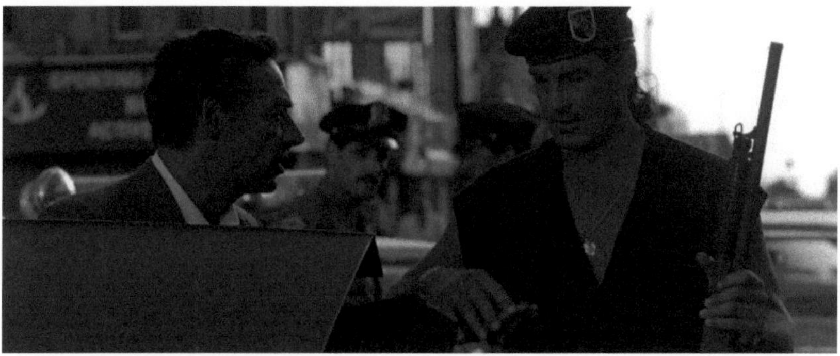

Abb. 16: Ein Vigilantenfels in der Verbrechensbrandung: Steven Seagal. In OUT FOR JUSTICE *überreicht ihm sein Captain eine Schrotflinte mit Munition und Autoschlüssel, damit er tun kann, was getan werden muss.*

society«). Als sie die Anlage des Drogenbosses gefunden haben, töten sie seine Männer, und Hatcher enthauptet ihn.

OUT FOR JUSTICE (1991) beginnt damit, das Polizist Gino Felinos (Seagal) bester Freund und Partner vom wildgewordenen Drogenjunkie Richie Madano ermordet wird. Brooklyn hat seine eigenen Regeln, und Gino kennt sie genau. Er sagt zu seinem Captain: »Let me do it my way, just give me an unmarked [ein Zivilfahrzeug, Anm.] and a shotgun.« Normalerweise wäre das in einem Actionfilm ein Anlass, dass der Vorgesetzte den *loose cannon*-Cop daran erinnert, dass er sich an die Vorschriften halten muss. Hier liegt eine Besonderheit des Films vor, da Ginos Vigilantjustiz vom Captain geduldet wird. Er bekommt eine Schrotflinte und ein Zivilfahrzeug, und der Rest des Films handelt von Ginos Jagd nach Madano.

Seagals Charakter hat eine ähnlich resignierte und zynische Einstellung zum Verbrechen in Amerika wie jener in MARKED FOR DEATH, der darüber klagt, dass, egal wie sehr er sich bemüht, das Verbrechen nie aufhört. Als ein Mafioso zu ihm sagt »You know how many cops I know that make my guys look like altar boys?« antwortet ihm Gino: »Ain't it the truth. Sad world we live in, huh?«

Seagal ist dem Vigilantnarrativ treu geblieben. Achtzehn Jahre nach OUT FOR JUSTICE erscheint zum Beispiel PISTOL WHIPPED (DEATHLY WEAPON, Roel Reiné, 2009), in dem sein Charakter Matt Conlin zum Auftragskiller für eine geheime Organisation wird. Ein Vertreter dieser

Organisation sagt zu Conlin: »We work for the government, Matt, although they're gonna be in denial if any of us get apprehended. These scumbags have managed to get not above the law, but beyond it. The law for them has no meaning. That's where we come in. You know what I prefer to call our enterprise? Extracurricular justice.«

7.2. Teenage Mutant Ninja Turtles (1990)

Teenage Mutant Ninja Turtles war eines der größten Popkulturphänomene der späten 80er und frühen 90er. Die Comics, TV-Serien und Filme handeln von typischen Comic-Vigilanten, in dieser Version sind es anthropomorphe Schildkröten-Teenager mit stark ausgeprägten Ninjitsu-Fähigkeiten. Der 1990 veröffentlichte erste Realfilm verzehnfachte sein Budget von 13,5 Millionen USD an der amerikanischen *box office*[186] und ist bis heute eine der erfolgreichsten Independent-Produktionen aller Zeiten.[187] Die Handlung: Eine riesige Jugendbande namens »Foot Clan«, die vom japanischen Gangsterboss Shredder geführt wird, ist für eine Welle an Diebstählen in New York verantwortlich. Die unfähige Polizei, vertreten vom unsympathischen Polizeichef, tut die Vorkommnisse trotzdem als Einzelfälle ab. Von ihren Raubzügen zurückgekehrt, beschäftigen sich Foot-Clan-Jugendliche in ihrem Versteck mit Pokern, Rauchen, Glücksspiel, Skateboarding und Videospielen. Als der Unterschlupf der Turtles in der Kanalisation vom Foot Clan entdeckt und ihr *sensei* Splinter (eine humanoide Ratte) entführt wird, sagen sie zusammen mit dem menschlichen Vigilanten Casey Jones Shredder und dem Foot Clan den Kampf an. Für einen Film, dessen Marketing sich an Kinder und Jugendliche richtete, ist der Film bemerkenswert düster. Dass die junge Generation New Yorks so orientierungslos, verdorben und von ihrer Elterngeneration entfremdet ist, dass sie sich von einem japanischen Gangsterboss verführen und zu »ninja thieves« ausbilden lässt, ist eine sehr kulturpessimistische Vision, die aber vielleicht weniger unglaubwürdig scheint, wenn man die realen Nachrichtenberichte von westlichen

[186] http://boxofficemojo.com/movies/?id=teenagemutantninjaturtles.htm (zuletzt aufgerufen am 20.11.2014)

[187] Neben The Blair Witch Project, The Passion of the Christ und Billy Jack, der in Kapitel 5.2. behandelt wird.

Jugendlichen aus geregelten Verhältnissen bedenkt, die sich der Terrororganisation »Islamischer Staat« angeschlossen haben.[188] Sowohl die Helden als auch die Gegner des Films sind Teenager, letzteres ist für den Vigilantenfilm nichts Unübliches. Doch in diesem Film sind die verbrecherischen Jugendlichen kein »hausgemachtes« Problem, sondern das Böse kommt mit dem japanischen Shredder und seinem Gehilfen von außen. Somit bedient die Actionkomödie TEENAGE MUTANT NINJA TURTLES (Steve Barron) – ob von den Filmemachern intendiert oder nicht – in einem gewissen Ausmaß sowohl Angst vor der jungen Generation, Angst vor Verbrechen in der Großstadt und Angst vor dem Fremden/Ausländischen.

7.3. FALLING DOWN (1993)

Wie bereits erörtert, ist gewaltsamer *backlash* ein essentielles Element im Vigilantenfilm. Die Protagonisten reagieren auf Kriminalität, Verfall, Jugendbanden, Terroristen, etc. In FALLING DOWN (Joel Schumacher), der oft zu den Vigilantenfilmen gezählt wird und als filmisches Beispiel für »white male paranoia«[189] gilt, scheint der frustrierte Hauptdarsteller als eine Art *culture warrior* der modernen urbanen amerikanischen Zivilisation selbst den Krieg erklärt zu haben. Er hat seine Arbeit und seine Frau verloren, die Welt um ihn verändert sich, und er kommt damit nicht klar und rastet aus. Er beteuert zwar »I am not a vigilante«, aber Menschen wie ein koreanischer Ladenbesitzer, ein Bettler, eine hispanische Straßengang und ein Vorfall in einem Burger-Restaurant irritieren ihn so sehr, dass es oft zu gewaltsamen Ergebnissen kommt. Obwohl FALLING DOWN kein richtiger Vigilantenfilm ist, hat er mit diesem viel gemeinsam: Das *backlash*-Motiv, die »Es reicht«-Mentalität und einen Protagonisten, der einen (in dem Fall mehrere) Makel in der Gesellschaft ausmacht und gewaltsam auf eigene Faust dagegen vorgeht.

[188] http://www.bild.de/politik/ausland/isis/westliche-isis-krieger-neu-37452150.bild.html (zuletzt aufgerufen am 17.11.2014) und http://www.falter.at/falter/2014/08/12/der-dschihad-in-wien (zuletzt aufgerufen am 17.11.2014)

[189] Rehling, Nicola: Extra-Ordinary Men. White Heterosexual Masculinity in Contemporary Popular Cinema. Lexington Books. 2009. Seite 28. Siehe auch: http://www.newsweek.com/white-male-paranoia-191128 (zuletzt aufgerufen am 18.11.2014)

7.4. Eye for an Eye (1996)

Karen McCanns (Sally Field) junge Tochter wird vom vorgestraften Robert Doob vergewaltigt und umgebracht. Doob wird geschnappt, aber wie so oft wird die Anklage auf Grund einer *technicality* fallengelassen. Karen wird Mitglied in einer Selbsthilfegruppe, wo wir von Menschen mit ähnlichen Schicksalen von Fällen hören, in denen die Gerichte nachgiebig waren oder die Täter überhaupt freigelassen haben. Hier sieht man bereits bekannte Handlungselemente von Vigilantgeschichten: Die Gesetze und Gerichte gehen zu sanft mit Verbrechern um und bevorzugen Täter gegenüber den Opfern. Karen will, dass Doob eine gerechte Strafe erfährt und findet in der Gruppe ein Netzwerk von Vigilanten, die als »sticklers for justice« (»Verfechter von Gerechtigkeit«) gegen die Täter vorgehen, »since you can't count on the system to provide it.« Sie übt Kampfkunst und das Schießen mit einer Pistole und verfolgt Doob im Geheimen in heruntergekommenen Gegenden. Karen wächst von ihrer passiven Opferrolle in eine aktive Täterrolle, was auch in der Szene angedeutet wird, in der sie beim Sex mit ihrem Ehemann plötzlich eine dominante und aggressive Rolle übernimmt. Doob schüttet, in einer Szene, die seine Verdorbenheit weiter deutlich macht, heißen Kaffee auf einen streunenden Hund. Als er Karen bemerkt, droht er ihr damit, ihre zweite Tochter, ein Mädchen im Kindergartenalter, ebenfalls zu vergewaltigen, sollte sie ihm weiter hinterherspionieren. Ebenfalls auffallend ist die heruntergekommene Gegend, in der Doob wohnt, die im Kontrast zum schönen Santa Monica steht, wo Karen und ihre Familie leben. Der Film ist also ein weiteres Beispiel für einen *upper class*-Vigilanten (Karen arbeitet außerdem in einem Museum) und einen *lower class*-Bösewicht. Eine FBI-Agentin, die gegen Vigilantenaktivität ermittelt, ist Karen auf den Fersen. »Das System« kann also nicht nur die Täter nicht einsperren und einer gerechten Strafe zuführen, es will auch Hinterbliebene daran hindern, sich selbst Recht zu verschaffen. Roger Ebert befand Eye for an Eye »offensive in its manipulative arguments for vigilante justice.«[190] Am Ende hat Karen Doob soweit provoziert, dass er in ihr Haus eindringt, wo sie ihn austrickst und eine Waffe auf ihn richtet. Es kommt zu einem

[190] Ebert, Roger: The Juror (Rezension vom 2.2.1996, http://www.rogerebert.com/reviews/the-juror-1996, zuletzt aufgerufen am 18.11.2014)

Handgefecht, und schließlich erschießt sie ihn aus (von ihr provozierter) Notwehr.

7.5. A Time to Kill (1996)

Die John-Grisham-Verfilmung A Time to Kill ist so etwas wie eine Mainstreamversion eines *rape-revenge*-Narrativs, wobei der Fokus des Films auf der Gerichtsverhandlung nach der Rachetat liegt. Hier liegt freilich keine klassische Vigilantgeschichte vor, sondern der Vigilant tritt als Rächer auf. Carl Lee Haileys (Samuel L. Jackson) zehnjährige Tochter wird von zwei *rednecks* vergewaltigt und beinahe getötet, worauf diese festgenommen werden. Wir erfahren, dass die Täter in einem sehr ähnlichen Fall, in dem ebenfalls ein schwarzes Mädchen vergewaltigt wurde, freigesprochen wurden, und es wird angenommen, dass dies wieder passieren wird. Hailey lauert den zwei Vergewaltigern während einer Polizeieskorte auf und erschießt sie beide mit einem Maschinengewehr. Nach seiner Verhaftung überlegt er in seiner Zelle laut, welche Chancen er hat, nicht von der Jury in eine Gaskammer geschickt zu werden: »I figure there's a lot of people out there tired of all the raping and killing. They'd be sympathetic to a man who took the law in his own hands... even if he is black.« Sein Anwalt (Matthew McConaughey) wollte die beiden Vergewaltiger ebenfalls tot sehen und warnte den Sheriff nicht, nachdem Hailey ihm indirekt angekündigt hatte, die zwei zu töten. Neben Hailey treten in diesem Film noch andere Vigilanten, die des zurückgekehrten Ku Klux Klans, auf und verüben Anschläge und eine Entführung. Aus deren Sicht herrscht keine Gerechtigkeit, weil Hailey nach seiner Tat nicht sofort aufgehängt wurde. Obwohl dieser durch seine Anwendung von tödlicher Selbstjustiz eindeutig schuldig ist, wird er am Ende des Films freigesprochen. Sämtliche Figuren im Film – und letztlich auch die weiße Jury – sehen Haileys Selbstjustiz als gerechtfertigt an. Sein Vigilantismus ist ein Akt der Rache, und nicht von der Art, die systemstabilisierend und uneigennützig ist. Der Viglantismus des Ku Klux Klans ist jedoch noch verwerflicher als der von Hailey und wie der – ebenfalls kriminelle – systemstabilisierende Vigilantismus, da er rassistisch motiviert ist und keine anerkannte Mehrheitsmeinung vertritt, wie den Kampf gegen Verbrechen oder den Schutz von Personen und Sachgegenständen.

8. Klassenzimmer-Vigilanten (»school gone to hell«)

Schüler: »Motherfucker, you broke my hand!«
Jonathan Shale: »I just bent it a little. I don't break them on the first offense.
(zur gesamten Klasse:) I'm in charge of this class. I'm the warrior chief. I'm the merciless god of anything that stirs in my universe. You fuck with me and you will suffer my wrath.«

THE SUBSTITUTE (Robert Mandel, 1996)

In den 1980ern und in geringerem Ausmaß in den 1990ern, einer Zeit, in der, wie schon erwähnt, Vigilantenfilme größtenteils aus dem Mainstream verschwunden und in den Bereich des B-Films gewandert sind, wird eine Reihe von Filmen produziert, in denen ein Lehrer/Direktor oder Schüler als Vigilanten auftreten. Die Schulen Amerikas sind darin mehr oder weniger zu Kriegszonen verkommen, in denen Gewalt und Drogen zum Alltag gehören. In den 1980ern und 1990ern erscheinen generell sehr viele Filme, die an Schulen spielen, wie TEACHERS (DIE AUFSÄSSIGEN, Arthur Hiller, 1984), THE BREAKFAST CLUB (John Hughes, 1985), STAND AND DELIVER (Ramón Menéndez, 1988), DEAD POETS SOCIETY (DER CLUB DER TOTEN DICHTER, Peter Weir, 1989), KINDERGARTEN COP (Ivan Reitman, 1990), DANGEROUS MINDS (John N. Smith, 1995), und MR. HOLLAND'S OPUS (Stephen Herek, 1995). Nachdem ich während meiner Recherche auf immer mehr Filme gestoßen bin, die Vigilanten in dystopischen Schulen beinhalten, habe ich die Notizen zu all diesen Filmen zusammengefasst, und ihnen die Überschrift »school gone to hell« gegeben. Es gibt keine gebräuchliche Genrebezeichnung für Filme dieser Art, und ich fand, dass meine Bezeichnung nicht unpassend war. Die Beispiele in diesem Kapitel kommen sowohl aus dem Hollywood-Mainstream (THE PRINCIPAL [DER PRINZIPAL – EINER GEGEN ALLE], Christopher Cain, 1987; LEAN ON ME [DER KNALLHARTE PRINZIPAL], John G. Avildsen, 1989; THE SUBSTITUTE [MÖRDERISCHER TAUSCH], Robert Mandel, 1996; ONE EIGHT SEVEN [187 – EINE TÖDLICHE ZAHL], Kevin Reynolds, 1997), als auch aus dem B-Film-Bereich (CLASS OF 1984, Mark L. Lester, 1982; THE BROTHERHOOD OF JUSTICE [YOUNG STREETFIGHTERS], Charles Braverman, 1986; DANGEROUSLY CLOSE

[TEUFLISCHE KLASSE], Albert Pyun, 1986; »3:15« [3:15 – DIE STUNDE DER COBRAS], Larry Gross, 1986; CLASS OF 1999, Mark L. Lester, 1990; BRUTAL FURY, Fred P. Watkins, 1993 und die drei Fortsetzungen zu THE SUBSTITUTE)

Im klassischen Vigilantenfilm wendet eine dazu nicht befugte, aber mehr als qualifizierte Privatperson Gewalt an, um ein zu liberales oder unbefriedigend funktionierendes Rechtssystem zu komplementieren. Mit dieser als notwendig kommunizierten Gewalt werden Erfolge erzielt. In der besonders kulturpessimistischen *school gone to hell*-Variation dieses Narrativs wenden eine oder mehrere ebenso dazu nicht befugte Personen erfolgreich Gewalt an, um grassierende grobe Missstände und Verbrechen an Schulen zu beseitigen. Die belagerten, verdorbenen und von Verbrechen heimgesuchten Städte der Western und Großstadtfilme werden für die kleinere Welt einer städtischen Schule eingetauscht. Als Lehrer gehören die Protagonisten einer gesellschaftlichen, vor allem aber intellektuellen Elite an, und der Konflikt lautet wieder »zivilisiert gegen unzivilisiert«. Das »kaputte System«, dem zu Hilfe geeilt werden muss, ist das einer Schule, nicht das Rechtssystem oder eine korrupte Stadt. Die Vigilanten sind anstatt »town cleanser« also »school cleanser«. Es macht Sinn, dass die »Regeneration durch Gewalt« durch die jüngere Generation erbracht wird, die mehr Kraft, Enthusiasmus, Idealismus und Risikobereitschaft verspricht.

Als den »Vater« all dieser Filme kann man BLACKBOARD JUNGLE (Ein schöner deutscher Titel: SAAT DER GEWALT, Richard Brooks, 1955) betrachten, der zwar kein Vigilantenfilm ist (1955 ist der Hays Code noch in Kraft), aber der erste erfolgreiche Hollywoodfilm, der von jugendlichen Kriminellen an einer High School handelt. Darin beginnt ein beherzter Lehrer (Glenn Ford) an einer innerstädtischen Schule zu unterrichten, die einer seiner zynischeren Kollegen als »the garbage can of the educational system« bezeichnet. Er verhindert bald gewaltsam die Vergewaltigung einer ebenfalls neuen Lehrerin und wird zusammen mit einem Kollegen in einer dunklen Seitengasse zusammengeschlagen. Obwohl er an einer besseren Schule unterrichten könnte, sieht er es als Herausforderung an, zu den Jugendlichen vorzudringen. Im Finale des Films muss er sich gegen einen Bandenanführer verteidigen, der ihn mit einem Messer attackiert, und erntet endlich den Respekt seiner Klasse.

8.1. CLASS OF 1984 (1982)

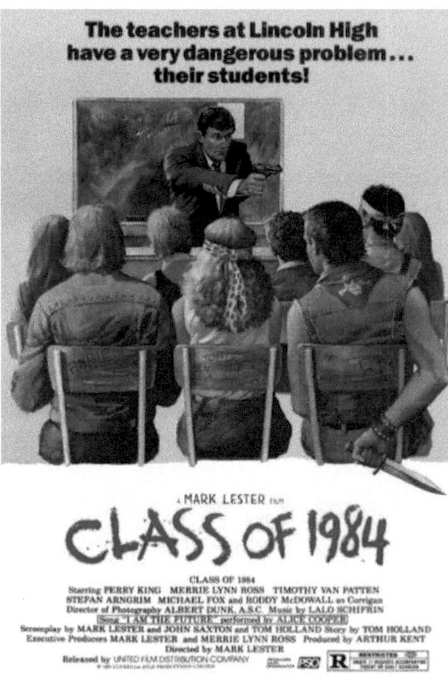

Abb. 17: Filmposter von CLASS OF 1984.

Andrew Norris ist der neue Lehrer an einer Schule, in der eine Bande Erpressung, Drogenverkauf und Zuhälterei betreibt. »Is this the future?« fragt der Trailer. Der Film, streng genommen eine kanadische Produktion, beginnt mit einer Statistik über Gewalttaten an amerikanischen Schulen, danach singt Alice Cooper im Refrain »Take a look at my face. I am the future.« Die Polizei ist machtlos, denn die Bandenmitglieder sind minderjährig und nutzen rechtliche Schlupflöcher aus. Eine Szene im Film erinnert an jene in DIRTY HARRY, in der Scorpio einen Mann dafür bezahlt ihn zusammenzuschlagen, um Callahan beschuldigen zu können: Der Bandenanführer schlägt seinen Kopf in einen Spiegel und fügt sich damit selbst Verletzungen zu, um sie dann auf Norris schieben zu können. Dieser geht auf Konfrontation mit der Bande, es kommt zur Eskalation, sie gruppenvergewaltigen seine Frau, und schließlich tötet er sie alle.

Der Film ist sehr offensichtlich von Stanley Kubricks A CLOCKWORK ORANGE inspiriert, der die Messlatte der filmischen Darstellung von brutaler Jugendkriminalität bereits 1971 sehr hoch gelegt hat. Die Jugendbande verhält sich in diesem Film wie ein Rudel wildgewordener Tiere, was auch auf die Schüler in CLASS OF 1984 sowie auf jene in dessen Nachahmern und anderen *school gone to hell*-Filmen zutrifft.

8.2. Lean on Me (1989)

»Crazy« Joe Clark (Morgan Freeman) ist der neue Direktor an einer besonders schlimmen High School mit besonders schlechten Schülern, die fast ausschließlich Schwarze und Hispanoamerikaner sind, und die allesamt bei ihren *basic skill exams* versagen. In seiner ersten kontroversen Maßnahme, um die Schule auf Vordermann zu bringen, verweist er 300 Schüler, die als Drogendealer, Unruhestifter oder Ähnliches bekannt sind, von der Schule. Daraufhin lässt er die Eingänge der Schule mit Ketten und Schlössern verriegeln, damit die Drogendealer nicht mehr hineinkommen, womit er gegen die Brandschutzvorschriften und gegen das Gesetz verstößt, und stellt auch sonst überall seine eigene Regeln auf. Roger Ebert schrieb in seiner Rezension zu dem Film: »Clark is a combination of Dirty Harry and Billy Jack, enforcing the law on his own terms.«[191] Clark, der oft mit einem Baseballschläger durch die Schulhallen geht und dabei an Buford Pusser (WALKING TALL) erinnert, nennt sich einmal sogar selbst »Batman« (bat = Schläger). Clarks Strenge und sein Verstoß gegen die Brandschutzvorschriften mag vielleicht das mildeste Beispiel von Vigilantismus in diesem Buch sein, aber die Botschaft ist dieselbe: Um die Gesellschaft/Schule zu retten, braucht es einen einzelnen Helden, der seine eigenen Gesetze macht, Regeln missachtet und auch entgegen einer Opposition bereit ist, hart durchzugreifen. Als Clark festgenommen wird und vom Dienst suspendiert werden soll, protestiert die gesamte Schülerschaft vor der Polizeistation. Als die Ergebnisse der *basic skill exams* eintreffen, werden Clarks Methoden bestätigt: Die Mehrzahl der Schüler hat bestanden. Clark wird freigelassen und verteilt am Ende des Films in einer Zeremonie Abschlusszeugnisse. Der Film basiert auf der Geschichte des realen Joe Louis Clark, einem umstrittenen Direktor einer High School in New Jersey, der in den 1980ern durch kontroverse Disziplinarmaßnahmen landesweite Bekanntheit erlangte, sogar von Präsident Ronald Reagan gelobt wurde[192] und es auf das Titelblatt des TIME-Magazins schaffte.

[191] Ebert, Roger: LEAN ON ME (Rezension vom 3.3.1989, http://www.rogerebert.com/reviews/lean-on-me-1989, zuletzt aufgerufen am 20.11.2014)

[192] http://tntoday.utk.edu/2010/02/02/joe-clark-event (zuletzt aufgerufen am 20.11.2014)

8.3. Class of 1999 (1990)

Acht Jahre nach Class of 1984 wird die Fortsetzung Class of 1999 veröffentlicht, die das Bild eines dystopischen Bildungswesens auf die Spitze treibt. Wir erfahren, dass es im Jahr 1992 über eine halbe Million gewaltsame Vorfälle an amerikanischen High Schools gab. 1997 waren es bereits dreimal so viel, und Gangs nahmen nach und nach Gegenden um die Schulen ein. Sie breiteten ihr Machtgebiet immer weiter aus, und einige Schulen wurden geschlossen. »The year is 1999. The gang-controlled areas have become known as free-fire zones. Kennedy High is located in the middle of a free-fire zone. The police will not enter. There is no law.« Die Handlung des Films spielt sich in und um Kennedy High ab, dessen Schülerschaft zu einem überwiegenden Großteil aus schwer bewaffneten und/oder drogenabhängigen Gangmitgliedern besteht. Der Held des Films verhindert – wie so oft in diesen Filmen – eine Vergewaltigung. Notgedrungen lässt sich der Direktor der Schule (Malcolm McDowell, der die Hauptfigur Alex in A Clockwork Orange spielte) auf ein Experiment ein. Drei vom »Department of Educational Defense« zur Verfügung gestellte Militärroboter in Menschengestalt sollen als neue Lehrer unterrichten, und die Gangs unter Kontrolle bekommen. Bereits an deren erstem Arbeitstag verprügeln die androiden Pädagogen mehrere Schüler und töten zwei weitere. Es wird immer deutlicher, dass sie alle Bandenmitglieder töten wollen. Vom Helden des Films initiiert, verbünden sich zwei verfeindete Gangs, um die tödlichen Maschinen zu stoppen.

8.4. The Substitute (1996)

Im Ausnahmejahr[193] 1996 erscheint auch The Substitute. Der Vietnamveteran Jonathan Shale (Tom Berenger) ist gerade von einem Einsatz als Söldner nach Hause zurückgekehrt. Nachdem seine Freundin, eine Lehrerin an einer ethnisch gemischten Schule, beim Joggen von Schülern attackiert und bedroht wird, gibt er sich an dieser Schule als Lehrer aus, um die Täter ausfindig zu machen. Eine High School voller

[193] Siehe Anfang von Kapitel 7.

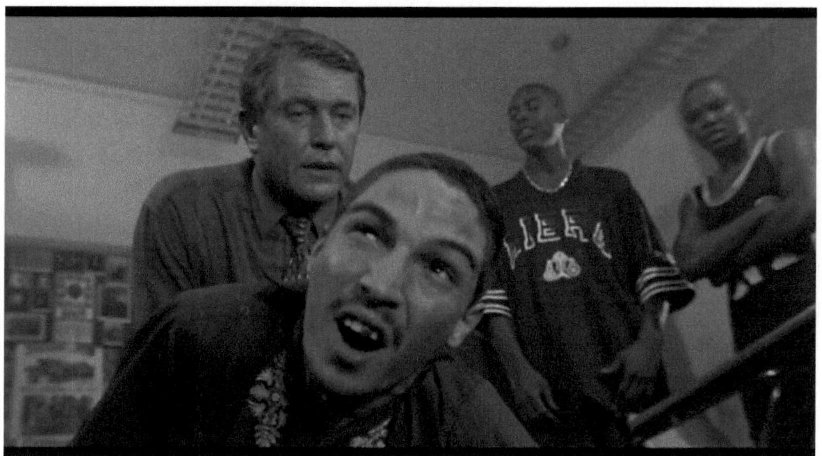

Abb. 18: Aushilfslehrer Shale zwingt in THE SUBSTITUTE einen Unruhestifter zu Boden und verdreht ihm den Arm.

Schwarzer und Hispanoamerikaner, in der Weiße eine extreme Minderheit darstellen, mag keine unrealistische Darstellung einer damaligen amerikanischen innerstädtischen Schule sein, aber es ist interessant, dass dieses Setting immer wieder in solchen Filmen gewählt wird. Etwas, das auch oft vorkommt – auch in diesem Film – sind am Eingang angebrachte Metalldetektoren. Die Gang »Kings of Destruction« hat an der Schule das Sagen, und Shale kämpft nicht nur mit dieser, sondern findet auch heraus, dass der Direktor der Schule mit einem Gangster zusammenarbeitet und die Schule benutzt, um zusammen mit den Kings of Destruction Kokain in Miami zu vertreiben. Zusammen mit seinen Söldner-Freunden kommt es zum Showdown in den Schulhallen, in denen mit Maschinengewehren und Bazookas die Schule von den Verbrechern zurückerobert wird.

Der Film war erfolgreich genug, dass drei Fortsetzungen (1998, 1999, 2001) für den Fernseh- und Videomarkt produziert wurden. In allen vier Filmen der Reihe nutzt der Held seine militärische Ausbildung und Expertise, um Verbrechen an Schulen und deren Umfeld zu bekämpfen. Er tauscht die Kriegsgebiete Vietnams, des Kosovo, etc. gegen die »Kriegszone« Schule und das Ghetto, in dem es sich befindet, ein. Als ein Söldner und Veteran verschiedenster Kriege verschafft sich der Protagonist Respekt, indem er Kriegserfahrungen in Unterricht einbaut oder im Extremfall physische Gewalt gegen aufmüpfige Schüler anwendet.

In THE SUBSTITUTE 2: SCHOOL'S OUT (MÖRDERISCHER TAUSCH 2, Steven Pearl, 1998) ist der neue Protagonist Karl Thomasson (Treat Williams) ein Ex-Green Beret, dessen Klasse ausschließlich aus Schwarzen besteht und der an seinem zweiten Arbeitstag zweimal mit einem Messer attackiert wird. In THE SUBSTITUTE 3: WINNER TAKES ALL (HARD LESSONS, Robert Radler, 1999) fragt eine Universitätsprofessorin, die brutal zusammengeschlagen wurde, Thomasson: »why don't you just call the police?«, worauf er ihr, ganz im Vigilant-Modus, entgegnet: «(…) the right thing to do things isn't always the lawful way.« Die einzige Ausnahme, was die *racial politics* dieser Filme betrifft, ist THE SUBSTITUTE 4: FAILURE IS NOT AN OPTION (HONOR & DUTY – THE SUBSTITUTE IV, Robert Radler, 2001), in dem Thomasson gegen eine Gruppe elitärer weißer Rechtsradikaler an einer Militärakademie kämpft, die neben ethnischen Minderheiten auch »gottlosen Multikulturalisten« den Kampf erklärt hat.

8.5. ONE EIGHT SEVEN (1997)

Der vielleicht (vorerst?) letzte der *school gone to hell*-Vigilantenfilme ist der 1997 erschienene ONE EIGHT SEVEN (187 ist in Kalifornien der Polizeicode für ein Tötungsdelikt). Darin wird dem *science teacher* Trevor Garfield (Samuel L. Jackson) von einem Schüler im Schulkorridor mit einem in ein Stück Holz gerammten Nagel mehrfach brutal in den Rücken gestochen, was große physische und psychische Narben bei ihm hinterlässt. Fünfzehn Monate danach traut er sich trotzdem wieder in eine Schule, wo eine Gang ihr Unwesen treibt, die Schulverwaltung jedoch aus Angst vor teuren Klagen Disziplinarmaßnahmen ablehnt. Besondern negativ tun sich zwei Individuen hervor: Benny Chacon, der die Lehrerin Ellen bedroht und sogar einen Sprayer tötet; und Cesar Sanchez, der seine Mutter schlägt, Ellens Hund tötet und Trevors Klassenzimmer komplett verwüstet. Trevor wird zum Vigilanten, der seine naturwissenschaftliche Expertise bei der Entledigung seiner beiden Ziele nutzt. »At some point, people have to take responsibility for their actions. (...) we can't expect the system to protect us.« Er setzt Cesar unter Drogen und schneidet ihm einen Finger ab, den er dann mit der Beschriftung »R U DUN?« (»Are you done?«) in das Krankenhaus schickt, in dem sich Cesar befindet. Benny tötet er mit Morphin.

8.6. Andere Beispiele für Klassenzimmer-Vigilanten

In einer der besten High Schools im Land werden Drogen verkauft, und es kommt zu Vandalismusvorfällen. Deshalb gründen in THE BROTHERHOOD OF JUSTICE (1986) ein paar weiße *upper class*-Schüler eine Vigilantengruppe. Als die Idee außer Hand gerät und es z.B. zu rassistisch motivierten Willkürakten gegen Schüler kommt, lässt einer der Vigilanten (Keanu Reeves) die Sache auffliegen.

DANGEROUSLY CLOSE (1986) präsentiert ebenfalls ein Negativbeispiel für Vigilanten. Eine neofaschistische Gruppierung kämpft gegen alle, die sie nicht mehr an ihrer Schule sehen wollen, wie Punks und ethnische Minderheiten. Der Held der Geschichte will sie auffliegen lassen.

»3:15« (1986) spielt ebenfalls an einer schlimmen High School, in der eine vorwiegend aus Hispanoamerikanern bestehende Gang große Mengen an Drogen verkauft. Die »guten« Schüler sind die weißen Sportlertypen. Die Schüler werden vom Direktor als »kleine Terroristen« bezeichnet, und zum Sicherheitschef der Schule sagt er, dass er die Gang gerne erschießen würde. Trotz erfolgreicher Verhaftung des Anführers wird dieser schnell wieder aus dem Gefängnis entlassen, und er schwört, den Protagonisten zu töten, weil dieser nicht nach seinen Regeln spielt. Dem Hauptdarsteller bleibt keine andere Wahl, als im Kampf auf Leben und Tod zu Selbstjustiz zu greifen und die Gang zu erledigen.

Der Lehrer Rick Latimer (James Belushi) wird an eine High School strafversetzt, in der Banden und Verbrechen herrschen, und nimmt sich vor, als neuer Direktor dort »aufzuräumen.« THE PRINCIPAL (1987) kämpft mit Schülern und wirft sie aus dem Fenster, verhindert die Vergewaltigung einer Lehrerin, nachdem er mit seinem Motorrad durch den Flur gerast ist, und stellt sich am Schluss in der Schule dem Todeskampf mit einer Bande.

In dem bereits 1988 fertiggestellten, aber erst 1993 auf Video veröffentlichten BRUTAL FURY terrorisiert eine Gruppe reicher High

School-Mädchen alle, die dem Image der Schule schaden könnten, und kümmert sich z.B. um Drogendelikte und freizügige Frauen. Ihr neuestes Mitglied geht weitaus brutaler als ihre *sisterhood*-Kolleginnen vor: Sie tötet den *star quarterback*, der mehrere Frauen vergewaltigt hat, die lesbische Sportlehrerin, die sich an Mädchen vergreift, und einige Drogendealer. »I am the instrument of god's vengeance on weak humanity« sagt die seltsame Teenagerin, die auf Grund des Missbrauchs ihres fanatisch-puritanischen Vaters an einer gespaltenen Persönlichkeit leidet.

9. Batman – Gotham Citys Vigilant und Retter

Vicki Vale: »Well, I mean let's face it. You're not exactly normal, are you?«
Batman: »It's not exactly a normal world, is it?«
BATMAN (Tim Burton, 1989)

Galilei: »Unglücklich das Land, das Helden nötig hat.«
Bertolt Brecht, *Leben des Galilei*

So gut wie alle Comic-Superhelden sind per Definition Vigilanten. Sie verfügen über übermenschliche Fähigkeiten, die sie nicht nur einsetzen, um ihre *community* und ihre Angehörigen zu schützen, sondern auch, um aktiv Verbrechen zu bekämpfen. Wie die Mainstream-Actionhelden der 1980er und 1990er wenden sie Vigilantismus nicht unbedingt an, weil existierende legale Institutionen scheitern, sondern weil sie durch ihre Superkräfte dazu geradezu prädestiniert sind. Woran Menschen ohne Superkräfte und deren Institutionen jedoch regelmäßig scheitern, sind die *supervillains* (»Superschurken«), für deren Bekämpfung es ganz eindeutig Superhelden braucht. Was variiert, ist die Art des Vigilantismus, der *Modus Operandi*, und der Grad an Gewalt, mit dem vorgegangen wird. Der Stil der Geschichten reicht von kindgerechten Vigilanten wie Superman bis zu ultrabrutalen Antihelden wie dem Punisher. In Ausnahmefällen arbeiten Superhelden für die Regierung und sind somit legitimiert, manche von ihnen sind offiziell registriert. Die Superheldentruppe »The Avengers« arbeitet meistens im Auftrag von S.H.I.E.L.D. (Strategic Homeland Intervention, Enforcement and Logistics Division[194]), einer Regierungsbehörde.

Batman ist sicherlich der weltweit bekannteste Vigilant der Populärkultur und einer der beliebtesten Charaktere in der Geschichte der Unterhaltungsindustrie. Bevor ich in der Filmgeschichte weitergehe, um

194 http://en.wikipedia.org/wiki/S.H.I.E.L.D (zuletzt aufgerufen am 30.11.2014)

die Vigilantenfilme der 2000er Jahre zu besprechen, verdient der »Caped Crusader« eine genauere Betrachtung und Analyse.

Der Milliardenerbe Bruce Wayne hat keinerlei Superkräfte (was auf sehr wenige Superhelden zutrifft), aber er erobert sowohl die physische als auch die intellektuelle Welt und trainiert Körper und Geist bis aufs Äußerste. Batman kooperiert zwar im Regelfall mit der Polizei, handelt aber auf eigene Faust, wendet immer wieder illegale Methoden an und muss sich vor niemandem verantworten. Sowohl die Stadtverwaltung als auch die Polizei sind sich darüber im Klaren, dass sie ohne den das Gewaltmonopol des Staates verletzenden Batman dem Verbrechen in Gotham City nicht Herr werden können. Sie geben das zwar oft nicht gerne öffentlich zu oder behaupten sogar, sie würden ihn genauso wie andere Verbrecher jagen, aber es herrscht zumindest ein stilles Eingeständnis dahingehend. Die bloße Duldung der inoffiziellen Anti-Verbrechensaktionen Batmans stellt aber keine Legitimation derer dar. Selbst die Kooperation mit Teilen der Polizei kommt keiner offiziellen Sanktionierung oder gar Legitimation gleich. Sein Vigilantismus ist auf eine schlichte Notwendigkeit zurückzuführen, und in vielen der zahlreichen Inkarnationen in Comics, Filmen, Fernsehserien und Videospielen wurde Batman immer wieder dafür kritisiert, beispielsweise von Mitgliedern der Stadtverwaltung oder der Polizei, aber auch von der allgemeinen Öffentlichkeit. Eine traumatische Kindheitserfahrung – die Ermordung seiner Eltern durch einen Kleinkriminellen – war für Bruce Wayne der Auslöser für die Erschaffung einer zweiten verbrechenbekämpfenden Identität. Fortan tritt Batman aber nicht in Aktion, um ein persönliches Rachegefühl zu tilgen, sondern setzt sich für die Bürger »seiner« Stadt ein. Die Erklärung, warum er eine menschliche Fledermaus als *Alter Ego* verwendet, ist in allen Inkarnationen ähnlich. In der originalen Comicgeschichte fliegt eine Fledermaus in das Anwesen von Bruce Wayne, der auf der Suche nach einem Auftritt ist, der Verbrechern Angst einjagt, und das als Omen deutet. In BATMAN BEGINS (Christopher Nolan, 2005) passiert dasselbe, zudem hatte Wayne schon als Kind Angst vor Fledermäusen und will diese Angst nun gegen seine Gegner anwenden. In BATMAN FOREVER (Joel Schumacher, 1995) stürzt er in eine Höhle, in der er eine riesige Fledermaus sieht.

> Bruce Wayne: »The figure in the dark was my destiny. It would change my life forever. I would use its image to strike terror into the

> hearts of those who did evil. I would ensure what happened to me would never happen to anyone else again.«[195]

Batmans Vigilant-Status im gängigen Kanon seines Universums ist unumstritten, und er ist der wohl professionellste und am besten ausgebildete aller fiktiven Vigilanten. Batman verkörpert – man könnte sagen »zelebriert« – die Macht, die von einem Individuum ausgehen kann. Körperlich und geistig bis aufs Äußerste trainiert, steht er für Gerechtigkeit und Eigenverantwortung und hat wie die Helden der klassischen, nicht-subversiven Western einen unerschütterlichen moralischen Kompass. Vigilanten kommen, wie bereits erläutert wurde, oft aus den oberen Schichten der Gesellschaft, sind struktur- und wertkonservativ und so etwas wie Adjutanten des herrschenden gesellschaftlichen Systems. Auf niemanden trifft das stärker zu als auf Bruce Wayne/Batman. Er ist ein Milliardär und Playboy, wahrlich ein »man from privilege«[196], und der inoffizielle »Prince of Gotham«[197], der mit seiner Firma Wayne Enterprises enormen wirtschaftlichen Einfluss in Gotham City ausübt. Bereits sein Vater Thomas Wayne vor ihm war ein erfolgreicher Kapitalist und ein sozialliberaler Philanthrop. Bruce führt die Wohltätigkeitsarbeit nach dem Tod seines Vaters fort, geht aber gleichzeitig weitaus entschiedener gegen das Verbrechen vor, indem er als Batman mit einer für Gotham notwendigen *law and order*-Mentalität auftritt. Bruce Waynes/Batmans Philosophie für eine funktionierende Gesellschaft sieht also quasi sowohl eine gütige als auch eine starke Hand vor und vereint konservative und linksliberale Werte. Trotz des enormen wirtschaftlichen und politischen Einflusses sieht sich Wayne gezwungen, als maskierter Vigilant aufzutreten, um sein oberstes Ziel – den Schutz von Gotham City – zu verfolgen. Justine Toh spricht in ihrem Text *The Tools and Toys of (the) War (on Terror): Consumer Desire, Military Fetish, and Regime Change in BATMAN BEGINS* von einem »politischem Vigilantismus« Batmans und merkt an, dass er militärische Hardware benutzt, um »gerechte Gewalt« gegen seine Feinde einzusetzen. Thomas Wayne wird auf offener Straße erschossen, von – wie Bruce Waynes Mentor und späterer Rivale Ra's al Ghul (siehe nächstes Unterkapitel: 9.1. »BATMAN BEGINS«) sagt – »one of the very people they were trying to help.«[198] »Bruce/Batman desires to continue

[195] BATMAN FOREVER (Joel Schumacher, 1995)

[196] THE DARK KNIGHT RISES (Christopher Nolan, 2012)

[197] BATMAN BEGINS (Christopher Nolan, 2005)

his father's legacy of social responsibility inasmuch as that involves the business of cleaning up Gotham City, but he improves on the rhetoric by backing it up with unilateral force.«[199] Batmans gewaltsamer Vigilantismus[200] erinnert somit auch an Richard Slotkins These der »Regeneration durch Gewalt«.

Im Batman-Kanon ist Gotham immer eine Stadt, die Batman dringend braucht. Sowohl die Stadtregierung als auch die Exekutive funktionieren nicht richtig, sie sind weder den Superverbrechern noch dem hohen Level an Kriminalität gewachsen und von Korruption zerfressen. In Tim Burtons BATMAN aus dem Jahr 1989 erfahren wir ebenfalls, dass eine sehr hohe Kriminalitätsrate in Gotham herrscht. Seinem *love interest* Vicky Vale erklärt Bruce in diesem Film:

> Batman: »It's just something that I have to do.«
> Vicky Vale: »Why?«
> Batman: »Because nobody else can.«[201]

Die ersten Batman-Comics von 1939 sind von den *Noir*-Geschichten und *pulp novels* der Zeit inspiriert. Als einsamer Streiter in einer ungerechten Welt, die »vor die Hunde zu gehen« droht, war und ist Batman keine ungewöhnliche Figur in der Populärkultur. Der Charakter hat auch andere Superhelden inspiriert. Besonders hervorzuheben sind hier der Punisher, der einen weitaus extremeren und brutaleren Vigilantismus als Batman pflegt und seinen ersten Auftritt im Jahr 1974 hat, dem selben Jahr, in dem DEATH WISH veröffentlicht wird. Rorschach aus der Comic-Reihe *Watchmen* ist ebenfalls eine Art extremistische Version von Batman, ein Soziopath und moralischer Absolutist, der wie eine zynische Persiflage auf den zwar psychologisch angeknacksten, aber zumindest geistig gesunden »rechtschaffenen Vigilanten« Batman wirkt.

Wie sehr Batman außerhalb des Gesetzes steht, ändert sich über die Jahrzehnte in den verschiedenen Inkarnationen und Interpretationen. Bei

---

198 Ebd.

199 Toh, Justine: The Tools and Toys of (the) War (on Terror): Consumer Desire, Military Fetish, and Regime Change in BATMAN BEGINS. In: Birkenstein, Jeff/Froula, Anna/Randell, Karen (Hrsg.): Reframing 9/11. Film, Popular Culture and the »War on Terror«. Bloomsbury Publishing. 2010. Seite 133.

200 Es gab und gibt durchaus auch gewaltlosen Vigilantismus, beispielsweise von Bürgerwehren, die eine reine Bewachungsfunktion ausüb(t)en. In Filmen dagegen sieht man Vigilantismus, der gewaltlos bleibt oder bei dem Gewalt nur androht wird, so gut wie nie.

201 BATMAN (Tim Burton, 1989)

seinem ersten Auftritt 1939 war Batman brutaler »Noir Vigilante«[202], der seine Gegner erschoss und an einen anderen berühmten Vigilanten erinnerte: »The Shadow«. Bereits 1940 änderte sich der Stil mit dem Auftritt von Robin. Bob Kane, der Erfinder von Batman, wollte ihn auf die andere Seite des Gesetztes hieven, auch um die Eltern der Comic-lesenden Kinder nicht zu erzürnen.[203] Über die Jahre wurde der Vigilantismus, der Batmans Charakter anfangs definierte, zurückgefahren, und in der 1966 gestarteten TV-Serie war er komplett verschwunden.[204] Noch im selben Jahr wurde ein auf der Serie basierender Kinofilm veröffentlicht, der diesen Dialog beinhaltet:

> Catwoman: »You are like the masked vigilantes in the Westerns, no?«
> Commissioner Gordon: »Certainly not! Batman and Robin are fully deputized agents of the law.«
> Robin: »Support your police! That's our message!«[205]

Statt Vigilanten sind Batman und Robin in dieser Version vollwertige Stellvertreter des Gesetzes. Im Film-*Serial* von 1943 waren die beiden sogar Undercover-Regierungsagenten, da die Filmzensoren – wie schon in Kapitel 4.3. »*G-Men* und Lynchmobs in der Ära des Hays Codes und des New Deal« erläutert – keine Helden duldeten, die das Gesetz in die eigene Hand nehmen.[206] In den Comics dieser Zeit durfte Batman dagegen ein Vigilant bleiben. Im Film von 1989 wird Batman von der Polizei gejagt, am Ende erkennen sie ihn aber als den Retter der Stadt und kündigen vor den Bürgern Gothams die Verwendung des »Batsignals« an, mit dem man ihn in Zukunft rufen könne.

Ein Punkt, in denen sich Batman-Geschichten von anderen Vigilanten-Narrativen unterscheiden, ist die eindeutige Gut/Böse-Dichotomie, die bei Batman üblicherweise nicht vorzufinden ist. Batman ist kein »guter Bürger« und sozial integriert wie Paul Kersey (DEATH WISH) oder Erica Bain (THE BRAVE ONE, DIE FREMDE IN DIR, Neil Jordan, 2007), sondern wie seine Gegenspieler ebenfalls ein gesellschaftlicher Außenseiter, der

---

202 O'Neil, Dennis: Batman Unauthorized. Vigilantes, Jokers, and Heroes in Gotham City. BenBella Books. 2009. Seite 19.

203 Yockey, Matt: Batman. Wayne State University Press. 2014. Seite 16.

204 Ebd., Seite 20.

205 BATMAN (Leslie H. Martinson, 1966)

206 Harmon, Jim und Glut, Donald F.: The Great Movie Serials. Their Sound and Fury. Routledge. 2013. Seite 368.

ständig außerhalb des Gesetzes steht und psychologisch stark gezeichnet ist – »split, right down the center.«[207] Für Robert Wonser und David Boyns, die den dunklen Ritter soziologisch analysiert haben, ist Batman ein »deviant who challanges deviants.«[208] Dass es einen brutalen, der Gesellschaft abtrünnigen Akteur braucht, um den ebenfalls abtrünnigen Kriminellen etwas entgegensetzen zu können, erinnert wieder an die »Feuer mit Feuer bekämpfen«-Mentalität des amerikanischen Action- und Vigilantenfilms. Die Gegner im Batman-Universum sind ebenfalls keine »scum of the earth«-Kandidaten, wie das für das Vigilantnarrativ üblich wäre, sondern bemerkenswert dreidimensionale Charaktere mit einer nachvollziehbaren Motivation für ihr Handeln.

Das gilt auch für die mit Emmy Awards ausgezeichnete Animationsserie *Batman* (besser bekannt als *Batman: The Animated Series*). Gegner erhalten wie auch Batman manchmal eine Art Legitimation ihrer illegalen Handlungen, sie sind oft ebenfalls auf der Suche nach Gerechtigkeit, aber auch nach Rache. Batman hat einen strengen moralischen Kodex, und es geht ihm als »ehrenvollem« Vigilanten nicht um Rache, sondern um Gerechtigkeit. Er stoppt auch immer wieder Gegner, die sich rächen wollen, wie z.B. Scarecrow in der Folge *Nothing to Fear*. Als Batman in der Folge *Heart of Ice* Mr. Freezes Plan vereitelt, Rache am Tod seiner Frau zu nehmen, klagt dieser »It can't end this way. Vengeance!«, und Batman entgegnet ihm »No, justice.«[209] Im Animationsfilm BATMAN: MASK OF THE PHANTASM (BATMAN UND DAS PHANTOM, Eric Radomski und Bruce Timm, 1993) kämpft er gegen einen Vigilanten, der auf Rache aus ist und dessen Methoden er für zu extrem erachtet, und fragt »What will vengeance solve?«[210]

Batman hatte also schon vor BATMAN BEGINS gegen andere Vigilanten gekämpft. In den Comics ist er gegen Punisher und Vigilante angetreten, die beide einen weitaus gnadenloseren Vigilantismus als Batman pflegen. Auch in *Lock-Up*, einer Folge der *Animated Series*, kämpft Batman gegen einen extremistischen Vigilanten, der als Sicherheitschef von Arkham

[207] BATMAN RETURNS (Tim Burton, 1992)

[208] Wonser, Robert und Boyns, David: The Caped Crusader. What Batman Films Tell Us about Crime and Deviance. In: Cinematic Sociology. Social Life in Film. SAGE Publications. 2012. Seite 215.

[209] *Heart of Ice*, aus der Serie *Batman*. (Erstausstrahlung: 7. September 1992)

[210] BATMAN: MASK OF THE PHANTASM (Eric Radomski und Bruce Timm, 1993)

Asylum, der psychiatrischen Gefängnisanstalt Gothams, unter anderem Einschüchterung und Folter anwendet. Als er deswegen von seinem Dienst entlassen wird, gerät er in Rage über die feige Polizei, hirnlosen Bürokraten und verhätschelnden Ärzte (»gutless police, mindless bureaucrats and coddling doctors«), denen er zu viel Milde gegenüber den Insassen Arkhams vorwirft. Er wird zu »Lock-Up«, der sowohl optisch als auch von seiner Mentalität her an den Punisher und Judge Dredd erinnert. Lock-Up bietet Batman Zusammenarbeit an, dieser lehnt natürlich ab. Es kommt zum Showdown zwischen den beiden, und Batman lässt ihn wissen: »I was born to fight your brand of order.«[211] Im Gegensatz zu »Lock-Up« ist Batman kein Faschist (obwohl man hier sehr wohl gegenargumentieren könnte).

In der Folge *Trial* wirft Gothams neue Staatsanwältin Batman vor, er habe die »super-criminals« wie Joker, Poison Ivy, Mad Hatter, etc. selbst erschaffen. Auch in Christopher Nolans THE DARK KNIGHT wird der Anarcho-Terrorist Joker als natürliches Gegengewicht zum vehement für Ordnung einschreitenden Batman erörtert. Außerdem hat die Staatsanwältin in *Trial* genug von Batmans Vigilantismus und würde ihn gerne vor Gericht bringen: »He takes it upon himself to be their judge and jury with no regard for the legal system.« Commissioner James Gordon, stets auf der Seite von Batman, erwidert ihr: »Janet, it's a warzone out there, and Batman is our best weapon.« Als Batman Gordon einen gefesselten Bandenanführer bringt, noch bevor die Polizei eine Chance hatte ihn zu verhaften, konfrontiert sie Batman: »You wanna support law and order, you take off that mask and put on a uniform.« Später in der Folge erkennt sie, dass seine Gegner für Batmans Existenz »gesorgt« haben und nicht umgekehrt. Die Folge endet mit diesem Dialog:

> Staatsanwältin Janet Van Dorn: »I see now there's a need for the things you do. But I'm still gonna work toward a city that doesn't need Batman.«
> Batman: »Me too.«[212]

Detective Harvey Bullock ist in der Serie die Figur, die immer wieder den Vigilantismus und die Methoden Batmans anklagt. In der Folge *Vendetta* sagt Batman zu Bullock »We may have different ways of

[211] *Lock-Up*, aus der Serie *Batman*. (Erstausstrahlung: 19. November 1994)
[212] *Trial*, aus der Serie *Batman*. (Erstausstrahlung: 16. Mai 1994)

enforcing the law, but we both believe in it.«[213] Der Charakter ist eine der Hauptfiguren in der 2014 gestarteten Serie *Gotham.*

1986 erschien Frank Millers Comic-Miniserie *Batman: The Dark Knight Returns,* dessen düsterer Stil und vergleichsweise realistische Atmosphäre starken Einfluss auf die Batman-Comics, aber auch auf die Filme ausübte. 2012 und 2013 wurde der Comic extrem nahe an der Vorlage verfilmt und als BATMAN: THE DARK KNIGHT RETURNS, PART 1 und BATMAN: THE DARK KNIGHT RETURNS, PART 2 (Regie bei beiden Filmen: Jay Oliva) veröffentlicht. Die Filme können, wie auch deren Vorlage, sehr leicht als reaktionäre Pro-Vigilantismus-Argumentation gelesen werden. In einer Fernsehsendung wird Batmans Vorgehen diskutiert, und Leute auf der Straße werden befragt. Ein Mann mit Anzug beklagt die Verletzung der Bürgerrechte durch Batman und sagt, man müsse die Unterprivilegierten in die Gesellschaft reintegrieren, statt sie zu bestrafen. Gleich darauf sagt er, er würde niemals in die Stadt ziehen. Hier wird einerseits liberale Heuchelei bloßgestellt, und man scheint – wie auch DEATH WISH – das amerikanische Sprichwort »A liberal is a conservative who hasn't been mugged yet.« bestätigen zu wollen. Lana Lang, Managing Editor des Daily Planet, die die Rückkehr Batmans als »symbolic resurgence of the common man's will to resist« und der «rebirth of the American soul« sieht, wird ebenfalls interviewt:

> Moderator: »Miss Lang, you've been perhaps the Batman's most vocal supporter. How can you condone behavior that's so blatantly illegal? What about due process? What about civil rights?«
> Lana Lang: »Ted, we live in the shadow of crime. Resigned to be the victims of fear, of violence, of social impotence. A man has risen to remind us that the power is, and always has been, in our hands. For years, we've been under siege. This one man is showing us that we can take a stand.«[214]

Wie so oft in Vigilantnarrativen wird das Verbrechen von einer Jugendbande repräsentiert, den »Mutants«. Nachdem Batman deren Anführer in einem Faustkampf besiegt, werden die offenbar ideologisch stark beinflussbaren *Mutants* zu den »Sons of Batman«, die fortan gegen Verbrechen kämpfen, und es kommt in ganz Gotham zu »Batman-inspired

---

213 *Vendetta*, aus der Serie *Batman*. (Erstausstrahlung: 5. Oktober 1992)

214 BATMAN: THE DARK KNIGHT RETURNS, PART 1 (Jay Oliva, 2012)

vigilantism«. Später in der Geschichte erfahren wir: »Every major city in the country but one has descended into riots, looting and other crimes. (…) Only Gotham has maintained order thanks to the vigilante gang being led by the Batman.«[215] Wie auch in DEATH WISH und anderen Vigilantenfilmen sehen wir wieder einen positiven Effekt von gewaltsamer privater Justiz. In dieser Geschichte entschließt sich Batman, den Joker endgültig zu töten, kurz nachdem er zu ihm sagt »All the people I've murdered by letting you live.« All das bringt den Präsidenten der Vereinigten Staaten höchstpersönlich dazu, Batman endgültig zum Staatsfeind zu erklären, der Superman auf ihn ansetzt. Im Gegensatz zu Batman ist Superman im gängigen Kanon ein system- und gesetzestreuer »Saubermann«, der sich Autorität unterordnet und dessen Handlung von der amerikanischen Regierung sanktioniert ist. (Als Batman in THE BATMAN SUPERMAN MOVIE: WORLD'S FINEST (Toshihiko Masuda, 1997) den Joker bis in Supermans Heimatstadt Metropolis jagt, macht der Mann aus Stahl dem *Caped Crusader* klar: »I won't have vigilantism in my town.«[216]) In BATMAN: THE DARK KNIGHT RETURNS, PART 2 sind Superhelden gesetzlich verboten worden, und Superman übt auf Geheiß des Präsidenten Druck auf Batman aus:

> Superman: »You act like a criminal.«
> Batman: »We are criminals, Clark, we always have been. You're still one too. Only difference is, you have a boss.«
> Superman: »And you answer to no one.«[217]

Der »Boss«, auf den Batman anspielt, ist Präsident Ronald Reagan, der sogar so weit gehen würde, Batman zu töten.[218] Batman sagt zu Superman: »You say you answer to some sort of authority. They only want me dead because I'm an embarrassment. Because I do what they can't. What kind of authority is that?« Es kommt zum Kampf zwischen den Beiden, den Batman mit viel Raffinesse für sich entscheiden kann. Der Film endet damit, dass Wayne seine zweite Identität aufgibt und eine Vigilantengruppe ausbildet, die Gotham weiter beschützen soll.

---

215 BATMAN: THE DARK KNIGHT RETURNS, PART 2 (Jay Oliva, 2013)
216 THE BATMAN SUPERMAN MOVIE (Toshihiko Masuda, 1997)
217 BATMAN: THE DARK KNIGHT RETURNS, PART 2 (Jay Oliva, 2013)
218 Die Filme spielen gemäß ihrer Comicvorlage in den 1980ern.

9.1. BATMAN BEGINS (2005)

Ra's al Ghul: »Justice is balance.«

Batman ist in den Comics, der *Animated Series* und der Kinofilmreihe BATMAN (1989), BATMAN RETURNS (1992), BATMAN FOREVER (1995) und BATMAN & ROBIN (1997) ein mehr als eindeutiger Vertreter des amerikanischen Monomythos, ein Vigilant, der mit einer nie enden wollenden Reihe an Gewalthandlungen eine hilflose Community vor dem Untergang bewahrt. Doch vor allem in Christopher Nolans Trilogie, die aus BATMAN BEGINS (2005), THE DARK KNIGHT (2008) und THE DARK KNIGHT RISES (2012) besteht, finden wir neben der realistischeren Interpretation des Batman-Mythos auch Fragen zu Ethik, Gerechtigkeit und Privatjustiz. Nolan sagte in einem Interview, die Batman-Geschichte sei sowohl pro- als auch anti-Vigilant.

> It's enjoying something and questioning it. (…) The reason to me [Batman is] heroic is because he's altruistic. He's trying to help other people with no benefit to himself and, whatever motivates him – and this was the tricky thing to really try and nail with BATMAN BEGINS as opposed to previous incarnations – is the difference between him and a common vigilante, the Punisher or Charles Bronson in DEATH WISH. To me, the difference is he is not seeking personal vengeance. We did not want his quest to be for vengeance, we wanted it to be for justice.[219]

Einige Kritiker haben BATMAN BEGINS und THE DARK KNIGHT als Befürwortung des militärischen Vigilantismus der Bush-Ära gelesen, inklusive der »notwendigen Übel« Folter, Auslieferung und der Aushöhlung von Bürgerrechten.[220] Bruce Wayne wurde als Neokonservativer wahrgenommen und die Ideologie von THE DARK KNIGHT als eine reaktionäre. Die konservative politische Zeitschrift *National Review* hat THE DARK KNIGHT auf Platz 12 ihrer Liste »Best Conservative Movies« gewählt.[221] Tatsächlich tritt Batman innerhalb dieser Trilogie nicht nur

---

[219] Holleran, Scott: Wing Kid. An Interview with Christopher Nolan. (20.10.2005, http://www.boxofficemojo.com/features/?id=1921&pagenum=all, zuletzt aufgerufen am 12.11.2014)

[220] Fradley, Martin: What Do You Believe In? Film Scholarship and the Cultural Politics of the DARK KNIGHT Franchise. In: Film Quarterly Vol. 66, Number 3. University of California Press. 2013. Seite 18, 19.

mit Kampfkunst und Gadgets gegen seine Gegner an. Er und Staatsanwalt Harvey Dent wenden mehrere Male Folter an, Batman liefert einen chinesischen Staatsbürger an die Behörden Gothams aus, und um den Joker zu finden, baut er einen Computer, mit dem er Millionen von Privatpersonen ausspionieren kann. Batman und seine Vigilant-Aktionen werden in den Filmen für die Rettung Gothams und die Befreiung der Stadt von Verbrechen und Korruption als notwendig und gerechtfertigt kommuniziert. Bruce Wayne verfügt außerdem dank der Forschungs- und Entwicklungsabteilung seiner Firma über technologische und militärische Ressourcen, die die Polizei bei Weitem nicht hat.

Das Gotham City in BATMAN BEGINS erinnert visuell und atmosphärisch an das »korrupte« und von Verbrechen verseuchte New York der 1970er, das unter anderem in Filmen wie TAXI DRIVER (1976), DEATH WISH (1974) und THE FRENCH CONNECTION (1971) mythologisch aufgeladen und verewigt wurde.[222] Wie üblich ist Batmans Heimatstadt von Verbrechen und Korruption übersät. Der Gangsterboss Carmine Falcone hat quasi die gesamte Stadt eingeschüchtert – sowohl Politiker, die Polizei als auch Richter hat er in seiner Tasche.[223] Staatsanwalt Finch klagt »Falcone has half the city bought and payed for.« Bruce Wayne wird ebenfalls vom Rechtssystem im Stich gelassen, als der Mörder seiner Eltern im Gegenzug für ein Geständnis gegen Falcone freigelassen wird. Es scheint, als ob so gut wie alle Polizisten außer James Gordon Bestechungsgelder empfangen würden. Wie auch in DEATH WISH sehen wir in BATMAN BEGINS keine wirkliche Mittelschicht, und die unter einer wirtschaftlichen Depression leidende Stadt scheint komplett in Arm und Reich unterteilt zu sein. Nach der Verhaftung Carmine Falcones diskutiert Gothams Oberschicht die Für und Wider von Batmans Vigilantismus, wie auch die gut betuchten Dinner-Gäste in DEATH WISH angeregt über den unbekannten Vigilanten diskutieren. Police Commissioner Loeb duldet keinen Vigilanten in Gotham und macht seinen Mitarbeitern klar: »No one takes the law into their own hands in my city.«

Sowohl Ra's al Ghul, Bruce als auch sein Butler Alfred scheinen nicht viel von der Idee eines Vigilanten zu halten. Besorgt über seine nächt-

221 Ebd., Seite 16.

222 DiPaolo, Marc: War, Politics and Superheroes. Ethics and Propaganda in Comics and Film. McFarland & Company, Inc. 2011. Seite 51.

223 Ip: The Dark Knight's War on Terrorism. Seite 211.

lichen Aktionen sagt Alfred zu Bruce: »It can't be personal, or you're just a vigilante.« Als Ra's al Ghul, der sich zuerst als »Henri Ducard« ausgibt, Bruce eine Mitgliedschaft in der League of Shadows anbietet, sagt dieser etwas verächtlich:

> Bruce Wayne: »You're vigilantes.«
> Henri Ducard (Ra's al Ghul): »No, no, no. A vigilante is just a man lost in the scramble for his own gratification. He can be destroyed, or locked up. But if you make yourself more than just a man, if you devote yourself to an ideal, and if they can't stop you, then you become something else entirely.«
> Bruce Wayne: »Which is? «
> Henri Ducard (Ra's al Ghul): »Legend, Mr. Wayne.«

Von einem Vigilanten, der darauf aus ist, den Status quo zu erhalten, kann man im Falle der Nolan-Trilogie nicht wirklich sprechen, denn die Mafia und korrupte Entscheidungsträger sind ja Teil des Establishments. Um Korruption und Verbrechen zu beseitigen, die tief in der Realität und Struktur der Stadt verankert sind, sorgt Batman für Machtverschiebungen in Gotham, vor allem durch die Beseitigung Carmine Falcones und die Unterstützung von James Gordon, der vom Sergeant zum Lieutenant aufsteigt. Gordon ist nicht das einzige Staatsorgan, mit dem Batman eine wichtige Allianz gründet, er kooperiert auch mit der idealistischen Staatsanwältin Rachel Dawes, die Bruce an die Wichtigkeit des unparteiischen Gerichtssystems erinnert, worauf (ein junger und naiverer) Bruce ihr entgegnet: »Your system is broken«. In THE DARK KNIGHT wird Batman noch zusätzlich mit dem neu gewählten Bezirksstaatsanwalt Harvey Dent kooperieren und mit einer Mischung aus legalen Aktionen Dents und außerrechtlichen Aktionen Batmans genau dieses korrupte ineffiziente System »reparieren«.

BATMAN BEGINS stellt einen Sonderfall innerhalb diesem Buch dar. Nicht nur ist der Protagonist dieser Geschichte ein Vigilant, seine Gegner sind es auch: Die Elitegruppe »League of Shadows« um Ra's al Ghul hat es sich zur Aufgabe gemacht, sich gewaltsam um eine »Balance« in der Welt zu kümmern, legitimiert oder sanktioniert sind sie dazu von niemandem. Beide haben eine Vorstellung von »wahrer Gerechtigkeit«, die sie auf illegalem und gewaltsamem Weg durchsetzen wollen. Im Krieg um Gotham ist Batman die wichtigste konservative, systemerhaltende

Kraft. Ra's und die League pflegen dagegen einen revolutionären Vigilantismus, der von einer eindeutig faschistischen Ideologie herrührt. Man könnte auch sagen, Batmans Vigilantismus ist affirmativ, während der der League of Shadows subversiv ist. Beide kämpfen aus ihrer Sicht für eine funktionierende, gesunde Gesellschaft. Sowohl Ra's als auch Batman wollen gewaltsam einen sozialen Wandel erreichen, mit dem Unterschied, dass die League herrschende Strukturen zerstören will, und Wayne sie verbessern und unterstützen will. Sowohl Batman als auch die League of Shadows kämpfen gegen Verbrechen und Korruption, aber mit unterschiedlichen Ansichten und Methoden. Beide wollen durch ihre illegalen Aktionen Harmonie erzeugen, eine Gesellschaft mit Ordnung und sozialem Frieden. Ra's ist ein fanatischer Vigilant mit einer *Zero Tolerance*-Haltung in Bezug auf Verbrechen:

> Henri Ducard (Ra's al Ghul): »He was a farmer. Then he tried to take his neighbor's land and became a murderer. Now he is a prisoner.«
> Bruce Wayne: »What'll happen to him?«
> Henri Ducard (Ra's al Ghul): »Justice. Crime can not be tolerated. Criminals thrive on the indulgence of society's understanding.«

Nach Ra's al Ghuls Ansicht ist es für die Rettung Gothams zu spät, die Stadt müsse zerstört und neu aufgebaut werden:

> Ra's al Ghul: »When a forest grows too wild, a purging fire is inevitable and natural. Tomorrow the world will watch in horror as its greatest city destroys itself. The movement back to harmony will be unstoppable this time.«

Die Schlussfolgerung al Ghuls, Gotham könne nicht mehr gerettet und müsse vernichtet werden, könnte man als das äußerste Ende jener Vigilanten-Philosophie bezeichnen, die von Charakteren wie Paul Kersey (DEATH WISH) und dem Punisher verkörpert wird.[224] Bruce Wayne/Batman ist wie Ra's al Ghul äußerst intelligent. Was die beiden vor allem unterscheidet, ist Waynes starker Humanismus, Idealismus und seine Vernunft. Im letzten Drittel von BATMAN BEGINS konfrontiert Batman, der als einzelner Vigilant gegen das organisierte Verbrechen in Gotham vorgegangen ist, Ra's al Ghul. Der Anführer der League of Shadows hat genau diese Verbrecher unterstützt, damit sich Gotham »selbst zerfleischt«, und will nun Nervengas auf Gotham loslassen:

[224] DiPaolo: War, Politics and Superheroes. Seite 59.

> Bruce Wayne: »You're gonna destroy millions of lives.«
> Ra's al Ghul: »Only a cynical man would call what these people have ›lives‹, Wayne. Crime, despair... this is not how man was supposed to live. The League of Shadows has been a check against human corruption for thousands of years. We sacked Rome. Loaded trade ships with plague rats. Burned London to the ground. Every time a civilization reaches the pinnacle of its decadence we return to restore the balance.«

Die Existenz und Legitimität einer »natürlichen« Gerechtigkeit ist tief in der Philosophie von Vigilantismus eingebettet. Ra's al Ghuls Faible für Naturrecht wird an dieser Stelle im Drehbuch zu BATMAN BEGINS, die nicht im Film vorkommt, noch deutlicher:

> Henri Ducard (Ra's al Ghul): »This world is run by tyrants and corrupt bureaucrats. Our code respects only the natural order of things- we're not bound by their hypocrisy. Are you?«[225]

Das Finale des Films ist eindeutig von den Terroranschlägen vom 11. September 2001 inspiriert. Das Wayne-Tower-Gebäude ist Symbol für die Wirtschaftsmacht der Metropole Gotham City, so wie es auch die Türme des World Trade Center für New York bzw. die gesamte USA waren. Ra's al Ghuls Versuch, die Einschienenbahn in den Wayne Tower zu steuern und durch die Freisetzung von Nervengas und das dadurch ausgelöste Chaos die dekadente, korrupte Gesellschaft zu erneuern, kann ebenso wie die realen Anschläge der Al Kaida als »Angriff auf die westliche Welt« verstanden werden. Der Kampf Batmans gegen die League of Shadows, die in THE DARK KNIGHT RISES fortgesetzt und zu Ende gebracht wird, ist also ein buchstäblicher »war on terror«.[226]

[225] Goyer, David: BATMAN BEGINS (Drehbuch, http://www.screenplaydb.com/film/scripts/batman_begins.PDF, zuletzt aufgerufen am 14.11.2014)

[226] DiPaolo: War, Politics and Superheroes. Seite 52.

9.2. The Dark Knight (2008)

Bruce Wayne: »The bandit, in the forest in Burma, did you catch him?«
Alfred Pennyworth: »Yes.«
Bruce Wayne: »How?«
Alfred Pennyworth: »We burned the forest down.«

Das einleitende Zitat lässt erahnen, welches Opfer vielleicht nötig sein wird, um den unberechenbaren Terroristen Joker zu stoppen. Dieser steht für pure Anarchie und ist damit seit Jahrzehnten der perfekte Erzfeind für Batman, der für eine funktionierende *law and order*-Gesellschaft eintritt. »Some men just want to watch the world burn.« Wie Ra's al Ghul vor ihm will der Joker beweisen, dass die moderne zivilisierte Gesellschaft schwachmütig und egoistisch ist. In BATMAN BEGINS ist das Wort »vigilante« noch eher negativ konnotiert, das ändert sich in THE DARK KNIGHT. Während Batman im vorigen Film einen moralisch leichter vertretbaren Vigilantismus pflegt, zwingt der Joker Batman in diesem Film, noch etwas weiter zu gehen. Als er sowohl den neuen Bezirksstaatsanwalt Harvey Dent als auch Rachel Dawes entführt, sieht sich der dunkle Ritter gezwungen, Folter anzuwenden, um ihren Aufenthaltsort zu erfahren. Im Laufe des Films tut sich ein Problem für Batman auf: Wenn er bei seinem Vorsatz, nicht zu töten, bleibt, kommt er scheinbar gegen den Joker nicht an. Hier treffen wir wieder auf die bekannte »fight fire with fire«-Logik: Wenn der Protagonist sich an Regeln hält, kommt er gegen seine Feinde nicht an, die keine Regeln kennen. Harvey Dent ist der »white knight« Gothams, der der Stadt Hoffnung gibt, indem er auf konventionellem und legalem Wege rigoros gegen das organisierte Verbrechen in Gotham vorgeht. Im Gegensatz zu Dent operiert der »dark knight« Batman mit illegalen Methoden, setzt aber große Hoffnungen in Dent. »Gotham needs a hero with a face.« »Your stand against organized crime is the first legitimate ray of light in Gotham in decades.«

Nachdem seine Verlobte Rachel Dawes in Gefahr gerät, wendet auch Dent Folter an. Batman bremst ihn ein und erinnert ihn daran, wer er ist und wie wichtig es ist, dass er auf der richtigen Seite des Gesetzes bleibt. Nach einem Unfall, der sein Gesicht verstümmelt, wird Dent jedoch endgültig zum Vigilanten, der alle jene tötet, die an Rachel Dawes Entführung mitverantwortlich waren, wie z.B. korrupte Polizisten. Am

Ende des Films sagt der gefallene Dent: »You thought we could be decent men in an indecent time. But you were wrong. The world is cruel, and the only morality in a cruel world is chance.«

Das Spannungsfeld zwischen Gesetzmäßigkeit und Notwendigkeit wurde schon oft in früheren Vigilantnarrativen untersucht, aber wohl selten auf solch interessante und umfassende Art wie in Nolans Batman-Trilogie. In einer Dinnerszene mit Bruce Wayne, seinem Date Natascha, Harvey Dent und Rachel Dawes wird dieses Spannungsfeld behandelt:

> Natascha: »I'm talking about the kind of city that idolizes a masked vigilante.«
> Harvey Dent: »Gotham City is proud of an ordinary citizen standing up for what's right.«
> Natascha: »Gotham needs heroes like you – elected officials, not a man who thinks he's above the law.«
> Bruce Wayne: »Exactly. Who appointed the Batman?«
> Harvey Dent: »We did. All of us who stood by and let scum take control of our city.«
> Natascha: »But this is a democracy, Harvey. «
> Harvey Dent: »When their enemies were at the gates, the Romans would suspend democracy and appoint one man to protect the city. And it wasn't considered an honor, it was considered public service.«
> Rachel Dawes: »Harvey, the last man that they appointed to protect the republic was named Caesar, and he never gave up his power.«

Die Idee »A hero can be anyone«[227], die auch in etlichen anderen Superhelden-Narrativen betont wird, mag auf den ersten Blick wie ein demokratischer Ansatz wirken. Die absichtliche Missachtung demokratischer Regeln und Prozesse sowie das Hinwegsetzen über staatliche Institutionen ist aber ein eindeutig faschistischer Gedanke, der dem Vigilantnarrativ innewohnt. Dieser ist auch aus dem vorigen Dialog gut herauslesbar, in dem die Notwendigkeit eines (temporär eingesetzten) benevolenten Diktators diskutiert wird, eine Idee, die bereits in GABRIEL OVER THE WHITE HOUSE in Filmlänge behandelt wurde. Dass sich eine Privatperson so eindeutig über das Gesetz stellt, um diesem zu dienen, ist – wie schon erörtert – ein Widerspruch, der in die Vigilantphilosophie eingebettet ist.

227 THE DARK KNIGHT RISES (Christopher Nolan, 2012)

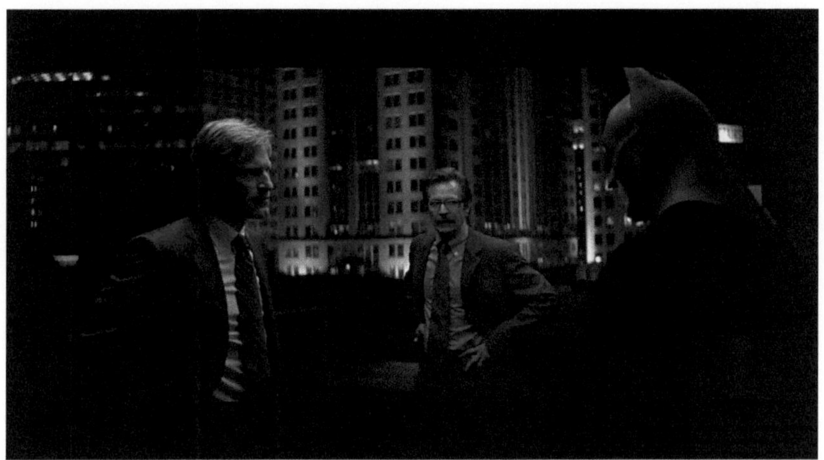

Abb. 19: Allianz des Guten: Bezirksstaatsanwalt Harvey Dent, Police Commissionier James Gordon und der Vigilant Batman in THE DARK KNIGHT.

Ein weiteres fundamentales Problem von Vigilantismus, neben der Untergrabung staatlicher Autorität, präsentiert sich zu Beginn des Films: Bewaffnete und als Batman verkleidete Leute sind auf den Straßen Gothams zu finden, die neben dem zu einem Elite-Kämpfer und Ninja ausgebildeten Batman nur als Amateur-Vigilanten bezeichnet werden können. Für dessen illegales Handeln wurde eine inoffizielle Ausnahme gemacht, das heißt, es besteht kein guter Grund, diese Ausnahme nicht auf mehr Privatbürger ausdehnen. Batman arbeitet zwar professioneller und effektiver, hat aber trotzdem nicht mehr Recht auf sein Vorgehen als andere.[228] »What gives you the right? What's the difference between you and me?« fragt einer der Batman-Copycats. Batmans Antwort, in einer der wenigen mit Humor versehenen Szenen im Film: »I'm not wearing hockey pads.«

Die Polizei gibt nach außen vor, sie würden knapp davor stehen, Batman zu fassen. »Official policy is to arrest the vigilante known as Batman on sight.« In Wahrheit lassen sie ihn nicht nur walten, sie kooperieren auch mit ihm. Als Vigilant hat Batman im Gegensatz zur Polizei keinen eingeschränkten Zuständigkeitsbereich, und kann wenn notwendig überall auf der Welt handeln. Das wird an der Stelle im Film wichtig, an der Batman einen chinesischen Mafiaboss entführt und an Gordon ausliefert.

[228] Ip: The Dark Knight's War on Terrorism. Seite 227.

Am Ende opfert sich Batman erneut für Gotham, indem er die Schuld für Dents Verbrechen auf sich nimmt. Indem er Dent deckt, rettet er dessen Ansehen und auch das von Gothams Justizapparat. Damit bleibt den Bürgern der Stadt die Hoffnung, dass ihre Stadt doch noch von Korruption und Verbrechen befreit wird und »das System« doch funktioniert.

9.3. The Dark Knight Rises (2012)

Bruce Wayne: »I fear dying in here, while my city burns, and there's no one there to save it.«

In The Dark Knight Rises ist die League of Shadows, angeführt von Bane, zurück, um Ra's al Ghuls Plan zu vollenden. Der »Dent Act« hat einen Großteil der Verbrecher Gothams hinter Gitter gebracht und ihnen Bewährung versagt. Bane »befreit« die unter dieser Verordnung eingesperrten Verbrecher, wettert gegen die »Unterdrücker« und die Reichen und Korrupten Gothams. Die Angst vor einer aufbegehrenden (kriminellen) Unterklasse, mit der viele Vigilantenfilme spielen, wird in diesem Film auf die Spitze getrieben. Die ganze Stadt wird von Banes Leuten eingenommen, die gesamte Polizei in der Kanalisation eingeschlossen, und reiche Bürger Gothams werden aus ihren Häusern auf die Straße getrieben. Die League ist im Besitz einer Nuklearbombe, und es bleibt an Batman, Gordon und dem Streifenpolizisten John Blake, Gotham zu retten. Als Bane die Wahrheit über Harvey Dent an die Öffentlichkeit bringt, ist Blake von Gordon enttäuscht. Dieser will ihm die Umstände erklären, unter der diese Lüge notwendig war, und macht noch einmal die Wichtigkeit des Vigilanten Batman für Gotham deutlich:

> Commissioner James Gordon: »There's a point far out there when the structures fail you, when the rules aren't weapons anymore, they're shackles letting the bad guy get ahead. One day, you may face such a moment of crisis, and in that moment, I hope you have a friend like I did, to plunge their hands into the filth, so that you can keep yours clean!«

Blake hatte schon vorher an Batmans Schuld gezweifelt und wollte ihn zur Rückkehr überreden. Nachdem Batman Gotham vor der Bombe rettet, scheinbar auf Kosten seines eigenen Lebens, wirft Blake seine Polizeimarke in den Gotham River, eine Szene, die an das Ende von DIRTY HARRY erinnert, als Inspector Callahan desillusioniert seine Marke in den See wirft. Gordon will ihn überreden, seinen Dienst nicht zu quittieren. Blake entgegnet, dass er nun auch erkannt hat, wie sehr die Strukturen ihm Fesseln anlegen und er diese Ungerechtigkeit nicht länger dulden kann. Der Film – und damit auch die Trilogie – endet damit, dass Batman sich aus seinem Vigilantenleben zurückzieht, und es wird stark darauf hingedeutet, dass Blake seine Rolle übernehmen wird.

Der Philosoph, Sozialkritiker und Kulturtheoretiker Slavoj Žižek hat in einer Analyse eine bekannte Logik des Vigilantenfilms in Nolans Batman-Trilogie ausgemacht: »one has to break the rules in order to defend the system«. Er sieht Batman nicht nur als urbanen Vigilanten, sondern auch als Christus-Figur, die sich opfert, um andere zu retten. Im Dent Act sieht Žižek eine neue Version zweier John-Ford-Western, FORT APACHE (BIS ZUM LETZTEN MANN, 1948) und THE MAN WHO SHOT LIBERTY VALANCE. Diese argumentieren, man müsse die Legende veröffentlichen (»print the legend«[229]) und die Wahrheit ignorieren, um den Wilden Westen zu zivilisieren, kurz: Unsere Zivilisation müsse auf einer Lüge basieren.[230]

[229] THE MAN WHO SHOT LIBERTY VALANCE (John Ford, 1962)

[230] Žižek, Slavoj: Dictatorship of the Proletariat in Gotham City (http://diepresse.com/home/meinung/debatte/1277571/Dictatorship-of-the-Proletariat-in-Gotham-City, zuletzt aufgerufen am 26.9.2014)

10. Vigilanten in den 2000ern und bis heute

2001 startet die Serie »*24*«, ab 2006 wird *Dexter* ausgestrahlt. Jack Bauer und Dexter Morgan reihen sich in die Riege an TV-Vigilanten ein. In den 2000er-Jahren erlangt der Superheldenfilm enorme Popularität, und es kommt zu einer ganzen Welle von Filmen mit maskierten Vigilanten. Neben der THE DARK KNIGHT-Trilogie, die ich in Kapitel 9 genauer besprochen habe, erscheinen unter anderem: X-MEN (2000) mit (bislang) sechs Fortsetzungen (2003, 2006, 2009, 2011, 2013, 2014), SPIDER-MAN (2002) mit zwei Fortsetzungen (2004 und 2007), DAREDEVIL (2003, Matt Murdock ist Anwalt bei Tag und Vigilant bei Nacht!), THE PUNISHER (2004), FANTASTIC FOUR (2005) mit einer Fortsetzung (2007), SUPERMAN RETURNS (2006), IRON MAN (2008) mit zwei Fortsetzungen (2010, 2013), PUNISHER: WAR ZONE (2008, keine Fortsetzung zum Film von 2004), WATCHMEN (2009), KICK-ASS (2010) mit einer Fortsetzung (2013), SUPER (2010), THE GREEN HORNET (2011), THOR (2011) mit (bislang) einer Fortsetzung (2013), THE AMAZING SPIDER-MAN (2012) mit (bislang) einer Fortsetzung (2014), MAN OF STEEL (2013), GUARDIANS OF THE GALAXY (2014) und TEENAGE MUTANT NINJA TURTLES (2014). Für die beiden letztgenannten Filme ist zumindest je eine weitere Fortsetzung in Arbeit (Stand: Dezember 2015).

Aber auch abseits des Superheldengenres tummeln sich in diesen zwei Jahrzehnten die Vigilanten, die vor allem ab der zweiten Hälfte der 2000er-Jahre wieder zurück in den Mainstream geholt werden. Allerdings fallen fast alle dieser Nicht-Superheldenfilme, was die Popularität und die Einspielergebnisse betrifft, im Vergleich zu den von mir besprochenen Filmen der 1970er weit zurück.

10.1. THE BOONDOCK SAINTS (2000)[231]

In diesem Actionfilm (DER BLUTIGE PFAD GOTTES, Troy Duffy), der nach seiner Videoveröffentlichung zu einem Kultfilm avancierte, beschließen die irischstämmigen Brüder Connor und Murphy MacManus, selbstlose Vigilanten zu werden. Die Gründe dafür sind bekannte: Böse Menschen sind zahlreich, und das Rechtssystem ist zu durchlässig. Die beiden können die »Gleichgültigkeit guter Männer«, die auch ihr Pfarrer beklagt, nicht mehr hinnehmen.

Die beiden Brüder haben an ihren Zeigefingern, mit denen sie die Abzüge ihrer Waffen drücken, die Worte »VERITAS« (lateinisch für Wahrheit) und »AEQUITAS« (lateinisch für Gleichheit) eintätowiert, und erinnern sich an Bibelzitate wie »Whosoever shed man's blood, by man shall his blood be shed« und »Destroy all that which is evil«/«So that which is good may flourish.« Bevor die beiden jemand exekutieren, sagen sie manchmal noch ein Gebet auf. Noch nie zuvor wurde in einem Vigilantenfilm dermaßen stark nahegelegt, dass die Vigilanten »Gottes Werk« tun würden. Selbst die deutlichen religiösen Implikationen in GABRIEL OVER THE WHITE HOUSE waren weitaus vorsichtiger gesetzt. Zusätzlich zu Gott beziehen sich die zwei auf Charles Bronson, als sie sich für ihre Aktionen vorbereiten. Zuhälter, Drogendealer und »lowlifes« sind ihre erklärten Ziele. In einer Szene machen die Brüder einem Freund von ihnen klar, wie sie ihr Handeln ethisch-moralisch rechtfertigen:

> Rocco: »Anybody *you* think is evil?«
> Connor: »Aye.«
> Rocco: »Don't you think that's a little weird, a little psycho?«
> Connor: »D'you know what I think is psycho, Roc? It's decent men with loving families. They go home every day after work and they turn on the news. You know what they see? They see rapists, and murderers and child molesters. They're all getting out of prison.«
> Murphy: »Mafiosos. Gettin' caught with twenty kilos. Gettin' out on bail the same fuckin' day.«
> Connor: »And everywhere, everyone thinks the same thing: That someone should just go kill those motherfuckers.«
> Murphy: »Kill 'em all. Admit it. Even you've thought about it.«
> Rocco: »You guys should be in every major city. This is some heavy

[231] Der Film wurde zwar bereits 1999 erstveröffentlicht, in den USA erschien er aber erst 2000.

> shit. This is, like, Lone Ranger heavy, man.«

Der FBI-Agent Paul Smecker sympathisiert mit den Brüdern, und hat mit sich zu kämpfen, weil er die zwei nicht verhaften will. In einem Beichstuhl gesteht er dem Priester:

> Paul Smecker: »I put evil men behind bars, but the law has miles of red tape and loopholes for these cocksuckers to slip through. I found out there are these two guys who fix the situation with an iron fist as if they had God's permission. In this day and age I believe what they do is necessary. I feel it is correct. (...) All the things I wish I could do, these guys are doing. W-W-What should I do? Because I am a man who's supposed to uphold the law.«
> Priester: »The laws of God are higher than the laws of men.«

Smecker fühlt sich bestätigt und beschließt, den beiden zu helfen. Außerdem verbünden sich die Brüder mit ihrem Vater »Il Duce«, der vorher Auftragskiller war. Zu dritt stürmen sie einen Gerichtssaal, während man weitere pathetisch-schwere Worte von »Il Duce« hört: »Never shall innocent blood be shed, yet the blood of the wicked shall flow like a river. The Three shall spread their blackened wings and be the vengeful striking hammer of God.« Im Gerichtssaal bringen die drei einen Mafiaboss um, der sonst freigesprochen worden wäre. Am Ende des Films sind die »Saints« eine Mediensensation, und die Leute auf der Straße werden zu den Für und Wider von ihrem Vigilantismus befragt.

10.2. THE BRAVE ONE (2007)

»›The essential American soul is hard, isolate, stoic, and a killer. It has never yet melted.‹ I quote that from D.H. Lawrence, because someone is playing God out there, killing in the name of justice, in this – the safest big city in the world.«

Radiomoderatorin Erica Bain

Das Thriller-Drama THE BRAVE ONE, das ein Kritiker als »the thinking woman's DEATH WISH« bezeichnet hat[232], wird zusammen mit DEATH SENTENCE (James Wan, 2007) am häufigsten genannt, wenn es um das Wiederaufleben des Vigilantenfilms in den 2000er Jahren geht. Als die schöngeistige Radiomoderatorin Erica Bain (Jodie Foster) mit ihrem Freund im New Yorker Central Park spazieren geht, werden sie von einer Bande Latinos attackiert – er wird umgebracht und sie brutal zusammengeschlagen. Auf der Polizeistation ist sie nur eine Nummer, und niemand kümmert sich um sie. Erica kauft sich illegal eine Waffe, weil sie nicht warten will, bis sie legal eine kaufen kann. Von dem Zeitpunkt an sucht sie wie Paul Kersey in DEATH WISH nach dem »Abschaum« der Stadt, um ihn dann zu töten. Eine Szene, die eine frappierende Ähnlichkeit zu einer in DEATH WISH hat, sitzt Erica nachts in einer U-Bahn und wird von zwei schwarzen Jugendlichen bedrängt. »You ever been fucked by a knife?« fragt einer von ihnen, bevor Erica beide erschießt.

Police Detective Mercer spekuliert schon sehr früh, dass es sich um einen Vigilanten handelt. Er freundet sich mit Erica an und erzählt ihr von einem Mann, der mit Waffen, Menschen und Drogen handelt, und dass er auf legalem Weg nicht gegen ihn ankommt. Später im Film konfrontiert Erica diesen Mann, bevor sie ihn umbringt:

> Erica Bain: »Why do you think you can hurt people?«
> Murrow: »What?«
> Erica Bain: »You do damage and walk away. Don't you know what you leave behind?«
> Murrow: »Do I know you?«
> Erica Bain: »Do you think about it? Does it keep you up at night? Does it haunt you?«

---

232 French, Philip: THE BRAVE ONE (http://www.theguardian.com/film/2007/sep/30/thriller.features, zuletzt aufgerufen am 4.1.2015)

Murrow: »Excuse me?«
Erica Bain: »'cause it haunts me.«

In Ericas Radiosendung kommt es zu Sympathieerklärungen mit dem unbekannten Vigilanten, aber auch Kritik. Am Ende des Films hilft Mercer Erica zu decken, damit sie mit den Morden davonkommt.

Ein Großteil des Films behandelt das psychische Trauma und Innenleben von Erica, und wie sie mit der Attacke und danach mit ihren Vigilantaktionen umgeht. Durch diesen ernsthafteren und psychologischeren Zugang wollte man sich wahrscheinlich von exploitativeren Vertretern der Vigilantenfilme abheben, die auch bei Kritikern nicht gut ankommen. Trotzdem ist der Film, in meiner persönlichen Einschätzung, nicht weniger reißerisch als der erste DEATH WISH-Teil, der etwa genauso ernst daherkommt – wobei Paul Kersey (Bronson) im Gegensatz zu Erica

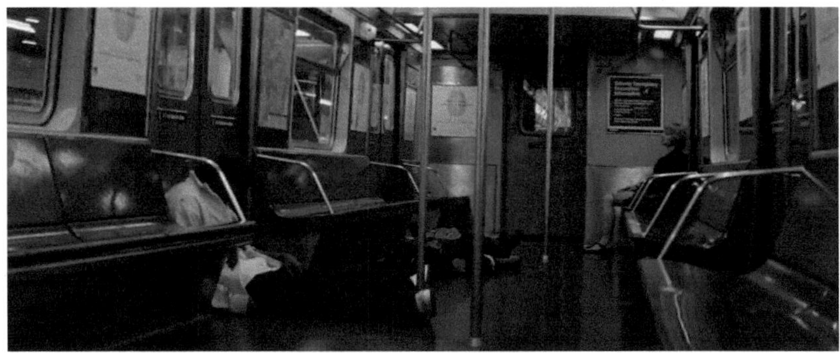

Abb. 20: Von DEATH WISH bis THE BRAVE ONE: (Film-)History repeats itself. Erica Bain hat sich im Sitzen verteidigt und New York City hat zwei street thugs *weniger.*

Bain keinen so tiefen Einblick in sein Seelenleben erlaubt.

Der Film hat wissenschaftliche Beachtung gefunden. Claire King schreibt »By coding its vigilante as disturbed and melancholic, THE BRAVE ONE figures America as a battered woman who must become a man and, thus, offers a framework for understanding, and even justifying, America's post-9/11 performance of vigilante justice«[233], während Rebecca Stringer ähnliche Beobachtungen anstellt: »THE BRAVE ONE draws an analogy between Erica's journey in the wake of her attack and America's journey in the wake of 11 September 2001. Erica is short for America, and Bane means that which causes death or destroys life.«[234]

233 King, Claire Sisco: The Man Inside: Trauma, Gender, and the Nation in THE BRAVE ONE. In: Critical Studies in Media Communication Volume 27, Issue 2. 2010. Abstract.

10.3. DEATH SENTENCE (2007)

Nick Hume: »Could we just all please be civilized for once, before I kill somebody?«

Die Buchvorlage zum düsteren und brutalen Actionthriller DEATH SENTENCE vom Regisseur der Horrorfilme SAW (2004) und THE CONJURING (2013) stammt von Brian Garfield, der auch die Vorlage zum Film DEATH WISH geliefert hat. Die Familienidylle von Nick Hume (Kevin Bacon) wird zerstört, als einem seiner beiden Söhne von einem Gangmitglied der Hals aufgeschnitten wird und er daran verblutet. Der Mord an seinem Sohn war Teil einer Mutprobe, um in die Gang aufgenommen zu werden. (»Are you saying that Brendan was killed so that some asshole could feel more like a man? So that he could be in some club?«) Vom Staatsanwalt erfährt Hume, dass dieser sich aus Mangel an Zeugen und belastendem Material auf einen Deal einlassen wird, womit der Täter nur drei bis fünf Jahre im Gefängnis verbringen müsste. Hume hat den Täter gesehen, gibt aber vor Gericht an, er sei sich nicht sicher, dass der Angeklagte der Mörder sei. Damit erreicht er, dass der Täter freigelassen wird, und Hume ihn selbst töten kann. Die Gang rächt sich für diese Tat allerdings, indem sie Humes Frau töten und seinen zweiten Sohn in ein Koma schießen. Obwohl die Polizei die beiden nach einer Drohung bewacht hatte, konnten sie die Gang nicht aufhalten. Hume schneidet sich wie Travis Bickle in TAXI DRIVER die Haare ab und macht sich auf die Jagd nach der Gang. Dessen Anführer sagt zu ihm, nachdem er alle seine Mitglieder erschossen hat und ihn verwundet sitzen sieht: »Look at you. You look like one of us. Look what I made you.« Hume erfährt, dass sein Sohn aus dem Koma erwacht ist, und es wird offen gelassen, ob Hume stirbt.

Mit dem Slogan »Protect what's yours«, mit dem der Film beworben wurde, wollte man wahrscheinlich auf die Rolle des Familienvaters als Beschützer anspielen. Nicht nur Humes abgeschnittene Haare sind eine Referenz auf TAXI DRIVER: In beiden Filmen wird den Protagonisten im Actionfinale in den Hals geschossen, und sie schießen einem der Männer Finger von der Hand.

---

[234] Stringer: From Victim to Vigilante. Seite 274.

Wären Filme wie THE BRAVE ONE oder eben DEATH SENTENCE beim Mainstreampublikum erfolgreicher gewesen, und hätten sie mehr Geld eingespielt, dann wären die Vigilantenfilme (ohne Superhelden) in dieser Post-THE DARK KNIGHT-Ära Hollywoods wohl ähnlich wie DEATH SENTENCE gewesen: Sehr düster, sehr ernsthaft, realistisch, brutal und psychologisch (zumindest) angehaucht. So aber sind die Filmstudios nicht auf diesen kurzen Trend aufgesprungen, und abseits der etlichen Superheldenfilme war das Vigilantnarrativ kein dominanter Trend in den 2000er- und 2010er-Jahren. Ein Gegenbeispiel hierfür liefert der folgende Film, der auch kommerziell erfolgreicher war, als die beiden vorigen Vertreter.

10.4. LAW ABIDING CITIZEN (2009)

Clyde Shelton: »In my experience, Nick, lessons not learned in blood are soon forgotten.«

LAW ABIDING CITIZEN (GESETZ DER RACHE, F. Gary Gray) ist wie DEATH SENTENCE auch ein brutaler Thriller, gehört aber inhaltlich zu den interessanteren der neuen Vigilantenfilme. Zwei Räuber dringen in das Haus von Ex-Agent Clyde Shelton ein und töten seine Frau und seine Tochter. Eine vorangehende Vergewaltigung der beiden wird angedeutet. Einer der beiden Räuber erhält ein Todesurteil, der andere verbringt nur wenige Jahre im Gefängnis, dafür, dass er gegen seinen Partner ausgesagt hat. Der Deal wurde von Staatsanwalt Nick Rice eingefädelt, ein Karrierist und vom »System« korrumpierter ehemaliger Idealist. Er ist es gewohnt, Deals mit Mördern einzugehen, um eine Verurteilung zu erlangen. »Some justice is better than no justice at all« in diesem »imperfect system«. Der geschickte Shelton schafft es, sich an beiden Räubern auf brutale Weise zu rächen, und erklärt danach dem gesamten Rechtssystem, dass er als defekt ansieht, den Krieg. Er will die in seinem Fall verantwortliche Richterin und den Verteidiger von einem der Räuber töten sowie die Bürgermeisterin, und sein Plan gelingt ihm zum Teil. Als Clyde Sheldon für die Ermordung von einem der Räuber vor Gericht steht, beschimpft er die Richterin und sagt:

> Clyde Shelton: »Folks, you all hang out in the same little club, and every day you let madmen and murderers back on the street. You're too busy treating the law like it's a fucking assembly line! Do you have any idea what justice is? Whatever happened to right and wrong? Jesus Christ, whatever happened to right and wrong? Whatever happened to the people? Whatever happened to justice?«

Weite Teile des Films behandeln die Konfrontation von Shelton und Rice. Shelton kündigt dem Staatsanwalt an: »I'm gonna pull the whole thing down. I gonna bring the whole fuckin' diseased corrupt temple down on your head. It's gonna be biblical.« Am Ende schafft es Rice, Shelton zu stoppen. Allerdings hat er Sheltons »Lektion« gelernt und macht keine Deals mehr.

Shelton macht im Film klar, dass es ihm nicht um Rache geht, sondern darum, ein in seinen Augen korruptes und fehlgeleitetes System in die Knie zu zwingen. Er handelt nach der Devise »Fiat iustitia, et pereat mundus.« (Sinngemäß: »Es soll Gerechtigkeit geschehen, und gehe auch die Welt daran zugrunde.«) Ähnlich wie Ra's al Ghul und die League of Shadows wendet Shelton revolutionäre Selbstjustiz an und will zuerst das existierende System zerstören, um an dessen Stelle ein neues zu errichten.

10.5. Watchmen (2009)

Nite Owl: »The hell happened to us? What happened to the American dream?«
Comedian: »What happened to the American dream? It came true. You're looking at it.«

Zwischen 1986 und 1987 erscheint *Watchmen* zunächst als mehrteilige Comicreihe und wird von Publikum und Kritikern gefeiert. 2005 ernennt das amerikanische TIME-Magazin den Comic zu einem der besten 100 englischsprachigen Romane, die zwischen 1923 und 2005 veröffentlicht wurden. *Watchmen* zählt zu den anerkanntesten und beliebtesten Graphic Novels aller Zeiten, und 2009 wurde der Stoff extrem nahe an der Vorlage von Regisseur Zack Snyder verfilmt. Sowohl das Comic als auch der Film gehen der Frage nach, wie unsere Welt aussehen könnte, wenn es wirklich Vigilanten und Superhelden geben würde. Die Antworten, die gefunden werden, sind vernichtend negativ. Die Handlung von WATCHMEN spielt in einem alternativen Universum, in dem Richard Nixon zum dritten Mal zum Präsidenten der Vereinigten Staaten gewählt und der Vietnamkrieg von den USA gewonnen wurde. Die nachfolgende kurze Inhaltsangabe des Films wird dessen Komplexität und Vielschichtigkeit nicht gerecht und ist nur in solch einem Umfang ausgeführt, als es für das Vigilantismus-Thema ergiebig ist.

In den 1940ern tun sich einige Privatbürger als die »Minutemen« zusammen und bekämpfen maskiert Verbrecher. »We'll finish what the law couldn't« erinnert sich ein ehemaliges Mitglied. Die nächste Generation nennt sich »Watchmen« und führt die Arbeit der Minutemen fort. Auf Wunsch von Präsident Nixon interveniert Dr. Manhattan zusammen mit dem Comedian in Vietnam, und der Krieg wird gewonnen. Dr. Manhattan war früher Dr. Jon Osterman, bis ihn ein Laborunfall in ein mächtiges Energiewesen verwandelte. Nach Protesten von Bürgern, die lieber Polizisten als maskierte »Helden« auf ihren Straßen wollen, werden die Vigilanten von Nixon mit dem »Keene Act« verboten. »Who watches the Watchmen?« wird zur gängigen Protestphrase. Der Satz geht auf die noch heute bekannte lateinische Frage »Quis custodiet ipsos custodes?« zurück, die sich irgendwann zu einer rhetorischen, philosophischen Frage zu Themen wie Gewaltenteilung, Faschismus etc. entwickelt hat. Die Watchmen lösen sich auf, nur der besessene Rorschach operiert illegal weiter. Der kalte Krieg zwischen den USA und der Sowjetunion heizt sich auf, und die Welt steht kurz vor einem dritten Weltkrieg.

Dr. Manhattan und der hochintelligente Adrien Veidt (Ozymandias, auch ein Ex-Mitglied der Watchmen) arbeiten zusammen für die Regierung, um eine alternative Energiequelle zu erforschen. In Wahrheit benutzt Veidt Dr. Manhattans Kräfte, um die Hauptstädte sämtlicher Länder in einer Art nuklearen Explosion zu zerstören. Veidt sieht sein Handeln – das Auslöschen von Millionen von Menschenleben – als notwendigen Schritt zur Verhinderung eines nuklearen Weltkrieges, der die Menschheit vernichten könnte. Indem er Dr. Manhattan zum Feind aller Nationen gemacht hat, hat Veidt ihnen ein Feindbild geliefert und Frieden gesichert. Dr. Manhattan, der seit seinem Unfall ständig an Menschlichkeit verloren hat, versteht Veidts Vorgehen, und als Rorschach die Sache auffliegen lassen will, tötet ihn Dr. Manhattan.

WATCHMEN bedient sich einer alternativen Geschichtsschreibung und zeichnet eine düstere Vision, in der asoziale, psychopathische und soziopathische Vigilanten operieren und einen extrem negativen Effekt auf die Gesellschaft haben. Sowohl Rorschach als auch Comedian gehen beide über den Begriff eines Anti-Helden – wie Punisher oder Dirty Harry – hinaus. Rorschach ist ein ultrabrutaler rechter Fanatiker, redet über die

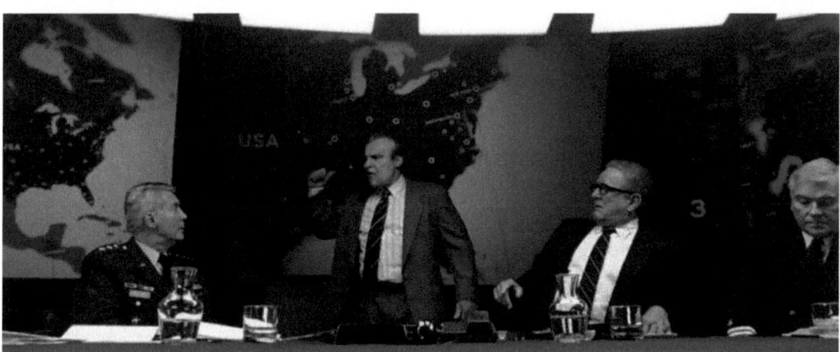

Abb. 21: Eine Welt vor dem Abgrund: »Die Doomsday Clock« steht auf zwei Minuten vor Mitternacht; Richard Nixon erwägt im War Room *einen Präventivangriff auf die Sowjetunion, bei dem die gesamte Ostküste der USA geopfert werden müsste, und kommentiert dieses Szenario so: »The last gasp of the Harvard establishment. Let's see them think their way out of fission.«*

Straßen von New York als »extended gutters« und schimpft über Huren, Politiker, Liberale und Intellektuelle. Im Gefängnis wirft er seinem Therapeuten seine liberalen Einstellungen und sein Mitgefühl für den »Abschaum« vor. Der Comedian versucht, ein weibliches Mitglied der Minutemen zu vergewaltigen, und erschießt eine schwangere Frau, die sein Kind trägt. Rorschach sagt über ihn »Humans are savage in nature. No matter how much you try to dress it up, to disguise it. Blake [der Comedian, Anm.] saw society's true face. Chose to be a parody of it, a joke.« Die negative Darstellung von Vigilanten in WATCHMEN ist – abgesehen von den Details – insofern realistisch, als dass sich auch bei den historischen Vigilanten brutale, sadistische und kriminelle Männer fanden.[235] Das mit Abstand vernichtendste Beispiel eines Vigilanten ist jedoch Adrien Veidt (Ozymandias), der den Glauben an die Überlebensfähigkeit der destruktiven Menschheit verloren hat und nuklearen Holocaust zu dessen Rettung einsetzt. Seines ist das vielleicht äußerst denkbare Extrem einer Vigilantphilosophie, in der »konstruktive« Gewalt zum Wohle der *community* (in dem Fall: der Menschheit) eingesetzt und das Gesetz für ein größeres Wohl gebrochen wird. (»Killing millions.« / »To save billions.«) Die Mentalität, dass man die Menschen vor sich selbst retten müsse, teilt er mit dem Comedian, doch selbst dieser bricht weinend zusammen, als er von Veidts Plan erfährt. Veidt hat jedoch mit seinen Taten höchstwahrscheinlich den Dritten Weltkrieg verhindert und die Welt gerettet. Von all den fiktiven Vigilanten, die tun, »was getan werden muss«, und sich die »Hände schmutzig machen«, weil sonst keiner dazu bereit ist, hat sich Ozymandias die Hände sozusagen am schmutzigsten gemacht, indem er Millionen von unschuldigen Menschen getötet hat. Wie in THE MAN WHO SHOT LIBERTY VALANCE und THE DARK KNIGHT zuvor, ermöglicht in WATCHMEN ein Vigilant eine neue gewaltfreie Zivilisation, die aber auf einer Lüge basiert. (»Peace based on a lie.« / »But peace nonetheless.«)

[235] Brown: Strain of Violence. Seite 121.

10.6. Cartel Land (2015)

Das zeitlich letzte Filmbeispiel ist eine Besonderheit: Es ist die einzige Dokumentation in diesem Buch. Dennoch erinnert Cartel Land (Matthew Heineman) durch seinen Inhalt und durch seine dramatische Struktur und Inszenierung an die uns bekannten Vigilantenfilme. Die Protagonisten sind ähnlich inszeniert wie die Helden der fiktiven Filme. Auf der offiziellen Website von Cartel Land liest man, »[they] vie to bring their own brand of justice to a society where institutions have failed.«[236] »I wanted to know what happens when government institutions fail and citizens feel like they have to take the law into their own hands.« sagte der Regisseur in einem Interview.[237] Der Trend in Richtung »Dokutainment« existiert seit mittlerweile mehr als einem Jahrzehnt, von daher ist es nicht verwunderlich, dass das Vigilantnarrativ auch im Dokumentarfilm eine Anwendung gefunden hat.

In Mexiko, nahe der Grenze zu den USA, terrorisieren Drogenkartelle die Bevölkerung, kontrollieren wichtige Teile der Industrie und haben die Exekutive in ihrer Tasche. Auf amerikanischer Seite kämpfen Tim »Nailer« Foley und seine »Arizona Border Recon« gegen die Schmuggler. Der Fokus des Films ist allerdings auf die »Autodefensas« gerichtet, eine große Vigilantengruppierung von Mexikanern, die sich dem Kampf gegen die Kartelle verschworen hat. Die zentrale Figur und Anführer der Autodefensas, der Arzt José Mireles, sagt: »When the government can't provide basic security for its people, we can take up arms in legitimate defense of our lives, our families, our properties. We are all survivors – they've attacked all of our families. They've killed, kidnapped, or raped someone we love« und »there is no government. The government is often working with the criminals.«

Der Film erinnert auch daran, dass die Realität oft schlimmer ist als der brutalste Film. Wenn Gräueltaten der Kartelle beschrieben werden, könnte man glauben, man habe es mit einem übertriebenen, unrealistischen B-Vigilantenfilm zu tun. Nachdem die Autodefensas zwei Bosse

236 http://cartellandmovie.com (zuletzt aufgerufen am 15.11.2015)

237 http://www.newyorker.com/culture/culture-desk/how-to-tell-a-cartel-story (zuletzt aufgerufen am 15.11.2015)

eines der Kartelle fangen, hören wir: »When we captured criminals, we turned them over to the federal authorities. But the authorities set them free with their guns and armor. And they started shooting and massacring us 24 hours later.«

Es wird gezeigt, wie die Bevölkerung meist eindeutig auf der Seite der Autodefensas steht, viele sind bereit, der Gruppierung beizutreten. Wieder sind die Vigilanten also Vertreter der Mehrheitsgesellschaft. Als in einer Szene das Militär einschreitet und die Autodefensas auffordert, ihre Waffen niederzulegen, protestiert die Dorfbevölkerung. Schließlich sieht sich das Militär gezwungen, die Waffen zurückzugeben, und verlässt unter vielen Protestschreien wieder das Dorf.

Viele Elemente, die uns aus Vigilantenfilmen bekannt sind, finden sich in CARTEL LAND. Die Bevölkerung in den Grenzstädten und -dörfern ist nicht sicher vor den Verbrechern, die offiziellen Institutionen sind abwesend und korrupt und man sieht den positiven Effekt der Vigilanten. Die Regierung sieht sich schließlich gezwungen, zu reagieren. Ganz nach dem Prinzip »Teile und herrsche« arrangiert man sich mit den Autodefensas, und sie werden legitimiert. Ihr Name wird in »Rural Defence Force« umgeändert, und anstatt sie zu zwingen, ihre Waffen niederzulegen, erhalten sie – ganz legal – automatische Waffen von der Regierung.

Immer mehr wird man als Zuseher im Laufe des Films gezwungen, die Vigilant-Mentalität und die Methoden jener, die anfangs eindeutig als »die Guten« eingeführt wurden, zu hinterfragen. Das gelingt mit Storylines, die ähnlich wie in einem fiktiven Film die Handlung des Films

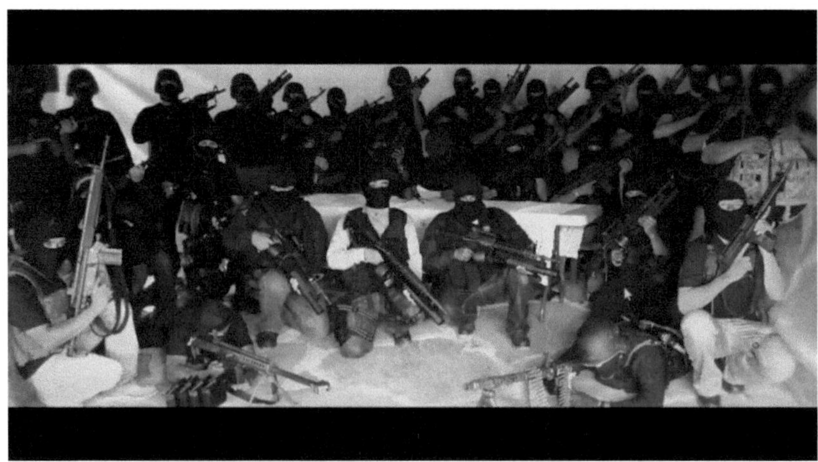

Abb. 22: CARTEL LAND: Ein mexikanisches Kartell inszeniert sich selbst.

antreiben. So wie es auch in modernen Thrillern üblich ist, sind in CARTEL LAND die Grenzen zwischen Gut und Böse nicht mehr klar zu ziehen.

Der Film hat es nicht schwer, die Autodefensas zu rechtfertigen, die Argumente für ihre Existenz und ihr Auftreten sind klar präsent. Doch es ist auch interessant zu sehen, wie die fiktiven Stoffe im Hollywoodfilm in Bezug zur Wirklichkeit gesetzt werden. Das fängt bereits bei BIRTH OF A NATION an, der einen historischen Anspruch stellt. Die Vigilantenfilme der 1930er gehen auf die Verbrechenswelle der Zeit ein, so wie es auch die der 1980er tun. Wie bereits des Öfteren erwähnt wurde, verwenden die Filme (teils reale, meist aber erfundene) Verbrechensstatistiken. Dies geschieht einerseits sicherlich, um die filmische Wirklichkeit zum erhöhten Nervenkitzel des Zuschauers in dessen empirischer Realität zu verankern. Ich bin mir andererseits sicher, dass viele der Filmschaffenden der Vigilantenfilme überzeugt waren, sie würden gute, kritische Filme mit einer wichtigen Botschaft machen. Oft scheint man gar vor einer dystopischen Zukunft warnen zu wollen. Noch deutlicher wird das z.B. bei einer Einblendung zu Beginn von CLASS OF 1984: »FORTUNATELY, VERY FEW SCHOOLS ARE LIKE LINCOLN HIGH… YET.« (CLASS OF 1999 spielt dann tatsächlich in einer komplett dystopischen Zukunft.) Immer geht es darum, eine Umwelt zu zeichnen, in der ein Vigilant notwendig erscheint, und die illegalen Gewalthandlungen des Protagonisten zu rechtfertigen.

10.7. Andere Beispiele für Vigilantenfilme in den 2000ern und danach

»In certain extreme situations, the law is inadequate. In order to shame its inadequacy, it is necessary to act outside the law. To pursue natural justice. This is not vengeance. Revenge is not a valid motive, it's an emotional response. No, not vengeance...punishment.«

THE PUNISHER (Jonathan Hensleigh, 2004)

»The law has limits. He does not.«

Promo-Slogan für JACK REACHER (Christopher McQuarrie, 2012)

IN THE BEDROOM (Todd Field, 2001) ist eines der seltenen Beispiele für einen Film, der ein reines Drama ist und Selbstjustiz zum Inhalt hat. Tom Wilkinson und Sissy Spacek spielen ein Pärchen, das damit leben muss, dass ihr Sohn getötet wurde. Der Täter läuft auf Kaution weiter frei herum und wird voraussichtlich nur fünf Jahre im Gefängnis verbringen. Der Mann plant schließlich, den Verantwortlichen zu töten, und zieht das dann auch durch.

Im Thriller ENOUGH (GENUG – JEDER HAT EINE GRENZE, Michael Apted, 2002) flieht eine Frau mit ihrer Tochter vor ihrem untreuen, gewalttätigen Ehemann, der alles daran setzt, die beiden zu finden. »Kill him before he kills you« rät ihr eine Freundin, und sie plant dies wirklich zu tun. Sie will es so aussehen lassen, als ob er sie attackiert hätte und sie aus Selbstverteidigung gehandelt hätte. Zuerst kann sie es nicht durchziehen, aber als er sie erneut attackiert, bringt sie ihn schließlich um, zum präventiven Selbstschutz und zum Schutz ihrer Tochter.

Clint Eastwoods MYSTIC RIVER (2003) ist einer jener Filme, die von einigen Kritikern und Beobachtern als Entschuldigungen für seine scheinbare Selbstjustiz-Befürwortung in den 1970ern angesehen wird. Wie in THE OX-BOW INCIDENT erfährt in dem Film eine der Hauptfiguren kurz nach einem Akt von Selbstjustiz, dass er den/die Falschen getötet hat.

In MAN ON FIRE (MANN UNTER FEUER, Tony Scott, 2004) kämpft der abgehalfterte Ex-CIA-Agent John Creasy (Denzel Washington) gegen ein Netzwerk aus mexikanischer Mafia und korrupten Politikern und Polizisten, nachdem das Mädchen, für dessen Schutz er angestellt war und mit der er sich angefreundet hatte, entführt wird. Eine Geheimdienstleiterin weiß: »He can go places we can't«, und lässt ihn operieren. Auch der Leiter einer örtlichen Security-Firma ist sich sicher: »He'll deliver more justice in a weekend than 10 years of your courts and tribunals.«

In V FOR VENDETTA (James McTeigue, 2005) praktiziert der Titelheld eine revolutionäre Form von Vigilantismus gegen die Mächtigen des Landes und dessen faschistisches Gesellschaftssystem, denn im Auftrag von Gerechtigkeit ist er sich sicher: »violence can be used for good.«

Die 14-jährige weibliche Vigilantin Hayley in HARD CANDY (David Slade, 2005) flirtet mit dem scheinbaren pädophilen Jeff und lockt ihn in eine Falle. Sie fesselt und foltert ihn in seinem eigenen Haus. Hayley ist sich sicher, dass die Gesellschaft und ihr Rechtssystem nicht die richtigen Antworten und Bestrafungen für den Mann haben und dass ihr Vigilantismus gerechtfertigt sei. Zu Jeff, der sympathisch wirkt und ihr nie etwas angetan hat, sagt sie: »I am every girl you ever watched, touched, hurt, screwed, killed«, und stellt ihn am Ende des Films vor die Wahl: Wenn er sich selbst tötet, vernichtet sie alle Hinweise auf seine sexuelle Neigung. Wenn nicht, stellt sie ihn öffentlich als Pädophilen bloß, was seiner Karriere als Fotograf ein Ende bringen würde. Jeff wählt den von Hayley aufgezwungenen Freitod.

In THE BOONDOCK SAINTS II: ALL SAINTS DAY (DER BLUTIGE PFAD GOTTES 2, Troy Duffy, 2009) sind sowohl alle drei Polizistenfiguren des Films als auch die leitende Ermittlerin vom FBI auf der Seite der beiden Vigilanten-Brüder. Wieder gehen die zwei gegen die Mafia vor, und die Ermittlerin hilft ihnen dabei mit ihrer Expertise, die Ermordungen wie eine Schießerei zwischen streitenden Mafiamitgliedern aussehen zu lassen. Das Ende des Films kündigt eine mächtige organisierte Privatjustiz an, »[to] take this thing to a whole new level«: »we got all the financial backing and protection of the biggest corporaton in the world.«

In der Horrorkomödie THE REVENANT (UNTOTE WIE WIR, Kerry Prior, 2009) sterben ein moralisch aufrechter Soldat und sein bester Freund, und die zwei kehren als untote Vampire zurück. Anstatt Unschuldigen das Blut aus den Adern zu saugen, sagen sie als »Vigilante Gunslingers« Verbrechern den Kampf an und holen sich von Gangmitgliedern, Straßenräubern und Drogendealern das Blut, das sie zum Überleben brauchen. An einer Stelle des Films wird die berühmte »Well do ya, punk?!«-Szene aus DIRTY HARRY nachgespielt.

In BOY WONDER (Michael Morrissey, 2010) wird Sean als Kind durch die Ermordung seiner Mutter traumatisiert und später als Teenager zu einem Vigilanten. Er bringt einen Drogendealer und einen brutalen Zuhälter um, die beide jemanden getötet haben und damit davongekommen sind. Eine Prostituierte fühlt sich von Sean gerettet und will der Polizei nicht helfen, ihn zu finden. Sean freundet sich mit einer Polizistin an, die ihn an die Wichtigkeit und das Prinzip von *due process* erinnert. Dieses Konzept sieht Sean als äußerst unzulänglich an, und er ist davon frustriert. Er weiß von einem Fall, bei dem ein Gangster nur zwei Jahre Gefängnisstrafe bekommt, weil sein Anwalt einen Deal mit dem Staatsanwalt gemacht hat. Sean findet einen Weg, den Gangster in seiner Zelle zu töten. Er tötet auch seinen Vater, von dem er glaubt zu wissen, dass er seine Mutter wegen dem Geld für die Lebensversicherung umbringen hat lassen. Wieder sympathisiert ein Vertreter des Gesetzes mit dem Vigilanten des Films: Die Polizistin, die eigentlich korrekt und sauber ist, hilft Sean seine Mordwaffe loszuwerden und wirft sie in einen Fluss.

GOD BLESS AMERICA (Bobcat Goldthwait, 2011) greift die Idee von *culture warriors* auf, die auch in FALLING DOWN (Kapitel 7.3.) verwendet wurde, und führt sie ins Extreme. Die zwei Protagonisten sind der geschiedene, von der Arbeit entlassene, tödlich erkrankte und trübselige Frank und die ebenso desillusionierte, aber aufgewecktere Teenagerin Roxy. Die zwei verbindet der Hass auf das Amerika von heute und dessen Alltagskultur und die Verabscheuung für Menschen, die sie als gemein, dumm, laut und rücksichtlos betrachten. Der Promo-Slogan »Taking out the trash, one jerk at a time.« ist Programm: Frank und Roxy erschießen unter anderem eine verwöhnte, undankbare Schülerin, religiöse Fanatiker, einen populistischen TV-Moderator und Jugendliche, die in einem

Kinosaal laut sind. Im Finale eröffnen sie bei der Aufzeichnung einer Castingshow, in der talentlose Kandidaten vorgeführt werden, das Feuer auf die Jury und das Publikum.

Laute Kinobesucher sind übrigens nicht das kleinste Alltagsübel, das Filmvigilanten gewaltsam vergolten haben: In SUPER (James Gunn, 2010) – in dem man wie auch in KICK-ASS (Matthew Vaughn, 2010) sieht, was passieren kann, wenn ein untrainierter Durchschnittstyp als Superheld Verbrecher bekämpfen will – schlägt der maskierte Protagonist mit einer Rohrzange auf einen Mann ein, der sich in einer Kino-Warteschlage vorgedrängt hat.

Das düstere Drama PRISONERS (Denis Villeneuve, 2013) handelt von einem geistig zurückgebliebenen Mann, der die Töchter zweier befreundeter Familien entführt. Da die Polizei keine Ergebnisse liefert, entführt einer der Väter (Hugh Jackman) den mutmaßlichen Entführer seiner Tochter und setzt tagelang schwere Folter ein, um ihren Aufenthaltsort zu erfahren. Er rechtfertigt sein Handeln unter anderem mit dem Satz »He's not a person anymore. No, he stopped being a person when he took our daughters.«

Im actionreichen GANGSTER SQUAD (Ruben Fleischer, 2013) beherrscht der Gangster Mickey Cohen (Sean Penn) in den 1940er und 1950er Jahren scheinbar ganz Los Angeles, eine Stadt, die bis in höchste politische Ämter korrupt und von Verbrechen verseucht ist. Auch die Polizei ist von Cohen gekauft. Der Chief of Police beruft aus diesem Grund eine Art Todeskommando ein, eine illegal und im Geheimen von ihm sanktionierte Vigilantengruppe, die im »war for the soul of Los Angeles« »off the books« und ohne Polizeimarken gegen Cohen und seine Leute vorgeht. Als einer der Mitglieder der Gruppe moralische Bedenken hat, werden diese gleich zerstreut: »This is the only way we can beat him. The only way.«

THE LONE RANGER (Gore Verbinski, 2013) ist die jüngste Umsetzung der berühmten Vigilantgeschichte um den einsamen Streiter für die Gerechtigkeit. Der Anwalt John Reid pocht auf *due process* und *law and order*. Von einer Bibelgruppe zum Beten eingeladen, hält er John Lockes

»Two Treatises of Government« hoch und sagt »This is my Bible.« Später erkennt er jedoch, dass er zu einem Vigilanten werden muss, da das Gesetz auf der Seite der Bösen steht.

In THE EQUALIZER (Antoine Fuqua, 2014) schlüpft Denzel Washington erneut in die Rolle eines Vigilanten. Der Ex-Agent Robert McCall hilft in seiner Freizeit einer jungen Prostituierten und legt sich für sie sogar mit der russischen Mafia an. Es liegt in seiner Natur, Menschen zu helfen und Ungerechtigkeiten zu bekämpfen; »it's who you are, who you've always been« sagt eine alte Freundin von ihm aus seinen Agententagen. McCall zwingt zwei korrupte Polizisten, von ihnen eingetriebenes Schutzgeld zurückzugeben, und lässt eine Geldwäschefabrik auffliegen, bei der ebenfalls korrupte Polizisten ihre Hände im Spiel hatten. Er schafft es, die gesamte russische Mafiabande, die hinter ihm her ist, zu erledigen, und am Ende des Films stellt McCall eine Anzeige ins Internet, die sich an Menschen richtet, die Hilfe brauchen.

Antoine Fuqua, der Regisseur des Films, der bereits in TRAINING DAY (2001) einen Polizisten (ebenfalls Denzel Washington) inszeniert hat, der ein hohes Maß an illegaler *street justice* anwendet, bringt in einem Interview zu THE EQUALIZER Gedanken zum Vorschein, die an klassische Vigilantnarrative erinnern:

> The law – in my mind – is always in the gray, no matter what. And if you're doing the right thing for the right reasons, I think that's right. That's my opinion. You know: For the greater good. Sometimes – because I know a lot of people in that business – the laws unfortunately are set up for the criminals. It's not always set up for the good guys, and you need an Equalizer – and we all need an Equalizer – to straighten it out. It's not written, but we need him.[238]

In MISS MEADOWS (Karen Leigh Hopkins, 2014) spielt Katie Holmes eine süße und unscheinbar wirkende Lehrerin, die es als ihre moralische Verpflichtung sieht, die Übeltäter in ihrer Nachbarschaft zu beseitigen. Einem Mann, der in einem Fast Food Restaurant alle Gäste erschossen hat, sagt sie, bevor sie ihn erschießt:

238 »Exclusive Interview with Denzel Washington & Antoine Fuqua – Street Justice Vigilantism« (https://www.youtube.com/watch?v=0xn5atjB40U, zuletzt aufgerufen am 6.1.2015)

> Miss Meadows: »You're of no use to society. You'll waste innocent taxpayers' dollars, abuse the weak legal system, and enter a cowardly plea of insanity to a morally bankrupt defense attorney. For what? Oh, and once incarcerated, you're gonna cost taxpayers approximately 47.000 dollars per year.«

Sie freundet sich mit einem Polizisten an und heiratet ihn. Als er von ihren Vigilantaktionen erfährt und sie damit konfrontiert, sagt sie ihm: »You think I want to do this? No one else is doing it!«

Von den *Law and order*-Filmen der 1930er und der Geburt des modernen Vigilantenfilms in den destruktiven 1970ern über die trashigen B-Filme der 1980er bis zur Heerschar an Superhelden im neuen Millennium: Die klassischen Vigilanten haben sich immer wieder an den Zeitgeist angepasst und, mit einigen Pausen, in fast jedem Jahrzehnt ein großes Publikum gefunden.

11. Videospielvigilanten

Altaïr: »No, not vengeance. Justice, that there might be peace.«
King Richard: »This is what you fight for? Peace? Do you see the contradiction?«
Altaïr: »Some men cannot be reasoned with.«

Dialog aus *Assassin's Creed*

Je nachdem, wen man fragt, sind Videospiele entweder gerade dabei, zum kulturell dominanten Medium des 21. Jahrhunderts zu werden, oder sie sind es bereits. Von den Theoretikern der relativ jungen Game Studies sofort als narratives Medium erkannt, greifen Videospiele – obwohl sie primär durch ihre Interaktionsmöglichkeiten (Gameplay) definiert sind – bekannte Erzählmuster und Narrative auf. Somit mag es nicht verwundern, dass man nicht nur in Film- und TV-Produktionen oft auf das Vigilantnarrativ trifft, sondern auch in Videospielen. Immer und immer wieder greift man als Avatar (Spielfigur) selbst zur Gewalt und delegiert diese Aufgabe nicht an irgendwelche offiziellen Institutionen. Die »Rechtsprechung« erfolgt meist durch die Waffe, Selbstjustiz ist der Standard. Es existieren etliche Spiele, in denen man als Batman, Spider-Man, Punisher oder als Teenage Mutant Ninja Turtle spielt. Es gibt sogar Videospielumsetzungen von DIRTY HARRY (Nintendo Entertainment System, 1990) und DEATH WISH 3 (diverse Systeme, 1987). Sowohl DIRTY HARRY als auch TAXI DRIVER sollten als moderne 3D-Shooterspiele veröffentlicht werden, die beiden Projekte wurden allerdings frühzeitig beendet. Weitaus interessanter sind aber jene Spiele, die nicht auf einer bereits existierenden *franchise* oder *intellectual property* basieren und Vigilanten beinhalten. Besonders das »Brawler«-Genre (»Prügler«) ist hier hervorzuheben, auch bekannt als »(Side-Scrolling) Beat 'em Up«. Diese Spiele waren besonders Ende der 1980er bis Mitte der 1990er beliebt, also zu einer Zeit, in der auch etliche DEATH WISH-inspirierte B-Filme und Exploitationfilme von einem jungen Publikum konsumiert wurden. Das Gameplay erkennt man schon an der Genrebezeichnung: »Schlag sie zusammen.« Es gibt hunderte Prügler, in denen sich der Avatar, meist in einem urbanen Setting, durch ein Heer an Gegnern kämpfen muss. Die Videospielwelt erinnert dabei visuell oft an Szenen aus DEATH WISH 3 und ähnlichen Filmen, die teilweise als Vorbild gedient haben dürften. Die Gegner stellen keine homogene Gruppe dar, und die Straßen sind überrannt mit Jugendbanden, kriminellen Punks und Rockern und sonstigen »undesirables« der Gesellschaft. In der Spielanleitung von *Streets of Rage* lesen wir »Looting, random violence and destruction are rampant. No one is safe walking the streets, day or night...« Manchmal sind die Spiele zeitlich in einer nahen Zukunft angesiedelt, und sie zeigen moderne Metropolen von ihrer schlechtesten Seite. Die Städte sind Slums, Ghettos, heruntergekommene und desolate Wohngegenden mit Graffiti-verschmierten Gebäuden und eingeschlagenen Fensterscheiben, verlassene Industrieviertel. Die Figur des »street cleanser« aus den Western und Vigilantenfilmen wird in Videospielen übernommen und weiter popularisiert.

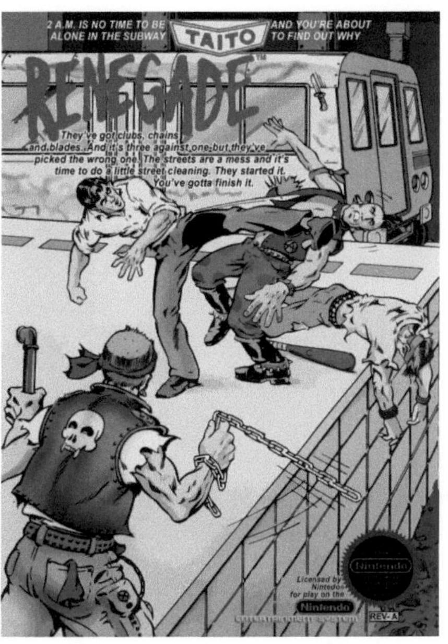

Abb. 23: Cover der NES-Version von

Die Verpackung des NES[239]-Titels *Renegade* stimmt die Spieler auf *vigilante action* ein: »The streets are a mess and it's time to do a little street cleaning«. Der Held ist auf dem Artwork der Packung und dem Promo-Material adrett und konservativ gekleidet, vor allem im Kontrast zu den Punks, die mit zerrissenen Shirts und Bandanas daherkommen. Einer von ihnen trägt einen kreisförmigen Button mit einem großen »A«, ein gängiges Zeichen für Anarchie.

Das *Final Fight*-Cover, das für die europäischen Heimcomputer-Versionen verwendet wurde, zeigt den Helden, wie er als einziger zwischen den ängstlichen Bürgern und dem Abschaum der Straßen steht. Nur ein einziger Polizist kommt in dem Spiel vor, er ist Mitglied der bösen »Mad Gear Gang« und ein Endgegner eines Levels des Spiels. In den Prüglern trifft der Avatar auf allerlei deviante Gestalten: Gangmitglieder, Punks und Menschen in Lederoutfits.

[239] Nintendo Entertainment System

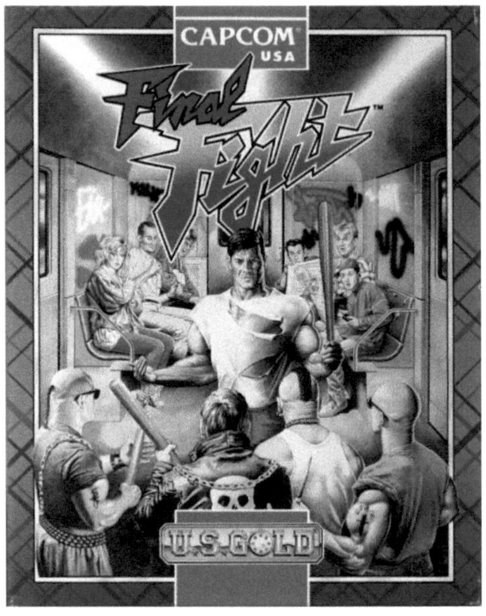

Abb. 24: Cover von Final Fight.

In *Streets of Rage* ist eine gängige Gegnerin eine Frau in SM-Outfit, inklusive Peitsche. Man trifft nicht selten auf Gegner, die eine klischeehafte homosexuelle oder transsexuelle Ästhetik aufweisen, sowohl was den Look als auch die Körpersprache betrifft. In der Originalversion von *Streets of Rage 3* ist der Endgegner des ersten Levels Ash, ein Homosexueller mit hochhackigen Stiefeln und Lederfetisch-Outfit, der mit effeminierten Körperbewegungen um den Avatar läuft. In der Originalversion von *Vendetta* wird der Avatar von schwulen Gegnern attackiert, die sich auch an ihm reiben, selbst wenn er zu Boden geht. Bei den Avataren dagegen haben wir es fast ausschließlich mit »korrekten« und »anständigen« Bürgern zu tun, meist jung und sportlich. Das kennt man an ihrem Einsatz, die Straßen von dem »Gesindel« zu säubern, an der im Vergleich zu den Gegnern schlichten und konservativen Kleidung, und in ein paar Fällen an ihrem Beruf. In *Streets of Rage* sind es sind drei ehemalige Polizisten, die den Kampf auf den Straßen aufnehmen. In *Final Fight* ist es Mike Haggar, der neue Bürgermeister der von Kriminalität überrannten Stadt »Metro City«. Dieser sitzt in Hemd und Krawatte in seinem Büro, als er eine Nachricht von der Mad Gear-Gang erhält: Seine Tochter Jessica wurde entführt, Haggar soll so wie sein Vorgänger mit der Gang kooperieren, und eine Vergewaltigung Jessicas wird angedeutet. Jessicas Freund Cody ist ebenfalls ein spielbarer Charakter. Nachdem Jessica befreit wurde, endet das Spiel so:

> Jessica: »CODY! Where are you going? How can you just walk away now?«
> Cody: »I want to stay here with you Jessica, but I can't...not while evil still stalks the streets.«
> Jessica: »Oh Cody...«

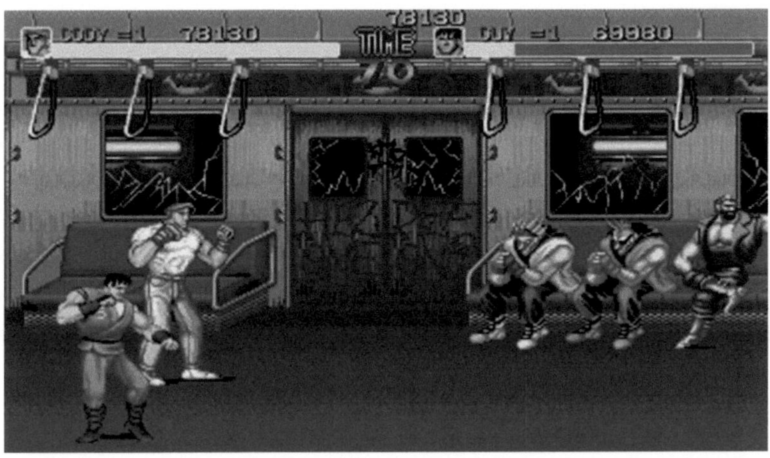

Abb. 25: Auch in Videospielen schlagen Vigilanten in der U-Bahn zu, allerdings wortwörtlich. In diesem heruntergekommenen U-Bahn-Zug in Final Fight *ist jede einzelne Fensterscheibe zerstört. Die Punks der Mad Gear Gang sitzen einstweilen noch, werden aber bald die Avatare angreifen.*

Wie ein echter Vigilant stellt Cody das Wohl der Gesellschaft über sein persönliches Glück.

Korruption ist – wie auch in Filmen mit dem Vigilantnarrativ – ein gängiges Motiv. In *Final Fight* erfahren wir, dass die mächtige Mad Gear Gang mit dem ehemaligen Bürgermeister einen Deal hatte. In der Anleitung von *Streets of Rage* liest man »The organization [criminal syndicate, Anm.] soon absorbed the city government (anyone can be had if the price is right). They even have the metropolitan police force in their back pocket.« Wie auch in Filmen wird uns in diesen Spielen häufig vom Versagen der Justiz und der Polizei erzählt. *Streets of Rage* beginnt mit diesem Text (in Versalien):

> THIS CITY WAS ONCE A HAPPY, PEACEFUL PLACE… UNTIL ONE DAY, A POWERFUL SECRET CRIMINAL ORGANIZATION TOOK OVER. THIS VICIOUS SYNDICATE SOON HAD CONTROL OF THE GOVERNMENT AND EVEN THE POLICE FORCE. THE CITY HAS BECOME A CENTER OF VIOLENCE AND CRIME WHERE NO ONE IS SAFE.
> AMID THIS TURMOIL, A GROUP OF DETERMINED YOUNG POLICE OFFICERS HAS SWORN TO CLEAN UP THE CITY. AMONG THEM ARE ADAM HUNTER, AXEL STONE AND BLAZE FIELDING. THEY ARE WILLING TO RISK ANYTHING... EVEN THEIR LIVES... ON THE...
> STREETS OF RAGE

Die drei Protagonisten haben allesamt kein persönliches Schicksal erlitten, das sie dazu bewegt, ihr Leben im Kampf gegen die Kriminalität auf den Straßen zu riskieren. Sie tun es, weil sie nicht länger zusehen konnten, wie ihre Stadt im Chaos versinkt. Das macht sie, im Gegensatz zu Beat 'em Ups, in denen beispielsweise die Freundin eines Protagonisten entführt wird, zu klassischen Vigilanten. Sie kämpfen nicht aus persönlichen Motiven oder gar wegen Rachegelüsten, sondern haben einzig das Wohl der Gesellschaft im Sinn. Wir erfahren, dass sie eigentlich keine aktiven Polizisten mehr sind, sondern »Ex-Cops«. Auf legalem Wege und innerhalb vorgegebener Strukturen war dem Verbrechen nicht entgegenzukommen.

Auch in *Vigilante* versagt die Polizei, wie uns die Texteinblendung zu Beginn des Spiels erklärt:

> THE POLICE CANNOT STOP
> THE STREET GANGS...
> AS A VIGILANTE YOU MUST DEFEND
> YOUR PEOPLE'S TURF!!!

Gleich darauf erfahren wir: »THE SKINHEADS HAVE TAKEN MADONNA HOSTAGE. TAKE THE LAW INTO YOUR OWN HANDS!« Der »turf« der Skinheadbande ist die Müllhalde. Nachdem man den letzten Endgegner besiegt und Madonna gerettet hat, liest man:

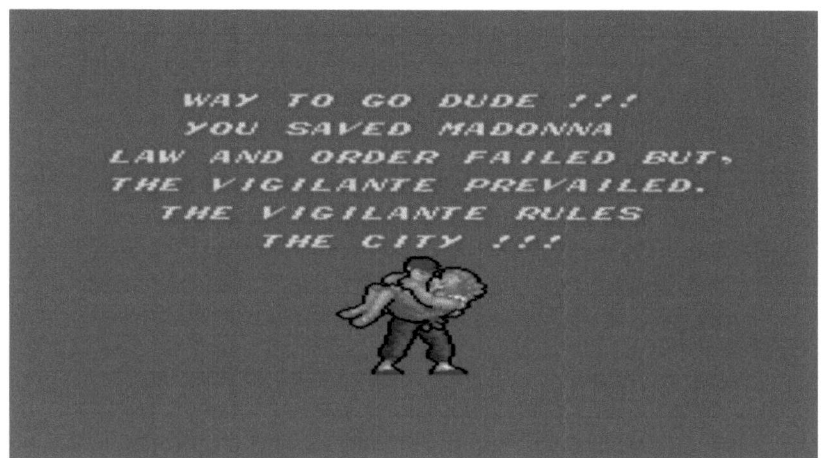

Abb. 26: Schlussbildschirm von Vigilante *(inkl. Beistrichfehler).*

Der Vigilant-Status der Protagonisten in diesen Spielen steht außer Frage. In der europäischen Spielanleitung von *Streets of Rage* steht »Choose one of these brave vigilantes and brawl your way to the heart of the city, past the baddest collection of street thugs and psychopaths ever assembled!« In *Streets of Rage 2* werden die Protagonisten ebenso ausdrücklich als »Vigilantes« bezeichnet. Weiters erschien im Jahr 1985 für den Commodore 64 ein Spiel namens *Subway Vigilante*, in dem man – der Titel verrät es – in einem U-Bahn-System gegen Verbrecher vorgeht. Ein etwas makabrer Titel, wenn man bedenkt, dass nur ein Jahr zuvor Bernhard Goetz, der »Subway Vigilante« von New York, im realen Leben vier Teenager erschoss. Vielleicht wurde das Spielgeschehen absichtlich nach London verlegt, um nicht zu starke Assoziationen mit dem Goetz-Fall zu evozieren.

Das bekannte Vigilantnarrativ, inklusive aufopfernden Helden, inkompetenter und/oder korrupter Polizei und dem Kampf gegen die Unzivilisierten der Gesellschaft ist also auch bei Videospielen zu finden, insbesondere im Beat ’em Up-Genre der 1980er und frühen 1990er. Einen Kollaps der zivilisierten Gesellschaft trifft man in Videospielen immer wieder an. Während in den 2000er-Jahren und bis heute dystopische Spielwelten gängig sind, die durch Aliens, einen Virus oder eine Nuklearkatastrophe entstanden sind (*Gears of War, Fallout 3, Resistance: Fall of Man, The Last of Us*, u.v.a.), ist in Beat ’em Ups die soziale Ordnung ohne Einwirkung von außen zusammengebrochen. Auffallend ist, dass in modernen Videospielen die Protagonisten sich häufiger in bereits existierende und funktionierende Strukturen einordnen, beispielsweise als Soldat (*Call of Duty, Gears of War*-Reihe, *Halo*-Reihe, etc.). In der äußerst erfolgreichen *Assassin's Creed*-Reihe (2007, 2009, 2010, 2011, 2012, 2013, 2014, 2015) sind die Protagonisten Mitglied eines Ordens von Vigilanten, der sich ähnlich wie die League of Shadows der THE DARK KNIGHT-Trilogie selbst legitimiert und sich um eine Machtbalance auf der Welt kümmert. In *Watch_Dogs* (2014), einem populären Spiel für die aktuelle Konsolengeneration, spielt man einen Hacker-Vigilanten, das Spiel erschien auch in einer »Vigilante Edition« mit zusätzlichen *goodies*.

12. »The gist of it«: Resümee

Der Amerikaner hat zwar den wilden Westen gezähmt und zivilisiert, aber es gibt noch immer Wilde im von ihm geschaffenen Paradies. Für diese devianten Elemente hat der moderne Rechtsstaat und dessen demokratische Institutionen keine oder nur unbefriedigende Lösungen – zumindest in den Augen des »klassischen« Filmvigilanten, der sich als Agent der Mehrheitsgesellschaft sieht. Folglich greift der anständige Amerikaner im Film fallweise zur Selbstjustiz, und er bricht das Gesetz, um es zu schützen.[240]

Diese Tradition ist tief in der amerikanischen Geschichte, Kultur und Psyche eingebettet.[241] Was der filmische und der historische Vigilantismus gemeinsam haben, ist, dass er meist vom Status quo/Establishment/Ober- und Mittelschicht der Gesellschaft ausgeht und sich gegen Verbrechen und Gewalt der Unterklasse richtet, ebenso die – manchmal nur implizierte, manchmal explizit ausgedrückte – Kritik am staatlichen Gesetzesvollzugssystem.

Vigilantenfilme sind zu einem überwiegenden Anteil populistische Filme und stellen ihre gesetzesbrechenden Hauptfiguren als Helden dar, die für die gerechte Sache kämpfen. Hollywood wird im typischen Vigilantenfilm seiner Rolle als Anbieter von Unterhaltung, Eskapismus und *wish fulfillment* gerecht. Von den 80 hier näher besprochenen Filmbeispielen können nur elf als Anti-Vigilantismus-Filme betrachtet werden[242], also Filme, in denen Selbstjustiz, Lynchjustiz oder Vigilantismus negativ dargestellt wird.

In Vigilantgeschichten, die sich ab der Durchsetzungen des narrativen Films und bis heute finden lassen, wird der zuvor im Western popularisierte Konflikt zwischen Zivilisierten und Unzivilisierten und zwischen Ordnung und Anarchie behandelt. In diesem Konflikt stehen etliche Menschenleben auf dem Spiel, und es schwingt neben der reaktionären Ideologie oft ein gewisses Maß an Kulturpessimismus mit.

240 Miller: Mr. New Deal Goes to the Movies. Vorwort. (Originalzitat: »consequently a decent American occasionally becomes a vigilante«)

241 Kazis, Richard: The Rambo Spirit.

242 Diese sind: FURY (1936), THE OX-BOW INCIDENT (1943), ALONG THE GREAT DIVIDE (1951), THE BRAVADOS (1958), HANG 'EM HIGH (1968), JOE (1970), MAGNUM FORCE (1973), DARK KNIGHT OF THE SCARECROW (1981), DANGEROUSLY CLOSE (1986), THE BROTHERHOOD OF JUSTICE (1986) und WATCHMEN (2009).

Anhang

Filmverzeichnis
(nach Erscheinungsjahr)

Bis 1939:

THE BIRTH OF A NATION (D.W. Griffith, 1915)

THE ACE OF HEARTS (Wallace Worsley, 1921)

THE VIRGINIAN (Victor Fleming, 1929)

LITTLE CAESAR (Mervyn LeRoy, 1931)

»M« (Fritz Lang, 1931)

THE PUBLIC ENEMY (William A. Wellman, 1931)

THE SECRET SIX (George W. Hill, 1931)

SCARFACE (Howard Hawks, 1932)

THE BEAST OF THE CITY (Charles Brabin, 1932)

GABRIEL OVER THE WHITE HOUSE (Gregory La Cava, 1933)

THE WOMAN ACCUSED (Paul Sloane, 1933)

THIS DAY AND AGE (Cecil B. DeMille, 1933)

OUR DAILY BREAD (King Vidor, 1934)

»G« MEN (William Keighley, 1935)

LET 'EM HAVE IT (Sam Wood, 1935)

SHOW THEM NO MERCY! (George Marshall, 1935)

WESTWARD HO (Robert N. Bradbury, 1935)

BULLETS OR BALLOTS (William Keighley, 1936)

FURY (Fritz Lang, 1936)

MODERN TIMES (Charles Chaplin, 1936)

MR. DEEDS GOES TO TOWN (Frank Capra, 1936)

I AM THE LAW (Alexander Hall, 1938)

YOU CAN'T TAKE IT WITH YOU (Frank Capra, 1938)

GONE WITH THE WIND (Victor Fleming, 1939)

MR. SMITH GOES TO WASHINGTON (Frank Capra, 1939)

THE FOUR JUST MEN (Walter Forde, 1939)

THE WIZARD OF OZ (Victor Fleming, 1939)

1940er bis 1960er:

BATMAN (Serial, Lambert Hillyer, 1943)

THE OX-BOW INCIDENT (William A. Wellman, 1943)

FORT APACHE (John Ford, 1948)

ALONG THE GREAT DIVIDE (Raoul Walsh, 1951)

THE BIG HEAT (Fritz Lang, 1953)

BLACKBOARD JUNGLE (Richard Brooks, 1955)

THE PHENIX CITY STORY (Phil Karlson, 1955)

THE SEACHERS (John Ford, 1956)

THE BRAVADOS (Henry King, 1958)

TOUCH OF EVIL (Orson Welles, 1958)

CAPE FEAR (J. Lee Thompson, 1962)

THE MAN WHO SHOT LIBERTY VALANCE (John Ford, 1962)

BATMAN (Leslie H. Martinson, 1966)

BONNIE AND CLYDE (Arthur Penn, 1967)

THE BORN LOSERS (Tom Laughlin, 1967)

THE ST. VALENTINE'S DAY MASSACRE (Roger Corman, 1967)

COOGAN'S BLUFF (Don Siegel, 1968)

HANG 'EM HIGH (Ted Post, 1968)

THE WILD BUNCH (Sam Peckinpah, 1969)

1970er:

JOE (John G. Avildsen, 1970)

UN CONDÉ (Yves Boisset, 1970)

A CLOCKWORK ORANGE (Stanley Kubrick, 1971)

BILLY JACK (Tom Laughlin, 1971)

DIRTY HARRY (Don Siegel, 1971)

LAWMAN (Michael Winner, 1971)

STRAW DOGS (Sam Peckinpah, 1971)

THE FRENCH CONNECTION (William Friedkin, 1971)

DELIVERANCE (John Boorman, 1972)

JOE KIDD (John Sturges, 1972)

GORDON'S WAR (Ossie Davis, 1973)

HIGH PLAINS DRIFTER (Clint Eastwood, 1973)

MAGNUM FORCE (Ted Post, 1973)

THE STONE KILLER (Michael Winner, 1973)

WALKING TALL (Phil Karlson, 1973)

ACT OF VENGEANCE (Bob Kelljan, 1974)

DEATH WISH (Michael Winner, 1974)

IL CITTADINO SI RUBELLA (Enzo G. Castellari, 1974)

MACON COUNTY LINE (Richard Compton, 1974)

MR. MAJESTYK (Richard Fleischer, 1974)

THE TEXAS CHAIN SAW MASSACRE (Tobe Hooper, 1974)

THE TRIAL OF BILLY JACK (Tom Laughlin, 1974)

FRENCH CONNECTION II (John Frankenheimer, 1975)

PART 2: WALKING TALL – THE LEGEND OF BUFORD PUSSER (Earl Bellamy, 1975)

A SMALL TOWN IN TEXAS (Jack Starrett, 1976)

IL GRANDE RACKET (Enzo G. Castellari, 1976)

JACKSON COUNTY JAIL (Michael Miller, 1976)

LIPSTICK (Lamont Johnson, 1976)

TAXI DRIVER (Martin Scorsese, 1976)

THE ENFORCER (James Fargo, 1976)

THE MISSOURI BREAKS (Arthur Penn, 1976)

TRACKDOWN (Richard T. Heffron, 1976)

BILLY JACK GOES TO WASHINGTON (Tom Laughlin, 1977)

FINAL CHAPTER: WALKING TALL (Jack Starrett, 1977)

ROLLING THUNDER (John Flynn, 1977)

THE HILLS HAVE EYES (Wes Craven, 1977)

DAY OF THE WOMAN (Meir Zarchi, 1978)

BOARDWALK (Stephen Verona, 1979)

HARDCORE (Paul Shrader, 1979)

THE WARRIORS (Walter Hill, 1979)

1980er:

DEFIANCE (John Flynn, 1980)

THE EXTERMINATOR (James Glickenhaus, 1980)

DARK KNIGHT OF THE SCARECROW (Frank De Felitta, 1981)

MS .45 (Abel Ferrara, 1981)

CLASS OF 1984 (Mark L. Lester, 1982)

DEATH WISH II (Michael Winner, 1982)

FIGHTING BACK (Lewis Teague, 1982)

10 TO MIDNIGHT (J. Lee Thompson, 1983)

SUDDEN IMPACT (Clint Eastwood, 1983)

THE STAR CHAMBER (Peter Hyams, 1983)

VIGILANTE (William Lustig, 1983)

YOUNG WARRIORS (Lawrence David Foldes, 1983)

SAVAGE STREETS (Danny Steinmann, 1984)

TEACHERS (Arthur Hiller, 1984)

DEATH WISH 3 (Michael Winner, 1985)

PRAY FOR DEATH (Gordon Hessler, 1985)

STRYKER'S WAR (Josh Becker, 1985)

SUDDEN DEATH (Sig Shore, 1985)

THE ANNIHILATORS (Charles E. Sellier Jr., 1985)

THE BREAKFAST CLUB (John Hughes, 1985)

»3:15« (Larry Gross, 1986)

COBRA (George P. Cosmatos, 1986)

DANGEROUSLY CLOSE (Albert Pyun, 1986)

THE BROTHERHOOD OF JUSTICE (Charles Braverman, 1986)

THE GLADIATOR(Abel Ferrara, 1986)

THE LADIES CLUB (Janet Greek, 1986)

DEATH WISH 4: THE CRACKDOWN (J. Lee Thompson, 1987)

THE PRINCIPAL (Christopher Cain, 1987)

ABOVE THE LAW (Andrew Davis, 1988)

STAND AND DELIVER (Ramón Menéndez, 1988)

YOUNG GUNS (Christopher Cain, 1988)

BATMAN (Tim Burton, 1989)

DEAD POETS SOCIETY (Peter Weir, 1989)

GHETTO BLASTER (Alan Stewart, 1989)

KINJITE: FORBIDDEN SUBJECTS (J. Lee Thompson, 1989)

LEAN ON ME (John G. Avildsen, 1989)

NEXT OF KIN (John Irvin, 1989)

1990er:

CHINA O'BRIEN (Robert Clouse, 1990)

CLASS OF 1999 (Mark L. Lester, 1990)

HARD TO KILL (Bruce Malmuth, 1990)

KINDERGARTEN COP (Ivan Reitman, 1990)

MARKED FOR DEATH (Dwight H. Little, 1990)

TEENAGE MUTANT NINJA TURTLES (Steve Barron, 1990)

ONE GOOD COP (Heywood Gould, 1991)

OUT FOR JUSTICE (John Flynn, 1991)

BATMAN RETURNS (Tim Burton, 1992)

UNDER SIEGE (Andrew Davis, 1992)

BATMAN: MASK OF THE PHANTASM (Eric Radomski und Bruce Timm, 1993)

BRUTAL FURY (Fred P. Watkins, 1993)

FALLING DOWN (Joel Schumacher, 1993)

DEATH WISH V: THE FACE OF DEATH (Allan A. Goldstein, 1994)

ON DEADLY GROUND (Steven Seagal, 1994)

BATMAN FOREVER (Joel Schumacher, 1995)

DANGEROUS MINDS (John N. Smith, 1995)

MR. HOLLAND'S OPUS (Stephen Herek, 1995)

A TIME TO KILL (Joel Schumacher, 1996)

EYE FOR AN EYE (John Slesinger, 1996)

GANG IN BLUE (Mario Van Peebles und Melvin Van Peebles, 1996)

RANSOM (Ron Howard, 1996)

SLEEPERS (Barry Levinson, 1996)

THE PHANTOM (Simon Wincer, 1996)

THE SUBSTITUTE (Robert Mandel, 1996)

AIR FORCE ONE (Wolfgang Petersen, 1997)

BATMAN & ROBIN (Joel Schumacher, 1997)

FIRE DOWN BELOW (Félix Enríquez Alcalá, 1997)

ONE EIGHT SEVEN (Kevin Reynolds, 1997)

THE BATMAN SUPERMAN MOVIE: WORLD'S FINEST (Toshihiko Masuda, 1997)

THE SUBSTITUTE 2: SCHOOL'S OUT (Steven Pearl, 1998)

THE BOONDOCK SAINTS (Troy Duffy, 1999)

THE SUBSTITUTE 3: WINNER TAKES ALL (Robert Radler, 1999)

2000er:

X-MEN (Bryan Singer, 2000)

IN THE BEDROOM (Todd Field, 2001)

THE SUBSTITUTE 4: FAILURE IS NOT AN OPTION (Robert Radler, 2001)

TRAINING DAY (Antoine Fuqua, 2001)

ENOUGH (Michael Apted, 2002)

SPIDER-MAN (Sam Raimi, 2002)

DAREDEVIL (Mark Steven Johnson, 2003)

MYSTIC RIVER (Clint Eastwood, 2003)

MAN ON FIRE(Tony Scott, 2004)

THE PUNISHER (Jonathan Hensleigh, 2004)

BATMAN BEGINS (Christopher Nolan, 2005)

FANTASTIC FOUR (Tim Story, 2005)

HARD CANDY (David Slade, 2005)

V FOR VENDETTA (James McTeigue, 2005)

SUPERMAN RETURNS (Bryan Singer, 2006)

DEATH SENTENCE (James Wan, 2007)

OUTLAW (Nick Love, 2007)

THE BRAVE ONE (Neil Jordan, 2007)

IRON MAN (Jon Favreau, 2008)

PUNISHER: WAR ZONE (Lexi Alexander, 2008)

THE DARK KNIGHT (Christopher Nolan, 2008)

HARRY BROWN (Daniel Barber, 2009)

LAW ABIDING CITIZEN (F. Gary Gray, 2009)

PISTOL WHIPPED (Roel Reiné, 2009)

THE BOONDOCK SAINTS II: ALL SAINTS DAY (Troy Duffy, 2009)

THE REVENANT(Kerry Prior, 2009)

WATCHMEN (Zack Snyder, 2009)

2010er:

BOY WONDER (Michael Morrissey, 2010)

KICK-ASS (Matthew Vaughn, 2010)

SUPER (James Gunn, 2010)

GOD BLESS AMERICA (Bobcat Goldthwait, 2011)

J. EDGAR (Clint Eastwood, 2011)

THE GREEN HORNET (Michel Gondry, 2011)

BATMAN: THE DARK KNIGHT RETURNS, PART 1 (Jay Oliva, 2012)

JACK REACHER (Christopher McQuarrie, 2012)

THE AMAZING SPIDER-MAN (Marc Webb, 2012)

THE DARK KNIGHT RISES (Christopher Nolan, 2012)

BATMAN: THE DARK KNIGHT RETURNS, PART 2 (Jay Oliva, 2013)

GANGSTER SQUAD (Ruben Fleischer, 2013)

MAN OF STEEL (Zack Snyder, 2013)

PRISONERS (Denis Villeneuve, 2013)

THE LONE RANGER (Gore Verbinski, 2013)

GUARDIANS OF THE GALAXY (James Gunn, 2014)

JOHN DOE: VIGILANTE (Kelly Dolen, 2014)

MISS MEADOWS (Karen Leigh Hopkins, 2014)

TEENAGE MUTANT NINJA TURTLES (Jonathan Liebesman, 2014)

THE EQUALIZER (Antoine Fuqua, 2014)

CARTEL LAND (Matthew Heineman, 2015)

Literaturverzeichnis

Alter, Jonathan: The Defining Moment. FDR's Hundred Days and the Triumph of Hope. Simon and Schuster. 2007.

Bergman, Andrew: We're in the Money. Depression America and its Films. Harper & Row. New York. 1971.

Birchard, Robert S.: Cecil B. DeMille's Hollywood. The University Press of Kentucky. 2004.

Blakely, Amy: Joe Clark, Tough School Chief Portrayed in LEAN ON ME, to Speak at UT (tntoday.utk.edu/2010/02/02/joe-clark-event, zuletzt aufgerufen am 20.11.2014)

Blau, Theodore H.: Psychological Services for Law Enforcement. John Wiley & Sons, Inc. 1994.

boxofficemojo.com/movies/?id=teenagemutantninjaturtles.htm (zuletzt aufgerufen am 20.11.2014)

Breuer, William B.: J. Edgar Hoover and His G-Men. Praeger Publishers. 1995.

Briley, Ron: The Sun Comes Out Tomorrow. Hollywood's Depiction of Franklin D. Roosevelt and the New Deal, From GABRIEL OVER THE WHITE HOUSE to ANNIE. In: Young, Nancy Beck/Pederson, William D./Daynes, Byron W. (Hrsg.): Franklin D. Roosevelt and the Shaping of American Political Culture. M.E. Sharpe. 2001.

Brown, Richard Maxwell: Strain of Violence. Historical Studies of American Violence and Vigilantism. Oxford University Press, Inc. 1975.

Brown, Richard Maxwell: The American Vigilante Tradition. In: Graham, Hugh Davis/ Gurr, Ted Robert: Violence in America. (Washington, D. C. Staff Report to the National Commission on the Causes and Prevention of Violence, 1969)

Burrows, William E.: Vigilante! Houghton Mifflin Harcourt. 1976.

Carmichael, Deborah: Gabriel Over the White House (1933): William Randolph Hearst's Fascist Solution for the Great Depression. In: Rollins, Peter C./ O'Connor, John E. (Hrsg.): Hollywood's White House: The American Presidency in Film and History. The University Press of Kentucky. 2003.

Clark, Randall: At a Theater or Drive-In Near You. The History, Culture, and Politics of the American Exploitation Film. Routledge 1995.

Culberson, William C.: Vigilantism. Political History of Private Power in America. Praeger Publishers. 1990.

DiPaolo, Marc: War, Politics and Superheroes. Ethics and Propaganda in Comics and Film. McFarland & Company, Inc. 2011.

Doherty, Thomas: Pre-Code Hollywood. Sex, Immortality, and Insurrection in American Cinema 1930–1934. Columbia University Press. 1999.

Dray, Philip: At the Hands of Persons Unknown. The Lynching of Black America. Modern Library. 2003.

Ebert, Roger: Death Wish 3 (Rezension vom 5.1.1985, rogerebert.com/reviews/death-wish-3-1985, zuletzt aufgerufen am 27.12.2014)

Ebert, Roger: Dirty Harry (Rezension vom 1.1.1971, www.rogerebert.com/reviews/dirty-harry-1971, zuletzt abgerufen am 27.12.2014)

Ebert, Roger: Lean on Me (Rezension vom 3.3.1989, rogerebert.com/reviews/lean-on-me-1989, zuletzt aufgerufen am 20.11.2014)

Ebert, Roger: The Juror (Rezension vom 2.2.1996,

rogerebert.com/reviews/the-juror-1996, zuletzt aufgerufen am 18.11.2014)

en.wikipedia.org/wiki/Exploitation_film#Minor_sub-genres (zuletzt aufgerufen am 15.10.2014)

en.wikipedia.org/wiki/S.H.I.E.L.D (zuletzt aufgerufen am 30.11.2014)

en.wikipedia.org/wiki/Vigilante_film (zuletzt aufgerufen am 15.10.2014)

Eyman, Scott: Empire of Dreams. The Epic Life of Cecil B. DeMille. Simon & Schuster. New York. 2010.

Finkelman, Paul: Introduction zum Buch Chadbourn, James Harmon: Lynching and the Law The Lawbook Exchange, Ltd. 2009.

Fleming Jr., Mike: Warner Bros Pre-empts ›Mack Bolan‹; Bradley Cooper, Todd Phillips Aboard (deadline.com/2014/08/warner-bros-mack-bolan-bradley-cooper-todd-phillips-821368, zuletzt aufgerufen am 5.11.2014)

Fradley, Martin: What Do You Believe In? Film Scholarship and the Cultural Politics of the Dark Knight Franchise. In: Film Quarterly Vol. 66, Number 3. University of California Press. 2013.

Franklin, Daniel P.: Politics and Film. The Political Culture of Film in the United States. Rowman & Littlefield. 2006.

French, Philip: The Brave One (theguardian.com/film/2007/sep/30/thriller.features, zuletzt aufgerufen am 4.1.2015)

Gaines, Jane M.: Birthing Nations. In: Hjort, Mette und Mackenzie, Scott (Hrsg.): Cinema and Nation. Routledge. 2000.

Gates, David: White Male Paranoia (newsweek.com/white-male-paranoia-191128, zuletzt aufgerufen am 18.11.2014)

Gates, Philippa: Cop Action Films. In: Carroll, Bret E.: American Masculinities. A Historical Encyclopedia. SAGE Publications. 2003.

Gates, Philippa: Detecting Men. Masculinity and the Hollywood Detective Film. State University of New York Press. 2006.

Girgus, Sam B.: Hollywood Renaissance. The Cinema of Democracy in the Era of Ford, Capra, and Kazan. Cambridge University Press. 1998.

Goyer, David: Batman Begins (Drehbuch, screenplaydb.com/film/scripts/batman_begins.PDF, zuletzt aufgerufen am 14.11.2014)

Halbfinger, David M: Anthony Imperiale, 68, Dies; Polarizing Force in Newark. (nytimes.com/1999/12/28/nyregion/anthony-imperiale-68-dies-polarizing-force-in-newark.html, zuletzt aufgerufen am 2.1.2015)

Hardy, Phil (Hrsg.): The BFI Companion to Crime. Cassell. 1997.

Harmon, Jim und Glut, Donald F.: The Great Movie Serials. Their Sound and Fury. Routledge. 2013.

Hawley, Frederick: Vigilantes. In: Chambliss, William J.: Police and Law Enforcement. SAGE Publications, Inc. Los Angeles. 2011.

Herzberg, Max J.: Reader's Encyclopedia of American Literature. Thomas Y. Crowell Co. New York. 1962.

Hoberman J.: Off the Hippies: 'Joe' and the Chaotic Summer of '70. In: The New York Times, 30.7.2000. (nytimes.com/2000/07/30/movies/film-off-the-hippies-joe-and-the-chaotic-summer-of-70.html, zuletzt aufgerufen am 22.12.2014)

Holleran, Scott: Wing Kid. An Interview with Christopher Nolan. (20.10.2005, boxofficemojo.com/features/?id=1921&pagenum=all, zuletzt aufgerufen am 12.11.2014)

Hoppenstand, Gary: In Search of the Paper Tiger. A Sociological Perspective of Myth, Formula and the Mystery Genre in the Entertainment Print Mass Medium. Bowling Green State University Popular Press. 1987.

Hoppenstand, Gary: Justified Bloodshed: Robert Montgomery Bird's Nick of the Woods and the Origins of the Vigilante Hero in American Literature and Culture. In: Journal of American Culture Volume 15, Issue 2. 1992.

Hoppenstand, Gary: Lethal Weapons. The Gun as Icon in the Popular Urban Vigilante Film. In: Loukides, Paul/Fuller, Linda K.: Beyond the Stars. Studies in American Popular Film Volume 3: The Material World in American Popular Film. Bowling Green State University Popular Press. 1993.

imdb.com/title/tt0070895/business (Box office/business for Walking Tall, zuletzt aufgerufen am 27.12.2014)

Ip, John: The Dark Knight's War on Terrorism. In: Ohio State Journal of Criminal Law, Vol.9:1. 2011.

Jewett, Robert und Lawrence, John Shelton: Captain America and the Crusade Against Evil. The Dilemma of Zealous Nationalism. Wm. B. Eerdmans Publishing Co. 2003.

Jewett, Robert und Lawrence, John Shelton: The American Monomyth. Anchor Press/Doubleday. 1977.

Johnston, Les: What is Vigilantism? In: The British Journal of Criminology Volume 36, Issue 2. 1996.

Kael, Pauline: 5001 Nights at the Movies. Henry Holt and Company. 1991.

Kael, Pauline: The Street Western. In: The New Yorker, 25.2.1974.

Kandela, Kimberlee: Miranda Rights. In: Chambliss, William J. (Hrsg.): Courts, Law and Justice. SAGE Publications, Inc. 2011.

Kapsis, Robert E./Coblentz, Kathie (Hrsg.): Clint Eastwood Interviews. University Press of Mississippi. 1999.

Kay, Judith W.: Murdering Myths. The Story Behind the Death Penalty. Rowman & Littlefield Publishers. 2005.

Kazis, Richard: The Rambo Spirit. In: New Internationalist, Issue 154. 1985. (Abgerufen am 20.11.2014 auf: newint.org/features/1985/12/05/rambo)

King, Claire Sisco: The Man Inside: Trauma, Gender, and the Nation in *THE*

BRAVE ONE In: Critical Studies in Media Communication Volume 27, Issue 2. 2010.

Knight, Arthur: Movie Review: Taxi Driver. In: The Hollywood Reporter, 4.2.1976.

Kohler-Hausmman, Julilly: Militarizing the Police: Officer Jon Burge, Torture and the war in the «Urban Jungle«. In: Hartnett, Steven John (Hrsg.): Challenging the Prison-Industrial Complex: Activism, Arts & Educational Alternatives. University of Illinois Press. 2011.

Kowalewski, David: Vigilantismus. In: Heitmeyer, Wilhelm/Hagan, John (Hrsg.): Internationales Handbuch der Gewaltforschung. Westdeutscher Verlag. 2002.

Kraitt, Tyma: Der Dschihad in Wien (falter.at/falter/2014/08/12/der-dschihad-in-wien, zuletzt aufgerufen am 17.11.2014)

law2.umkc.edu/faculty/projects/ftrials/shipp/lynchingsstate.html (Lynchings: By State and Race, 1882–1968, zuletzt aufgerufen am 15.12.2014)

Lawrence, John Shelton und Jewett, Robert: The Myth of the American Superhero. Wm. B. Eerdmans Publishing Co. 2002.

Leishman, Frank und Mason, Paul: Policing and the Media. Facts, Fictions, and Factions. Willan Publishing. 2003.

Lev, Peter: American Films of the 70s. Conflicting Visions. University of Texas Press. 2000.

Lichtenfeld, Eric: Action Speaks Louder. Violence, Spectacle, and the American Action Movie. Revised & Expanded Edition. Wesleyan University Press. 2007.

lifebetweenframes.blogspot.co.at/2014/05/40-years-of-vigilante-vendetta.html (zuletzt aufgerufen am 22.12.2014)

Locke, John: The Second Treatise of Government and a Letter Concerning Toleration. Dover Publications. 2002. Seite iii.

Maidy, Alex: Todd Phillips may direct Bradley Cooper as Mack Bolan, The Executioner (joblo.com/movie-news/todd-phillips-may-direct-bradley-cooper-as-mack-bolan-the-executioner-300m, zuletzt aufgerufen am 2.11.2014)

Maltby, Richard: The Spectacle of Criminality. In: Slocum, J. David (Hrsg.): Violence and American Cinema. Routledge. 2001.

Marubbio, M. Elise: Killing the Indian Maiden. Images of Native American Women in Film. The University Press of Kentucky. 2006.

Melling, P.H.: The mind of the mob: Hollywood and popular culture in the 1930s. In: Davies, Philip/Neve, Brian (Hrsg.): Cinema, Politics and Society in America. Manchester University Press. 1981.

Miller, Joan Irene: Mr. New Deal Goes to the Movies. The New Deal and Hollywood, 1933–1938. University of Connecticut (Doctoral Dissertation). 1999.

O'Neil, Dennis: BatmanUnauthorized. Vigilantes, Jokers, and Heroes in Gotham City. BenBella Books. 2009.

Patterson, Eric: Every Which Way But Lucid: The Critique of Authority in Clint Eastwood's Police Movies. In: Journal of Popular Film and Television, Fall 1982.

Pevere, Geoff: How Joe and Patton could, 40 years on, play again today. (thestar.com/entertainment/2010/06/18/how_joe_and_patton_could_40_years_on_play_again_today.html, zuletzt aufgerufen am 1.1.2015)

Rehling, Nicola: Extra-Ordinary Men. White Heterosexual Masculinity in Contemporary Popular Cinema. Lexington Books. 2009.

Reiner, Robert: Keystone to Kojak: the Hollywood cop. In: Davies, Philip/Neve, Brian (Hrsg.): Cinema, Politics and Society in America. Manchester University Press. 1981.

Rosenbaum, H. Jon und Sederberg, Peter C.: Vigilantism: An Analysis of Establishment Violence. In: Rosenbaum/Sederberg (Hrsg.): Vigilante Politics. University of Pennsylvania Press. 1976.

Rosow, Eugene: Born To Lose. The Gangster Film in America. Oxford University Press. 1978.

Ross, Steven J.: Hollywood Left and Right. How Movie Stars Shaped American Politics. Oxford University Press. 2011.

Schwanitz, Dietrich: Bildung. Alles, was man wissen muß. Goldmann Verlag. 2002.

Shadoian, Jack: Dirty Harry A Defense. Western Humanities Review 28, No. 2. 1974.

Slotkin, Richard: Gunfighter Nation. The Myth of the Frontier in Twentieth-Century America University of Oklahoma Press. 1998.

Smith, Paul: Clint Eastwood. A Cultural Production. University of

Minnesota Press. 1996.

Stringer, Rebecca: From Victim to Vigilante. Gender, Violence and Revenge in The Brave One (2007) and Hard Candy (2005). In: Radner, Hilary/Stringer, Rebecca (Hrsg.): Feminism at the Movies. Understanding Gender in Contemporary Popular Cinema. Routledge. 2011.

Talbot, Paul: Bronson's Loose! The Making of the Death Wish Films. iUniverse, Inc. 2006.

Tapper, Michael: Swedish Cops. From Sjöwall & Wahlöö to Stieg Larsson. Intellect Ltd. 2014.

The Declaration of Independence: A Transcription (archives.gov/exhibits/charters/declaration_transcript.html, zuletzt aufgerufen am 2.10.2014)

Toh, Justine: The Tools and Toys of (the) War (on Terror): Consumer Desire, Military Fetish, and Regime Change in Batman Begins. In: Birkenstein, Jeff/Froula, Anna/Randell, Karen (Hrsg.): Reframing 9/11. Film, Popular Culture and the »War on Terror«. Bloomsbury Publishing. 2010.

Trunz, Erich (Hrsg.): Johann Wolfgang von Goethe. Werke Kommentare und Register. Hamburger Ausgabe in 14 Bänden. Band 10: Autobiographische Schriften II. Verlag C.H. Beck. 2002.

urbandictionary.com/define.php?term = hick (zuletzt aufgerufen am 15.01.2015)

urbandictionary.com/define.php?term = loose + cannon (zuletzt aufgerufen am 25.12.2014)

von Tunzelmann, Alex: J Edgar as a visionary vigilante? Don't believe this unreliable narrative (theguardian.com/film/2012/feb/02/j-edgar-reel-history, zuletzt aufgerufen am 28.11.2014)

Wallace, Edgar: The Four Just Men. Tallis Press. 1905.

Weinstock, Jeffrey Andrew: The Ashgate Encyclopedia of Literary and Cinematic Monsters. Ashgate Publishing. 2014.

Wister, Owen: The Virginian Roberts Rinehart Publishers. 2002.

Wonser, Robert und Boyns, David: The Caped Crusader. What Batman Films Tell Us about Crime and Deviance. In: Cinematic Sociology. Social Life in Film. SAGE Publications. 2012.

worldwideboxoffice.com/movie.cgi?title=Walking%20Tall&year=1973 (zuletzt aufgerufen am 27.12.2014)

Wright, Will: Sixguns & Society. A Structural Study of the Western. University of California Press. 1975.

Yockey, Matt: Batman. Wayne State University Press. 2014.

Young, William H. und Young, Nancy K.: The 1930s (Aus der Reihe: American Popular Culture Through History). Greenwood Press. 2002.

Young, William H. und Young, Nancy K.: The Great Depression in America (A Cultural Encyclopedia Volume 1: A-M). Greenwood Press. 2007.

Zimmerer, Franziska: Wer sind die ISIS-Krieger aus dem Westen? (bild.de/politik/ausland/isis/westliche-isis-krieger-neu-37452150.bild.html, zuletzt aufgerufen am 17.11.2014)

Žižek, Slavoj: Dictatorship of the Proletariat in Gotham City (diepresse.com/home/meinung/debatte/1277571/Dictatorship-of-the-Proletariat-in-Gotham-City, zuletzt aufgerufen am 26.9.2014)

Verzeichnis anderer Medien

TV-Sendungen:

Bart After Dark aus der Serie The Simpsons (Erstausstrahlung: 24.11.1996)

Day 2: 9:00 a.m. – 10:00 a.m. aus der Serie 24 (Erstausstrahlung: 5.11.2002)

Heart of Ice, aus der Serie Batman (Erstausstrahlung: 7.9.1992)

Stacy Koon's Police Academy, aus der Serie In Living Color (Erstausstrahlung: 25.4.1993)

Lock-Up, aus der Serie Batman (Erstausstrahlung: 19.11.1994)

The Daily Show with Jon Stewart, Folge vom 15.12.2014

Too Tough to Die, aus der Serie CSI: Crime Scene Investigation (Erstausstrahlung: 1.3.2001)

Trial, aus der Serie Batman (Erstausstrahlung: 16.5.1994)

Vendetta, aus der Serie Batman (Erstausstrahlung: 5.10.1992)

TV-Sendungen (nur Erwähnung):

Dexter (2006–2013)

Gotham (Seit 2014)

Sledge Hammer (1986–1988)

The A-Team (1983–1987)

Videos:

Behind the Scenes zum Film COBRA (Cobra Blu-Ray, Warner Home Video. USA 2011)

youtube.com/watch?v = 0xn5atjB40U (»Exclusive Interview with Denzel Washington & Antoine Fuqua – Street Justice Vigilantism« von Sony Movies SA, zuletzt aufgerufen am 6.1.2015)

Vorlesung von Professor Richard Slotkin zum Film HIGH PLAINS DRIFTER vom 23.4.2008. (Video abrufbar auf itunes.apple.com/us/itunes-u/western-movies-myth-ideology/id427787656?mt = 10, Download am 20.7.2014)

youtube.com/watch?v = Svzcox2QB0w (Ausschnitt aus einer Rede von Donald Trump über den zweiten Zusatzartikel zur Verfassung der Vereinigten Staaten, zuletzt aufgerufen am 6.12.2015)

Videospiele:

Assassin's Creed (Multiplatform, Ubisoft Montreal, 2007)

Dirty Harry (Nintendo Entertainment System, Gray Matter Inc., 1990)

Death Wish 3 (Multiplatform, Gremlin Graphics, 1987)

Fallout 3 (Multiplatform, Bethesda Game Studios, 2008)

Gears of War (Xbox 360 und Microsoft Windows, Epic Games, 2006)

Resistance: Fall of Man (PlayStation 3, Insomniac Games, 2006)

Streets of Rage (diverse Systeme, Sega, 1991)

Streets of Rage 2 (diverse Systeme, Sega, 1992)

Streets of Rage 3 (diverse Systeme, Sega, 1994)

The Last of Us (PlayStation 3 und PlayStation 4, Naughty Dog, 2013)

Renegade (diverse Systeme, Technos Japan, 1986)

Final Fight (Arcade und diverse Systeme, Capcom, 1989)

Vendetta (Arcade, Konami, 1991)

Vigilante (Arcade und diverse Systeme, Irem, 1988)

Subway Vigilante (Multiplatform, Mike Marine, 1985)

WATCH_DOGS (Multiplatform, Ubisoft Montreal, 2014)

Originaltext des Vorworts

Peter Vogl was unknown to me until he sent a message about his history of Hollywood's vigilante films. He invited me to participate in its publication by writing a Foreword. Although I felt pleased to receive his request, I found one statement in his invitation unbelievable. He asserted that no history of America's screen vigilantes had ever been written. This claim to uniqueness really stirred my curiosity.

If such a history existed, I felt that I should know it—but I did not. For some forty years my colleague Robert Jewett and I intensively studied numerous fantasy vigilantes in literature and cinema. Out of our collaboration came *The American Monomyth* (1977) and *The Myth of the American Superhero* (2002). During those years we had read or reviewed perhaps thousands of books and articles, many of them focused on the cowboy Western genre, urban vigilantes, or master performers and auteurs like Clint Eastwood, Charles Bronson, and Sylvester Stallone. My review of catalogs for the film study collections at University of California-Berkeley and the University of Southern California confirmed Peter Vogl's bold claim.

Given such a large body of ideologically coherent films, why hadn't some scholar ever traced this chronology or attempted to make a representative listing of the most significant types? I can only explain it by saying that nobody previously had the imagination or tenacity to search back to the beginning and recover, in a single study, a thematic, large scale list. Through the assembly and comparison of so many films, Vogl has been able to define different types of films while indicating the social factors that affected their content and popularity. As a result, he moves beyond the well-known cowboy and urban vigilantes to identify groups from the Great Depression, from the Hays Code era of the New Deal, classroom vigilantes, teen vigilantes, women vigilantes, and even divinely inspired urban vigilantes.

I read *Hollywood Justice* slowly and I am not surprised since it had so much to teach me. And I confess also that the seductive YouTube became a regular companion on the computer screen while I was reading the manuscript pages. For example, I had not known THE ACE OF HEARTS (1921) but discovered that the uncut, 81 minute film from Goldwyn

Pictures had been uploaded. I eventually discovered that almost every film mentioned in this book is present on YouTube in the form of trailers or more substantive clips. Also included are mediocre B- and exploitation films with copycat scripts, wooden actors, and crudely lit photography; many of the videos for them are fuzzy because they have been transferred from old videocassettes. Films with abandoned copyrights are often present in their entirety. These clips will illustrate the text visually and make an excellent supplement to Vogl's careful transcriptions of film dialogue.

The enormous popularity of these films was also evident in my additional discovery that Wikipedia, IMDb and Turner Classic Movies have been thorough in gathering information about literary sources, production, actors, and reception. The scale of information demonstrates that many Americans—and perhaps anonymous coworkers in other countries—apparently want to know about these films and to keep their memory alive. This fact raises interesting questions that lie beyond the scope of this book. How many people find them inspiring? How many want to have them on display as examples of pathology in popular culture? Does the constant presence of fantasy vigilante heroes affect American reluctance to accept more restrictive control on the ownership of guns? How many of America's mass killers have nourished their destructive imaginations through a steady diet of these stories and the numerous first-person-shooter video games that simulate vigilante justice? To what extent is there a world audience for these, many of whom have access to streaming media sources or DVDs? Such questions suggest a research agenda for other books that may be inspired by *Hollywood Justice*.

In addition to getting my first 100 year overview of vigilante films I learned about the minimal role for history in Hollywood productions. Strangely, as the book indicates, Hollywood's vigilante films rarely have any docudramatic intent. In America's frontier communities without sheriffs, courts, or jails, it was possible for animal rustlers, thieves, and killers to thrive unless honest people fought back. Vogl mentions South Carolina's Regulators from the 1760s and San Francisco's Committee of Vigilance in the mid-19th Century. Their actions were inherently dramatic. But with a few exceptions such as THE MAN WHO SHOT LIBERTY VALANCE (1962), THE MISSOURI BREAKS (1976), and YOUNG GUNS (1988), Hollywood has long preferred to create its own history for vigilantes.

Furthermore, Vogl develops an important distinction between »revenge« vigilantes and »populist« vigilantes. Revenge vigilantes have been a part of Western culture since Seneca's *Thyestes* and Shakespeare's *Hamlet*. Populist vigilantes seem to be an American creation; although they act in a retributive way to punish evil doers, they frequently act selflessly in ways that save the community from danger. The American superhero figures, who hide their identities to uphold principles of justice in the midst failing and often corrupt institutions, certainly belong to this populist tradition. Vogl is quite correct in linking these fantasy heroes philosophically to America's national origins in acts of rebellion against illegitimate authority and he properly quotes from the Unabhängskeiterklärung: »whenever any Form of Government becomes destructive of these ends, it the Right of the People to alter or abolish it, and to institute new Government.« Thomas Jefferson, who drafted that document, wrote in 1787 favorably of Shay's Rebellion against the government of Massachusetts: »What country can preserve its liberties if their rulers are not warned from time to time that their people preserve the spirit of resistance? Let them take arms. The remedy is to set them right as to facts, pardon and pacify them. What signify a few lives lost in a century or two? The tree of liberty must be refreshed from time to time with the blood of patriots and tyrants. It is its natural manure.«[243] Although Jefferson was writing before the Constitution of the US was written and before his own presidency—events which changed his views of federal power—his words continue to be quoted favorably by paramilitary groups who see the threat of their heavily armed vigilantism as the guarantee against any new tyranny.

Another distinctive category of film defined by Vogl is the »anti-vigilante« type. He observes that among 80 prominent films that he chose to examine carefully, only eleven of them could be characterized as «anti-vigilante« in that they challenge the assumptions of revenge or populist vigilantism. This disproportion suggests that the pursuit of vigilante justice has far more resonance for American audiences than stories that show us why the impulse for it should be restrained.

243 Thomas Jefferson, November 13, 1787, private letter from Paris to William S. Smith. (http://www.loc.gov/exhibits/jefferson/jefffed.html#105, zuletzt aufgerufen am 26.10.2015)Siehe dazu Josh Horwitz, «Thomas Jefferson and ›The Blood of Tyrants‹«, Huffington Post, 17.10.2009. (http://www.huffingtonpost.com/josh-horwitz/thomas-jefferson-and-the_b_273800.html, zuletzt aufgerufen am 26.10.2015)

Related to the rare anti-vigilante film is Vogl's extensive treatment of the Batman films. There, for a good reason, he departs from his brief summary style to introduce some nuances within the entire genre. Just as one can see a kind of dialectical opposition between the pro- and the anti-films, the Batman series reflects an intense questioning of the motives and effects of vigilante actions. Vogl writes »Das Spannungsfeld zwischen Gesetzmäßigkeit und Notwendigkeit wurde schon oft in früheren Vigilantnarrativen untersucht, aber wohl selten auf solch interessante und umfassende Art.« (S. 152) In the early *Detective Comics* genesis episode for the character, Batman as Bruce Wayne is shown to be a child victim whose parents were murdered in his presence on the street in Gotham. The final caption tells us: »thus is born this weird avenger of the dark, this avenger of evil. The Batman.«[244] As an adult Wayne/Batman remains angry about that murder and in some renditions is a semi-depressed »Dark Knight.« Vogl shows us that Wayne is aware of the dangers to the public order inherent in his actions, yet must counterbalance it with his potential as the masked superhero to prevent harm and foster justice for criminals.

I hope that Vogl's creativity in studying American films will lead to works of larger scope, both by him and by others who admire the foundation that he has laid. He has demonstrated once again that we Americans can learn from people of other countries who are curious about who we are and what our cultural creations mean to their many audiences.

John Shelton Lawrence, Ph.D.
Berkeley, California 23 October, 2015

[244] Quoted in: Misiroglu, Gina: The Superhero Book. The Ultimate Encyclopedia of Comic-Book Icons and Hollywood Heroes. Visible Ink Press. 2004. Seite 57.

Bildrechteverzeichnis:

Abb. 1: THE BEAST OF THE CITY (US-DVD, Warner Bros.)

Abb. 2: THIS DAY AND AGE (US-DVD, Universal)

Abb. 3: GABRIEL OVER THE WHITE HOUSE (US-DVD, Warner Bros.)

Abb. 4: Offizielles Poster von JOE (Cannon Film Distributors)

Abb. 5: Offizielles Poster von BILLY JACK (Warner Bros.)

Abb. 6: Werbeplakat von BILLY JACK (Warner Bros.)

Abb. 7: DIRTY HARRY (deutsche Blu-ray, Warner Bros.)

Abb. 8: DIRTY HARRY KOMMT ZURÜCK (deutsche Blu-ray, Warner Bros.)

Abb. 9: WALKING TALL (US-Blu-ray aus dem Set »WALKING TALL: The Trilogy«, Shout! Factory)

Abb. 10 - 14: EIN MANN SIEHT ROT (deutsche Blu-Ray, Studiocanal)

Abb. 15: DEATH WISH 3 (US-Blu-ray, Metro-Goldwyn-Mayer)

Abb. 16: OUT FOR JUSTICE (US-Blu-ray, Warner Bros.)

Abb. 17: Offizielles Poster von CLASS OF 1984 (United Film Distribution Company)

Abb. 18: THE SUBSTITUTE (holländische Blu-Ray, DFW)

Abb. 19: THE DARK KNIGHT (deutsche Blu-ray, Warner Bros.)

Abb. 20: DIE FREMDE IN DIR (deutsche Blu-ray, Warner Bros.)

Abb. 21: WATCHMEN (US-Blu-ray, Director's Cut, Warner Bros.)

Abb. 22: CARTEL LAND (deutsche Blu-ray, DCM, Universum Film)

Abb. 23: Amerikanisches NES-Cover von *Renegade* (Taito)

Abb. 24: Cover der ZX Spectrum-Version von *Final Fight* (Capcom)

Abb. 25: Screenshot von *Final Fight* (Capcom)

Abb. 26: Screenshot von *Vigilante* (Irem)

Titelregister

1

187 – Eine tödliche Zahl, *Siehe* One Eight Seven

2

»24« 87, 156

3

3:15 135
3:15 – Die Stunde der Cobras, *Siehe* 3:15

A

Above the Law.. 122
Act of Vengeance.. 100
Air Force One.. 58
Alarmstufe: Rot, *Siehe* Under Siege
Along the Great Divide.. 67, 182
Auf brennendem Eis, *Siehe* On Deadly Ground
Die Aufsässigen, *Siehe* Teachers
The Ace of Hearts.. 8, 43, 50
The Amazing Spider-Man.. 156
The Annihilators.. 118
The A-Team.. 118

B

Batman................ 99, 112, 131, 137, 139-141, 143, 145, 146, 148, 149
Batman & Robin.. 146
Batman Begins.. 138-140, 142, 146-151
Batman Forever.. 138, 139, 146
Batman Returns.. 142, 146
Batman und das Phantom, *Siehe* Batman: Mask of the Phantasm
Batman: Mask of the Phantasm.. 142
Batman: The Animated Series.. 142
Batman: The Dark Knight Returns, Part 1.. 144
Batman: The Dark Knight Returns, Part 2.. 144-145
Beim Sterben ist jeder der Erste, *Siehe* Deliverance
Billy Jack.. 76-79, 91, 124, 131
Billy Jack Goes to Washington.. 79
Bis zum letzten Mann, *Siehe* Fort Apache
Blackboard Jungle.. 129

Blinde Wut, *Siehe* Fury
Blutgericht in Texas, *Siehe* The Texas Chain Saw Massacre
Boardwalk.. 101
Bonnie and Clyde... 70
Boy Wonder.. 172
Brennpunkt Brooklyn, *Siehe* The French Connection
Brutal Fury.. 129, 135
Bullets or Ballots.. 36
Ein Bulle sieht rot, *Siehe* Un condé
The Batman Superman Movie: World's Finest................................ 145
The Beast of the City.. 51, 55
The Big Heat.. 67, 84
The Birth of a Nation.................................. 24, 35, 39, 41-42, 45, 169
The Boondock Saints... 157
The Boondock Saints II: All Saints Day... 171
The Born Losers... 76-77
The Bravados.. 68, 182
The Brave One.. 95, 141, 159-160, 162
The Breakfast Club... 128
The Brotherhood of Justice... 128, 135, 182

C

A Clockwork Orange.. 130, 132
Cape Fear.. 68, 69
Cartel Land.. 167-169
Chicago-Massaker, *Siehe* The St. Valentine's Day Massacre
China O'Brien.. 90
City Commando, *Siehe* The Annihilators
City Monster, *Siehe* Act of Vengeance
Class of 1984... 128, 130, 132, 169
Class of 1999.. 129, 132, 169
Cobra 85, 115-116
Coogan's Bluff.. 80-82
Coogans großer Bluff, *Siehe* Coogan's Bluff
CSI: Crime Scene Investigation... 64
Der Club der toten Dichter, *Siehe* Dead Poets Society
Il cittadino si ribella.. 18
The Conjuring... 161
Un condé... 19

D

Dangerous Minds.. 128
Dangerously Close.. 128, 135, 182
Daredevil.. 156
Dark Knight of the Scarecrow.................................. 117, 182
Das Haus im Nebel, *Siehe* Show Them No Mercy!
Day of the Woman.. 100
Dead Poets Society.. 128
Deadly Revenge – Das Brooklyn Massaker, *Siehe* Out for Justice
Death Sentence.. 159, 161-162
Death Wish........... 12, 19, 20, 27, 35, 36, 38, 72, 75, 92, 95-102, 104, 105, 111, 112, 114, 119, 140, 141, 144-147, 149, 159-161
Death Wish II.. 105-106
Death Wish 3............................... 96, 104, 111, 113-114, 176
Death Wish 4: The Crackdown... 114
Death Wish V: The Face of Death........................... 111, 114
Deathly Weapon, *Siehe* Pistol Whipped
Defiance... 107
Deliverance.. 71
Den Hals in der Schlinge, *Siehe* Along the Great Divide
Der blutige Pfad Gottes, *Siehe* The Boondock Saints
Der blutige Pfad Gottes 2, *Siehe* The Boondock Saints II: All Saints Day
Der Mann aus Virginia, *Siehe* The Virginian
Dexter 156
Die City Cobra, *Siehe* Cobra
Die Hard... 83
Dirty Harriet – Allein gegen Gewalt und Verbrechen, *Siehe* Sudden Death
Dirty Harry................. 12, 19-20, 25, 35, 53, 59, 72, 74-75, 80, 82-83, 85-89, 92, 97, 99, 101, 116, 119, 130, 131, 155, 172, 176
Dirty Harry II – Calahan, *Siehe* Magnum Force
Dirty Harry III – Der Unerbittliche, *Siehe* The Enforcer
Dirty Harry kommt zurück, *Siehe* Sudden Impact
Du sollst nicht töten... Außer, *Siehe* Stryker's War
Duell am Missouri, *Siehe* The Missouri Breaks
The Dark Knight................... 12, 85, 143, 146-148, 151, 153, 166, 181
The Dark Knight Rises................................ 139, 146, 150, 154

E

Ein Mann geht über Leichen, *Siehe* The Stone Killer

Engel der Hölle, *Siehe* The Born Losers
Enough.. 170
Eye for an Eye... 121, 126
The Enforcer.. 87
The Equalizer.. 174
The Exterminator.. 15, 104-105

F

Der FBI-Agent, *Siehe* »G« Men
Die Frau mit der 45er Magnum, *Siehe* Ms .45
Die Fremde in dir, *Siehe* The Brave One
Eine Frau sieht rot, *Siehe* Lipstick
Falling Down.. 125, 172
Falsche Gesichter, *Siehe* Let 'em Have It
Fantastic Four... 156
Fighting Back.. 99, 107
Final Chapter: Walking Tall... 90
Fire Down Below... 122
Fort Apache.. 155
French Connection II.. 85
Fury 53, 66
The French Connection... 71, 74, 85, 147

G

»G« Men... 59, 62
Das Gesetz bin ich, *Siehe* Mr. Majestyk
Der Große aus dem Dunkeln, *Siehe* Walking Tall
Der Große aus dem Dunkeln Teil 2 – Allein gegen Korruption, *Siehe* Part 2: Walking Tall – The Legend of Buford Pusser
Der Große aus dem Dunkeln, Teil 3 – Das letzte Kapitel, *Siehe* Final Chapter: Walking Tall
Die Geburt einer Nation, *Siehe* The Birth of a Nation
Die geheimen Sechs, *Siehe* The Secret Six
Gabriel Over the White House.............................. 55, 57-58, 152, 157
Gang in Blue... 87
Gangster Squad... 173
Genug – Jeder hat eine Grenze, *Siehe* Enough
Gesetz der Rache, *Siehe* Law Abiding Citizen
Ghetto Blaster... 120
God Bless America... 172

Gordon's War.. 118
Gordons Rache, *Siehe* Gordon's War
Guardians of the Galaxy.. 156
Il grande racket.. 19
The Gladiator.. 119
The Graduates of Malibu High, *Siehe* Young Warriors
The Green Hornet... 156

H

Hang 'em High.. 80, 81, 182
Hängt ihn höher, *Siehe* Hang 'em High
Hard Candy.. 95, 171
Hard Lessons, *Siehe* The Substitute 3: The Winner Takes All
Hard to Kill... 122
Hardcore.. 72, 102, 104
Harry Brown.. 18
Heißes Eisen, *Siehe* The Big Heat
Honor & Duty – The Substitute IV, *Siehe* The Substitute 4: Failure is Not an Option
Hügel der blutigen Augen, *Siehe* The Hills Have Eyes
The Hills Have Eyes.. 71

I

I Am the Law.. 35, 65
I Spit on Your Grave, *Siehe* Day of the Woman
Ich spuck auf dein Grab, *Siehe* Day of the Woman
Im Namen des Gesetzes, *Siehe* I Am the Law
Im Zeichen des Bösen, *Siehe* Touch of Evil
In the Bedroom.. 170
Iron Man.. 156

J

Die Jury, *Siehe* A Time to Kill
J. Edgar... 59
Jack Reacher.. 170
Jackson County Jail... 71
Jagd auf linke Brüder, *Siehe* Gordon's War
Jagdzeit in Texas, *Siehe* A Small Town in Texas
Joe 23, 35, 73-75, 77-79
Joe – Rache für Amerika, *Siehe* Joe
Joe Kidd.. 86

John Doe: Vigilante 18

K

Der kleine Caesar, *Siehe* Little Caesar
Der knallharte Prinzipal, *Siehe* Lean on Me
Ein Köder für die Bestie, *Siehe* Cape Fear
Keine Gnade, Mr. Dee!, *Siehe* Trackdown
Kick-Ass 156, 173
Killer Cops – Mörder in Uniform, *Siehe* Gang in Blue
Kindergarten Cop 128
Kinjite – Tödliches Tabu, *Siehe* Kinjite: Forbidden Subjects
Kinjite: Forbidden Subjects 100
Kopfgeld – Einer wird bezahlen, *Siehe* Ransom

L

Law Abiding Citizen 162
Lawman 92
Lean on Me 128, 131
Lebenskünstler, *Siehe* You Can't Take It With You
Let 'em Have It 63-64
Lethal Weapon 48, 83, 87
Lipstick 100
Little Caesar 35, 48
The Ladies Club 119
The Lone Ranger 40, 173

M

Der Mann mit der Stahlkralle, *Siehe* Rolling Thunder
Der Mann ohne Gnade, *Siehe* Death Wish II
Der Mann, der Liberty Valance erschoß, *Siehe* The Man Who Shot Liberty Valance
Ein Mann schlägt zurück, *Siehe* Il cittadino si ribella
Ein Mann sieht rot, *Siehe* Death Wish
Ein Mann wie Dynamit, *Siehe* 10 to Midnight
M – Eine Stadt sucht einen Mörder 53
Macon County Line 71
Magnum Force 86, 182
Man of Steel 156
Man on Fire 171
Mann unter Feuer, *Siehe* Man on Fire
Marked for Death 121-123

Miss Meadows 174
Modern Times 52, 54
Mörderischer Tausch, *Siehe* The Substitute
Mörderischer Tausch 2, *Siehe* The Substitute 2: School's Out
Mr. Deeds Goes to Town 72
Mr. Holland's Opus 128
Mr. Majestyk 92
Mr. Smith Goes to Washington 72, 79
Ms .45 .... 117, 119
Mystic River 170
The Man Who Shot Liberty Valance 9, 27, 46, 155, 166
The Missouri Breaks 9, 33

N

Narbengesicht, *Siehe* Scarface
Next of Kin 120
Nico, *Siehe* Above the Law

O

Der öffentliche Feind, *Siehe* The Public Enemy
On Deadly Ground 122
One Eight Seven 128, 134
One Good Cop 103
Our Daily Bread 54
Out for Justice 85, 123
Outlaw 18
The Ox-Bow Incident 66, 96, 170, 182

P

Der Prinzipal – Einer gegen alle, *Siehe* The Principal
Part 2: Walking Tall – The Legend of Buford Pusser 90
Pistol Whipped 123
Pray for Death 104
Prisoners 173
Punisher: War Zone 156
The Phantom 121
The Phenix City Story 91
The Principal 128, 135
The Public Enemy 35, 48, 59
The Punisher 146, 156, 170

R

Die Rache des Gelynchten, *Siehe* Dark Knight of the Scarecrow
Ein Richter sieht rot, *Siehe* The Star Chamber
Racket, *Siehe* Il grande racket
Ransom.......... 121
Rape Squad, *Siehe* Act of Vengeance
Ritt zum Ox-Bow, *Siehe* The Ox-Bow Incident
Rolling Thunder.......... 103
Ruf nach Vergeltung, *Siehe* Next of Kin
The Revenant.......... 172, 190

S

A Small Town in Texas.......... 71
Der Schwarze Falke, *Siehe* The Searchers
Die Schläger von Brooklyn, *Siehe* Defiance
Eine Stadt geht durch die Hölle, *Siehe* The Phenix City Story
Saat der Gewalt, *Siehe* Blackboard Jungle
Savage Streets.......... 104
Saw 161
Scarface.......... 48
Selbstjustiz – Ein Cop zwischen Liebe und Gesetz, *Siehe* One Good Cop
Show Them No Mercy!.......... 64
Sinola, *Siehe* Joe Kidd
Sledge Hammer.......... 116
Sleepers.......... 121
Spider-Man.......... 156
Stand and Deliver.......... 128
Stirb langsam, *Siehe* Die Hard
Straw Dogs.......... 70, 71
Streetfighters, *Siehe* Vigilante
Stryker's War.......... 118
Sudden Death.......... 118-119
Sudden Impact.......... 87
Super 156, 173
Superman Returns.......... 156
The Searchers.......... 42
The Secret Six.......... 50, 55
The St. Valentine's Day Massacre.......... 70
The Star Chamber.......... 43, 108, 109
The Stone Killer.......... 82

The Substitute.. 128-129, 132
The Substitute 2: School's Out.. 134
The Substitute 3: The Winner Takes All... 134
The Substitute 4: Failure is Not an Option...................................... 134

T

10 to Midnight.. 24, 53, 100
A Time to Kill.. 121, 127
Die 1000 Augen der Ninja., *Siehe* Pray for Death
Taxi Driver.................................... 15, 35, 71, 101-102, 147, 161, 176
Teachers.. 128
Teenage Mutant Ninja Turtles.. 124, 125, 156
Teuflische Klasse, *Siehe* Dangerously Close
The Texas Chain Saw Massacre.. 71
The Trial of Billy Jack... 79
This Day and Age.. 52-53, 55, 106
Thor 156
Thou Shalt Not Kill... Except, *Siehe* Stryker's War
Tödliche Abrechnung, *Siehe* Fighting Back
Touch of Evil.. 84
Trackdown... 72
Training Day.. 174

U

Under Siege... 121
Untote wie wir, *Siehe* The Revenant

V

The Virginian.. 35, 44, 46, 52
V for Vendetta.. 171
Vergewaltigt hinter Gittern, *Siehe* Jackson County Jail
Vigilante.. 24, 109-110

W

Das Weiße im Auge, *Siehe* Death Wish 4: The Crackdown
The Warriors... 72
The Wild Bunch... 70
The Woman Accused.. 54
Walking Tall... 35, 72, 82, 88, 90, 91, 99, 131
Walking Tall Part 2: The Legend of Buford Pusser, *Siehe* Part 2: Walking Tall – The Legend of Buford Pusser

Watchmen.. 140, 156, 164-166, 182
Wem gehört die Stadt?, *Siehe* Bullets or Ballots
Wer Gewalt sät, *Siehe* Straw Dogs
Westward Ho.. 64
Westwärts!, *Siehe* Westward Ho

X

X-Men 156

Y

You Can't Take It With You... 72
Young Guns.. 9, 33
Young Streetfighters, *Siehe* The Brotherhood of Justice
Young Warriors.. 117

Z

Zeig kein Erbarmen!, *Siehe* Show Them No Mercy!
Zeit der Rache, *Siehe* The Ladies Club
Zum Töten freigegeben, *Siehe* Marked for Death

Videospiele

Assassin's Creed.. 176, 181
Call of Duty... 181
Fallout 3.. 181
Final Fight... 177-179
Gears of War... 181
Halo 181
Renegade.. 177
Resistance: Fall of Man... 181
Streets of Rage..177, 178-179, 181
Streets of Rage 2... 181
Streets of Rage 3... 178
Subway Vigilante... 181
The Last of Us... 181
Vendetta... 178
Vigilante... 180
Watch Dogs... 181

Weitere Veröffentlichungen des Verlags:

Marina Küffner: *Auflehnung, Antriebslosigkeit, Antidepressiva und Apokalypse. Existenzielle Rebellion im Film seit James Dean*
244 Seiten, zahlreiche Abbildungen
E-Book: 14,99 Euro, Print: 19,90 Euro

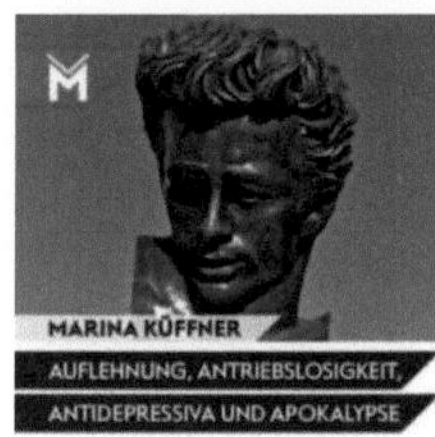

Durch nur drei Kinofilme wurde James Dean zu einem Mythos, der noch heute anhält. Mit REBEL WITHOUT A CAUSE als Ausgangspunkt wird Deans Einfluss auf spätere Coming of Age-Filme erörtert: Die Auseinandersetzung mit der Elterngeneration, mit Sexualität und mit der Absurdität des Lebens finden sich bei John Hughes wie bei Gregg Araki, in GARDEN STATE wie in DONNIE DARKO.

Moritz Rosenthal: *Das Monster im Blick. Die Repräsentation des Femininen im Horrorfilm*
96 Seiten, einige Abb.
E-Book: 9,99 Euro, Print: 12,90 Euro

Monster bahnen sich blutige Schneisen durch weibliche Körper, die Frau muss als Leinwand für Grausamkeiten herhalten. Doch ist der Horrorfilm tatsächlich bloß ein blutiges Körperspektakel mit eindeutiger Rollenverteilung? Mit seinen Fragen nach Genre und Gender kann das Buch auch als Einführung in die Thesen von Laura Mulvey, Linda Williams, Carol J. Clover, Julia Kristeva und Barbara Creed dienen.

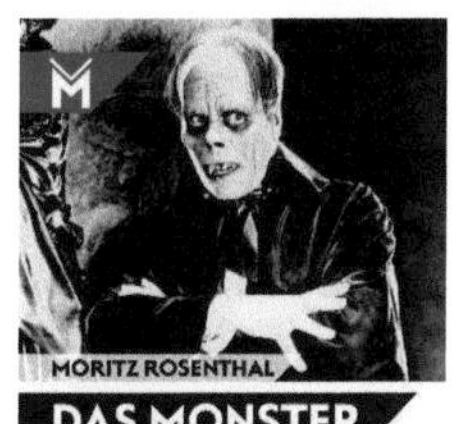

Henriette Nagel: Zukunft war gestern. Zeitreisemodelle im Film
96 Seiten, einige Abbildungen, viele Schaubilder.
E-Book: 9,99 Euro; Print: 12,90 Euro.

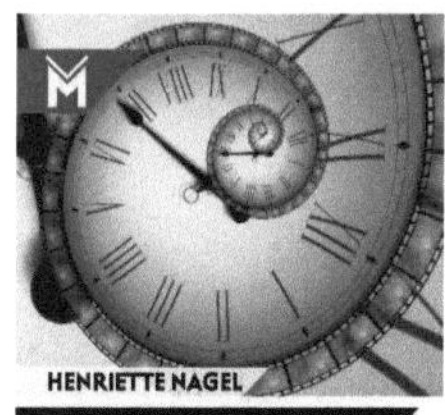

Filmwissenschaft trifft auf Astrophysik: An einer Vielzahl klassischer Zeitreisefilme zeigt Henriette Nagel auf, welchen Einfluss die Erkenntnisse von Albert Einstein, Stephen Hawking & Co. auf die lange Tradition des Zeitreisekinos haben – unter anderem an Beispielen von DIE ZEITMASCHINE und PLANET DER AFFEN über ZURÜCK IN DIE ZUKUNFT, TWELVE MONKEYS und DONNIE DARKO bis hin zu BUTTERFLY EFFECT, HARRY POTTER UND DER GEFANGENE VON ASKABAN und STAR TREK.

Das gesamte Verlagsprogramm auf
www.muehlbeyer-verlag.de